新时代高级法语系列 | 总主编 袁筱一

法国经济
ÉCONOMIE
DE LA FRANCE

王晶 编著

上海外语教育出版社
SHANGHAI FOREIGN LANGUAGE EDUCATION PRESS

图书在版编目（ＣＩＰ）数据

法国经济 / 王晶编著. -- 上海：上海外语教育出版社, 2024. --（新时代高级法语系列教材 / 袁筱一，刘云虹总主编）. -- ISBN 978-7-5446-8360-9

Ⅰ. H329.39

中国国家版本馆CIP数据核字第2024JH9076号

出版发行：上海外语教育出版社

（上海外国语大学内） 邮编：200083

电　　话：021-65425300 (总机)

电子邮箱：bookinfo@sflep.com.cn

网　　址：http://www.sflep.com

责任编辑：任倬群

印　　刷：上海盛通时代印刷有限公司

开　　本：787×1092　1/16　印张 24.25　字数 417 千字

版　　次：2024 年 12 月第 1 版　　2024 年 12 月第 1 次印刷

书　　号：ISBN 978-7-5446-8360-9

定　　价：72.00 元

本版图书如有印装质量问题，可向本社调换

质量服务热线：4008-213-263

总　序

　　编写"新时代高级法语系列"的初衷非常简单：长期以来，我国高校高阶法语教材的开发一直处于较为零散的状态，未能完全跟上法语专业的发展步伐。事实上，相较于法语专业的开设，法语教材的编写和出版稍显滞后：20 世纪 80 年代，上海外国语学院（今上海外国语大学）和北京外国语学院（今北京外国语大学）曾经先后编写并出版了各六册的法语教材，这在某种程度上可以视为最早的法语专业教材建设的系统工程。至于法语专业高年级使用的教材，在很长时间里，就是上海外国语大学的束景哲教授编写的《法语课本》的第五册和第六册。这两册《法语课本》从 1990 年到 2020 年的三十年间经历了 19 次重印，一方面证明了经典教材的生命力，但另一方面也印证了系统的高阶法语教材一直较为匮缺的事实。

　　进入新世纪后，有感于"编写一套新理念的系列教材成为新世纪的迫切需要"，上海外语教育出版社推出了曹德明教授担任总主编的"新世纪高等学校法语专业本科生系列教材"。这一系列教材的建设重点放在法语教学的基础阶段，经过近 20 年的建设，已出版了 20 余种，成为基础法语教学的主要教材之一。相较于基础阶段的教材建设，高阶法语教材由于种种原因并没有形成系列。尽管如此，各种基于不同理念、出于不同需要的高阶法语教材始终是令法语教育界的同事们挂怀的一件事情。2021 年，由傅荣教授担任总主编的《新经典法语》第五、第六册陆续面市，是新编的高年级法语精读教材。"理解当代中国"系列的法语教材也在郑立华、杨晓敏两位总主编的努力下，推出了《法语读写教程》《法语演讲教程》《汉法翻译教程》等，同样面向高年级法语专业的学生。这些努力为推动高阶法语教学的发展发挥了积极作用。然而，根据《普通高等学校本科外国语言文学类专业教学指南》中对法语专业提出的新定位与新标准，现有的教材体系仍有进一步完善的空间，以更好地适应中国在新的历史阶段对高素质涉外人才培养的需求。

　　诚如我们所看到的，随着全球化与人工智能的深入发展，外语教育正面临着前所未有的挑战。一方面，世界正面临百年未有之大变局，将立德树人的根本任务落实在教材建设上尤为必要，因而国家也将教材建设提升到了国家事权的高度；而另一方面，计算机、网络以及人工智能的广泛应用使得人类的学习已然进入知识发现的阶段，从理论上说，学习主体已经不需要完全依赖教材来建构自己的知识体系，教材早已不再是学生获取知识的唯一渠道，而如何为学习主体构建知识体系提供有效的帮助，便成为教材建设中的重要命题。

　　基于此，在上海外语教育出版社的支持下，华东师范大学和南京大学的几位老师经过反复商议，希望能够集合法语界的新生力量，结合各自的教学实践，共同探索编写高阶法语教材系列的路径，以满足时代变化对外语人才培养提出的要求。说

到"探索",这完全不是自谦之词,因为我们所希望的"探索"主要体现在以下三个方面:

一、"新时代高级法语系列"首先考虑的还是如何做好外语专业的"守正"工作。就像郭英剑教授在《论外语专业的核心素养与未来走向》中指出的那样,"外语专业的'核心素养'是用外语言说与写作,表达我们的所思所想,彰显我们的深刻洞见,传递我们的人文情怀,让世界看到中国,也让中国与世界接轨"。时代再变,提高法语专业学生用法语理解、言说与写作也仍然是所有法语教材所寻求达到的根本目标。因此,对于高年级的教材,如何在进一步提高学生的语言技能的同时培根铸魂,通过语言学习培育学生的价值观,锻炼学生以双语为载体的理性思维能力,这是"新时代高级法语系列"在编写过程中考虑的首要问题。本系列教材所包括的法国文学史教程、法语文学导论、实用法汉互译教程以及高级法语综合教程等都反映了这一考量。

二、在守正的基础上,目前包括法语语言文学在内的外语专业与外语学科都在转型之中谋求发展。我们希望我们的教材探索也能够努力跟上外语教育求变的步伐。事实上,外语学科从二十年前开始就主动扩展了学科内涵,明确了国别和区域研究、比较文学与跨文化以及外语教育学等方向或者二级学科,从而也明确了其本身所具备的跨学科属性。因此,在我们的教材系列中,我们首先希望探索在法语专业的高阶阶段融入一定"跨学科"知识的教材建设,将学科所要求的相应知识与法语的语言知识有机地结合起来。因此,该系列教材最大的特点就是考虑将法国经济、法语地区社会文化、法语学术写作等纳入进来,为高年级的法语专业学生进入未来职业生涯或者下一个学习阶段提供切实的帮助。

三、"新时代高级法语系列"希望在技术赋能层面有所尝试。人工智能改变了知识生产与传播的方式。在教材建设中,我们自然不能,也不应拒绝使用人工智能工具。"新时代高级法语系列"——至少在部分教材的建设中——充分考虑了如何利用人工智能工具来助力外语教学,例如完善教学目标设定与教学内容的匹配度、构建容纳个性化教学的空间、帮助教师进行教学评测等。当然,人工智能作为新生事物,仍处在不断变化之中,而教材建设通常是一个周期较长的工程,因此我们将努力做到平衡这两者之间的矛盾,将"新时代高级法语系列"建设成为一个开放且具有自我完善能力的教材系列。

袁筱一　刘云虹

前　言

在新时代新文科的"双新"背景下，教育部先后颁布《外国语言文学类教学质量国家标准》和《普通高等学校本科外国语言文学类专业教学指南》，明确指出"外语类专业可与其他相关专业结合，形成复合型专业或方向，以适应社会发展的需要"。法语是世界六大通用语言之一，而经济又是全球化背景下国际交流合作的重要领域，"法语＋经济"的融合需求日益凸显，全国很多高校的法语专业都开设了法国经济、商务法语等复合型课程，但经贸类法语教材的供给明显不足。

因此，我们尝试编写一部"法语＋经济"的复合型教材，但如何融合这两门看似遥不可及的专业呢？要回答这个问题，首先要明确教材的目标和定位。本教材具有多元化的教学目标，分为"会语言、融专业、跨文化"三个层次。"会语言"应该从普通法语提升到专业法语的层面，培养学生将扎实的法语基本功（听说读写译）应用于经济学领域的能力。"融专业"是指理解经济学的基本概念和重要理论，掌握经济学的分析方法。"跨文化"则是从比较的视角了解中法两国的经济特点和经济制度，能在中法经贸合作交流中调动国别区域知识，进行专业的分析、预测和规划。我们对本教材的定位如下：它区别于法语语言类教材，因为文本具有专业性，而专业性的文本理解和主题表达需要专门的概念、工具和理论；它也不同于用法语撰写的经济学教材，既然本教材的主要对象是中国法语专业的学生，我们就应该从初学者的立场出发，在阐释经济学原理的同时突出法国经济的国别特征，尤其是结构性特征。

本教材包括六个单元，分别从国内生产总值与经济增长、劳动就业失业、物价稳定与欧洲中央银行、收入消费储蓄、公共财政、国际贸易等六个专题考察法国经济。每个单元分为四课，从不同角度切入单元主题。

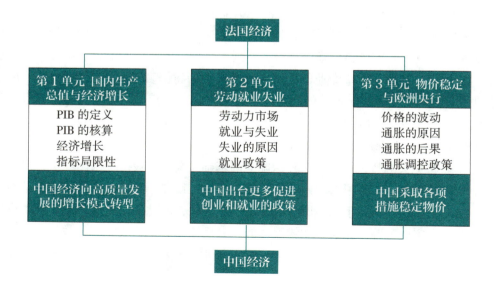

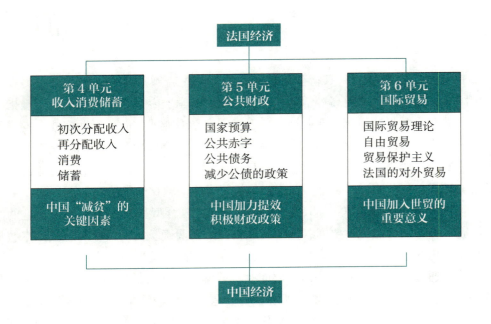

本教材结构清晰，功能板块分明。"经济学概念"突破了语言类教材常用的中文释义法，通过法语释义、理论溯源、实例讲解等方法帮助学生深层次理解概念。需要注意的是，重复出现的概念只在核心章节中解释，学习者可以通过附录的"中法文术语对照表"查找教材解释某个概念的具体位置。"经济学家长廊"简要介绍课文中提及的经济学家，着重突出他的经济思想和理论精髓。"跨文化棱镜"旨在落实"跨文化"教学目标，引导学生在理解他者的基础上，学会用法语分享中国经验，与世界对话；"思维导图"对本单元内容进行分类、总结和提炼，清晰展示各知识点的层次关系和关联方式。课后练习的选择题主要测试学习者对经济学概念的理解；阅读理解形式丰富，除了传统文本，还包括图表等非连续性文本，旨在培养学生提取信息、处理数据、深入分析问题的能力。

我们本着以下几个原则组织教材内容：第一，文本真实性。我们从母语者教材或法国报刊选取真实语料，确保学习者学到的是母语者使用的语言。第二，难度适中。本教材主要面向法语专业的学习者，因此我们将语言难度定在 B1，专业难度定在法国经济与社会科学 (SES) 的高考水平。第三，数据权威。本教材的数据来源于法国统计与经济研究所 (Insee)，欧洲统计局 (Eurostat)，经合组织 (OCDE)，世界银行 (Banque mondiale) 等权威统计机构。

本教材最大的特色在于具有慕课配套的基础。编者讲授的《法国经济》慕课已在中国大学 MOOC 和中国高校外语慕课联盟平台上线，教材和慕课的结构基本一致，单元主题相同，几乎每一课对应一个主讲视频，因此可以配套使用。学生可以在慕课平台完成习题，完成率和错误率能及时反馈给教师，成为评价教学效果的有效指标。教材的使用者（教师和学生）还可以利用慕课的讨论区平台与编者交流互动。慕课与教材的配套使用能让纸媒和多媒体优势互补，满足课堂教学、线上线下混合式教学和在线学习等多种教学模式的需要，更有效地实现"会语言、融专业、跨文化"的教学目标。

编者具有跨学科的专业背景，获巴黎萨克雷大学经济学博士学位，在南京大学法语系主讲《法国经济》课程二十余年，不断探索复合型人才培养的路径和方法。本教材是教学第一线实践经验的结晶，获得 2021 年度南京大学本科教材立项，得到南京大学，特别是外国语学院的大力支持；法国萨克雷大学 Bertrand Bellon 教授细致审校全书并提出了宝贵意见；上海外语教育出版社的任倬群老师和编者一直保持密切沟通，给予有益的建议；助教王若旭、徐梦琛、童兰馨、于清如在材料选取和图表编辑方面倾注了大量心血……在此一并致谢。因时间仓促，编者能力有限，书中难免有疏漏之处，我们恳请使用本教材的老师和同学多多指正，不吝赐教。

让我们携手开启"法语 + 经济"的奇妙旅程，祝愿学习者能"用法语理解经济，从经济认识法国"！

王　晶

南京大学仙林校区侨裕楼

Sommaire

Unité (1)

Le PIB et la croissance économique

La croissance économique d'un pays peut être définie comme étant une hausse sur une longue période de sa capacité d'offrir à sa population une gamme sans cesse élargie de biens économiques. Cette capacité croissante est fondée sur le progrès technique et les ajustements institutionnels et idéologiques qu'elle requiert. Les fruits de la croissance s'étendent par suite aux autres secteurs de l'économie.

——*Simon Kuznets*

Leçon 1

Que veut dire le produit intérieur brut ?

Il conviendrait de commencer par le produit intérieur brut pour connaître l'économie d'un pays. Cet indicateur permet de quantifier la valeur totale de la « production de richesse » annuelle effectuée par les agents économiques résidant à l'intérieur d'un territoire. Le calcul du PIB est doté de deux fonctions : comparaison internationale et surveillance de la santé de l'économie nationale.

Le premier texte nous permet de situer l'économie française dans le monde. Selon les données de 2020, la France est la 7e puissance économique mondiale du point de vue du PIB et la 26e en matière du PIB par habitant. Le PIB met en évidence l'évolution de l'activité économique sur une longue période. Si le PIB connaît une variation positive, on parle de croissance économique. S'il connaît un recul sur une période d'au moins deux trimestres consécutifs, on parle de récession. Et la dépression concerne une chute de la production plus intense et de durée plus longue. Quant à la reprise économique, elle désigne la phase où l'économie sort de la récession et retrouve un sentier de croissance positive de son PIB.

Le deuxième texte a pour objectif de distinguer le PIB et le PNB, remplacé en 1995 par le RNB.

- Le produit intérieur brut (PIB) mesure les richesses créées par les agents économiques résidant à l'intérieur du territoire national, ce qui explique le terme « intérieur ».
- Le produit national brut (PNB) mesure la production annuelle de richesses créées par les agents économiques d'un pays, que cette production se déroule sur le sol national ou à l'étranger.
- Le revenu national brut (RNB) comptabilise les revenus perçus par les agents économiques nationaux, soit les citoyens et les entreprises ayant la nationalité du pays.

PIB : indicateur clé des comptes nationaux

Notes

La France est un pays économiquement développé, se situant au 6e ou 7e rang du monde. Ce classement est basé sur le PIB, **produit intérieur brut**. Si l'on remonte dans l'histoire, c'est William Petty qui a apporté dès les années 1660, une première évaluation du revenu national. En 1932, l'économiste américain d'origine russe Simon Kuznets a créé une comptabilité nationale aux États-Unis, et inventé le PIB, pour mesurer l'effet de la **Grande Dépression** sur l'économie.

Comme ses méthodes de calcul sont pratiquement standardisées, le PIB permet de comparer la richesse produite et la croissance de tous les pays du monde. Mais il faut convertir les PIB dans une monnaie unique : le dollar PPA (**parité du pouvoir d'achat**). Celui-ci permet de gommer les différences de niveaux de prix entre les pays. En 2020, le PIB de France atteint 2 630 milliards de dollars, situant la France à la 7e puissance économique mondiale, derrière les États-Unis, la Chine, le Japon, l'Allemagne et le Royaume-Uni et l'Inde.

Graphique 1-1-1 PIB en milliards de dollars en 2020

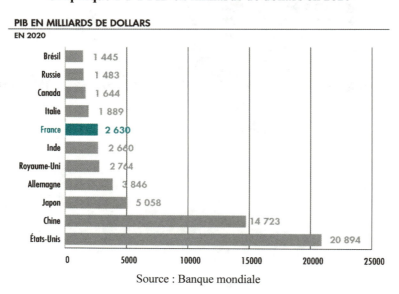

Source : Banque mondiale

Leçon 1

Notes

Mais le PIB ne reflète pas forcément la richesse de ses habitants. Il faudrait calculer le **produit intérieur brut par habitant** (ou par tête) afin d'éliminer le poids de la démographie. En rapportant le PIB d'un pays à sa population, on obtient une autre lecture de la répartition de la richesse mondiale qui est plus proche de la réalité. Très apprécié des économistes, le produit intérieur brut par habitant donne un indicateur complémentaire du niveau de développement d'un pays. Cependant, il n'est qu'une moyenne donc il ne permet pas de rendre compte des inégalités de revenu et de richesse au sein d'une population. En 2020, le PIB par habitant en France se situe au 26e rang du monde.

Graphique 1-1-2 PIB par habitant de quelques pays en 2020

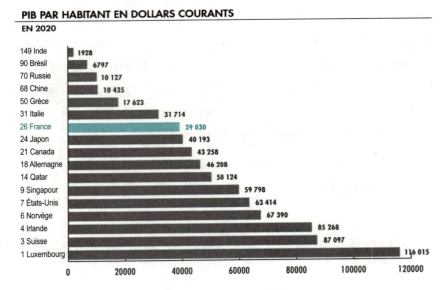

PIB PAR HABITANT EN DOLLARS COURANTS
EN 2020

Rang	Pays	PIB par habitant
149	Inde	1928
90	Brésil	6797
70	Russie	10 127
68	Chine	10 435
50	Grèce	17 623
31	Italie	31 714
26	France	39 030
24	Japon	40 193
21	Canada	43 258
18	Allemagne	46 208
14	Qatar	50 124
9	Singapour	59 798
7	États-Unis	63 414
6	Norvège	67 390
4	Irlande	85 268
3	Suisse	87 097
1	Luxembourg	116 015

Source : Banque mondiale

4

En plus de la comparaison internationale, le PIB sert encore à surveiller l'état de santé de l'économie nationale, si bien que son évolution reflète les fluctuations économiques du pays. Si le PIB connaît une variation positive, on parle de croissance économique. S'il connaît un recul sur une période d'au moins deux trimestres consécutifs, on assiste à la récession. Et la dépression concerne une chute de la production plus intense et de durée plus longue telle que l'on connut aux États-Unis après le krach boursier de 1929. La reprise désigne la phase du cycle économique où l'économie sort de la récession (ou de la dépression) et retrouve un sentier de croissance positive de son produit intérieur brut.

En 2020, par exemple, du fait principalement de la Covid, l'activité de France affiche un recul historique : le PIB, atteignant 2 303 milliards d'euros, diminue de 7,9 %, après +1,8 % en 2019 et +1,9 % en 2018[1]. Ce recul est très largement consécutif à la crise sanitaire liée à la Covid-19 : l'économie a été fortement perturbée par l'épidémie, tandis que les mesures visant à limiter sa propagation (confinements, couvre-feux, fermetures de commerces, etc.), prises à la fois en France et dans de nombreux autres pays, ont à leur tour ralenti l'activité. La baisse du PIB est ainsi la plus importante depuis la fin de la Seconde Guerre mondiale selon l'Insee. Heureusement une reprise économique réelle a été constatée en 2021 : le PIB a augmenté en moyenne de 7 %.

---

1 Selon les données de l'Insee.

Distinguer le PIB du PNB

Le PIB est devenu l'indicateur en comptabilité française à partir de 1993. Avant, c'était le PNB qui mesurait les richesses produites par un pays sur une année et indiquait par conséquent son niveau de croissance économique. Il convient de comparer ces deux indicateurs. Le produit intérieur brut (PIB) mesure les richesses créées par les **agents économiques** résidant à l'intérieur du territoire national, ce qui explique le terme « intérieur ». Autrement dit, cet indicateur englobe les richesses créées par tous les acteurs économiques présents sur un territoire donné, qu'ils soient nationaux ou étrangers, mais il ne prend pas en compte les richesses produites par les agents économiques hors du territoire. En effet, des non-résidents participent à la production des entreprises résidentes, soit par leur travail, soit par leur capital ; à l'inverse, des résidents participent à la production des entreprises non-résidentes, c'est-à-dire des entreprises résidant au reste du monde. Le **produit national brut (PNB)**, mesure la production annuelle de richesses créées par les entreprises d'un pays, que cette production se déroule sur le sol national ou à l'étranger. Pour passer du PIB au PNB, il faut donc ajouter les revenus entrant sur le territoire national au cours de l'année et soustraire les revenus versés au reste du monde.

Dans les pays membres de l'Union européenne, le PNB est remplacé par le **revenu national brut (RNB)**, comme le précise le Système européen de comptabilité en 1995. Le RNB comptabilise quant à lui, les revenus perçus par les agents économiques nationaux, soit les citoyens et les entreprises ayant la nationalité du pays. Le RNB prend donc en compte les revenus des citoyens qui travaillent dans d'autres pays.

Dans la quasi-totalité des pays, le RNB et le PIB sont à peu près équivalents. C'est notamment le cas en France : en 2015, le RNB était supérieur de 35 milliards d'euros au PIB, à peine 1 % de plus. Le rapport entre le RNB et le PIB oscille en général entre 0,98 % et 1,04 %.

Graphique 1-1-3 Comparaison RNB/PIB de quelques pays en 2015

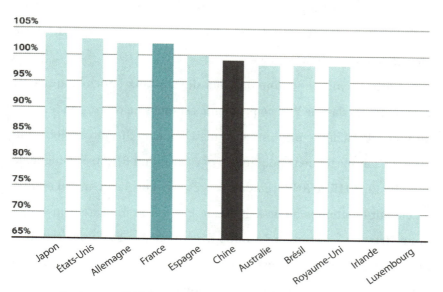

Lecture : en 2015, le RNB du Japon représentait 104 % de son PIB.

Source : Banque mondiale

Or, les cas du Luxembourg et de l'Irlande sont très particuliers. L'économie luxembourgeoise repose fortement sur la finance et l'économie irlandaise repose en grande partie sur son taux d'imposition sur les sociétés de 12,5 %, l'un des plus bas au monde[1]. Séduites par ce faible taux, de nombreuses multinationales, notamment les géants du numérique (Google, Apple, etc.), domicilient leur siège européen en Irlande. De fait, c'est à Dublin qu'arrivent tous les profits issus des activités réelles de ces entreprises dans l'ensemble des pays de l'Union européenne. La situation crée un biais puisque

---

1 Pour donner une idée, le taux normal de l'impôt sur les sociétés en France est de 28 % en 2020.

les revenus financiers des sociétés ne correspondent pas à la richesse créée par l'économie irlandaise « réelle ». Cette fiscalité attractive a en plus une autre conséquence : l'**inversion fiscale**, un mécanisme utilisé pour les fusions. Il permet à une entreprise absorbée par une concurrente basée en Irlande, de transférer également son **bilan financier** à Dublin. Et ce, alors même que l'entreprise absorbée n'a aucune activité en Irlande. L'inversion fiscale gonfle donc virtuellement le PIB irlandais.

Cette fiscalité entraîne des flux de capitaux énormes qui sont comptabilisés dans le PIB. Le problème est qu'ils ne correspondent pas du tout à la richesse produite et redistribuée aux Irlandais. Résultat, l'Irlande fait partie de la poignée de pays ayant un RNB très éloigné de son PIB. En 2015, le RNB irlandais représentait 80 % du niveau du PIB. « Cela fait longtemps qu'on sait que le PIB est un indicateur inadapté pour l'Irlande », estime un groupe d'économistes et d'universitaires présidé par le gouverneur de la Banque centrale irlandaise, Philip Lane, dans une série de recommandations. Selon eux, le RNB fournira une indication plus précise et plus fiable de la santé de l'économie irlandaise. Or, le RNB n'est qu'un outil de comptabilité nationale, c'est le PIB qui est universellement reconnu. Par conséquent, à côté du RNB qui servira aux institutions étatiques, il est fort probable que l'Irlande continue de calculer son PIB pour que les organisations internationales telles que l'**OCDE**, la **Banque mondiale**, le **FMI** puissent continuer leurs comparaisons.

Notions économiques //

1. Produit intérieur brut

Le produit intérieur brut (PIB) est un indicateur qui mesure la richesse d'un pays, c'est-à-dire tout ce qui est produit par les agents économiques résidant à l'intérieur du territoire national au cours d'une période donnée, généralement en une année. Le PIB reste l'indicateur le plus utilisé pour illustrer la croissance économique et peut être utile pour comparer les performances économiques de différents pays.

2. Grande Dépression

La Grande Dépression, ou crise économique de 1929, est la crise qui a commencé avec le krach boursier de 1929, aux États-Unis, et s'est progressivement étendue au monde entier.

3. Parité de pouvoir d'achat

La parité de pouvoir d'achat (PPA) est un taux de conversion monétaire qui permet d'exprimer dans une unité commune les pouvoirs d'achat des différentes monnaies. Ce taux exprime le rapport entre la quantité d'unités monétaires nécessaires dans des pays différents pour se procurer le même « panier » de biens et de services. Par exemple, si le prix moyen d'un Big Mac aux États-Unis est de 5,3 dollars et celui en France est de 3,9 euros. Alors selon la méthode de PPA, 5,3 $ = 3,9 € ; soit 1 € = 1,359 $.

Ce taux de conversion peut être différent du « taux de change » ; en effet, le taux de change d'une monnaie par rapport à une autre reflète leurs valeurs réciproques sur les marchés financiers internationaux et non leurs valeurs intrinsèques pour un consommateur.

1 hamburger
= 5,3 USD   = 3,9 EUR
3,9 EUR = 5,3 USD
1 EUR = 1,359 USD

4. Produit intérieur brut par habitant

Le produit intérieur brut par habitant (par tête) se mesure par la valeur du PIB divisée par le nombre d'habitants d'un pays. Il permet d'éliminer l'impact de la population sur la production totale.

5. Agent économique

En économie, les agents économiques (acteurs économiques) sont des personnes, physiques ou morales, qui ont un comportement économique, c'est-à-dire qui prennent des décisions qui influencent l'économie d'un pays.

Nous distinguons cinq agents économiques selon leur fonction : les ménages qui consomment et épargnent un revenu ; les entreprises dont la principale fonction est de produire un bien ou un service marchand ; les institutions financières qui ont pour fonction de faire circuler la monnaie dans un pays à travers la gestion des dépôts et l'octroi de crédits ; les administrations publiques qui proposent des services non marchands et assurent la redistribution des richesses entre les autres agents économiques ; le reste du monde dont la principale fonction est d'échanger avec les agents économiques nationaux. Les relations qu'ils nouent sont à l'origine de la croissance économique.

6. Produit national brut

Le produit national brut (PNB) est un indicateur économique qui correspond à la richesse produite au cours d'une année par l'ensemble des résidents et des ressortissants d'un pays, que cette production se déroule sur le sol national ou à l'étranger.

7. Revenu national brut

Le revenu national brut (RNB) correspond à la somme des revenus primaires bruts des résidents d'une économie sur une période donnée. Il est égal au PIB, diminué des revenus primaires à payer par les unités résidentes à des unités non résidentes et augmenté des revenus primaires à recevoir du reste du monde.

8. Inversion fiscale

L'inversion fiscale est le déplacement du siège social fiscal d'une entreprise grâce à l'acquisition d'une autre entreprise, située dans un pays dont la législation fiscale est plus favorable.

9. Bilan financier

Le bilan financier est un document permettant de connaître ce qui est possédé par une entreprise (son actif) et ce qu'elle doit (son passif).

10. OCDE

L'Organisation de coopération et de développement économique (OCDE) a, en 1961, succédé à l'Organisation européenne de coopération économique (OECE), fondée en 1948 pour gérer l'aide américaine d'après-guerre (plan Marshall). L'OCDE regroupe plus d'une trentaine de pays : toute l'Europe occidentale et l'Amérique du Nord, plus le Japon, l'Australie, la Nouvelle-Zélande, la Corée et, depuis 1995 et 1996, certains pays d'Europe centrale

(République tchèque, Hongrie, Pologne) et, depuis 2010 le Chili, la Slovénie, Israël, et l'Estonie. L'OCDE est le principal rassembleur de statistiques sur les pays développés et il siège à Paris.

11. Banque mondiale

La Banque mondiale est une institution internationale créée en 1945, qui accorde des prêts et autres appuis financiers à des pays en développement pour des projets d'investissement. Son principal rôle est de lutter contre la pauvreté dans le monde.

12. FMI

Le Fonds monétaire international (FMI) est une des institutions financières les plus importantes au niveau mondial. Il a pour mission d'encourager la stabilité financière, la coopération économique, de produire des statistiques et études et de prêter des fonds en contrepartie de réformes aux pays en crise.

Galerie des économistes //

Simon Kuznets (1901–1985), économiste américain, a obtenu le prix Nobel d'économie en 1971. Il est considéré comme l'inventeur de l'indicateur produit intérieur brut. En 1931, le congrès des États-Unis sollicite Simon Kuznets pour construire un indicateur permettant de mesurer les effets de la Grande Dépression, ce qui l'amène à élaborer le produit intérieur brut (PIB) ; une fois amélioré par John Maynard Keynes et ses équipes, le PIB par habitant devient une mesure commune de développement à l'issue de la conférence de Bretton Woods.

Kuznets est aussi connu pour sa courbe éponyme : la courbe de Kuznets mettant en relation la croissance et les inégalités. Selon lui, à long terme, la croissance économique entraîne une diminution des inégalités naturellement.

Leçon 1

I. Compréhension des notions économiques.

1. Le PIB par habitant permet de mesurer, pour un pays, la richesse _____.

   A. minimum   B. moyenne   C. médiane   D. maximum

2. Le calcul de la parité du pouvoir d'achat (PPA) permet _____.

   A. de supprimer les effets de l'inflation sur le PIB

   B. de tenir compte des différences de niveau de vie entre les pays

   C. de calculer la production non marchande

   D. de mesurer le pouvoir d'achat

3. Au sens strict, une récession correspond à _____.

   A. une baisse de la croissance durant au moins deux trimestres consécutifs

   B. un ralentissement de la croissance

   C. une baisse du PIB durant au moins deux trimestres consécutifs

   D. une baisse de la production intérieure durant au moins un an

4. Quelle est la différence entre le PIB et le PNB ?

   A. Le PIB concerne les entreprises présentes sur le territoire quelle que soit leur nationalité alors que le PNB concerne les entreprises de la nationalité concernée quel que soit leur lieu d'implantation.

   B. Ces deux appellations sont synonymes.

   C. Le PNB concerne les entreprises présentes sur le territoire quelle que soit leur nationalité alors que le PIB concerne les entreprises de la nationalité concernée quel que soit leur lieu d'implantation.

   D. Le PIB est toujours supérieur au PNB.

5. Le PIB mesure _____.

   A. la valeur des richesses produites sur un territoire sur un mois

   B. la valeur des richesses vendues sur un territoire sur un mois

   C. la valeur des richesses produites sur un territoire sur un an

   D. la valeur des richesses vendues sur un territoire sur un an

6. Que mesure le PIB par habitant ?

   A. Le niveau de vie

   B. La satisfaction des habitants

   C. Le nombre de produits par habitant

   D. L'inégalité de revenus des habitants

7. Quel économiste est considéré comme « père du PIB » ?

   A. William Petty   B. Simon Kuznets

   C. Paul Samuelson   D. John Maynard Keynes

8. Quelles affirmations sont vraies ? (Plusieurs réponses possibles)

   A. La production d'une entreprise française installée en Chine est calculée dans le PIB chinois.

   B. La production d'une entreprise française installée en Chine est calculée dans le PNB français.

   C. La production d'une entreprise française installée en Chine est calculée dans le PIB français.

   D. La production d'une entreprise française installée en Chine est calculée dans le PNB chinois.

9. La France se situe au 6e ou 7e rang du monde selon son _____.

   A. PIB   B. PIB par habitant   C. PNB   D. PPA

10. Quels sont les éléments qui expliquent le recul historique de l'économie française en 2020 ? (Plusieurs réponses possibles)

    A. La pandémie   B. Les confinements

    C. Les fermetures de commerces   D. Les couvre-feux

II. Compréhension du document.

L'économie française en 2020 : une année de bouleversements

En 2020, dans la zone euro, le PIB a diminué de 6,6 % sous l'effet de la pandémie mondiale de Covid-19. Toutes les branches ont contribué à la chute de la valeur ajoutée totale. Cependant, celles du commerce, du transport et de l'hébergement et restauration ont été particulièrement affectées. La chute de la consommation privée, en particulier dans les services, est une conséquence directe de la crise sanitaire et des mesures de restriction prises pour lutter contre la propagation de la pandémie.

Leçon 1

En France, le PIB a diminué de 7,9 %. Les branches les plus touchées par les effets de la pandémie et les restrictions sanitaires expliquent directement la moitié de la perte globale d'activité, soit 5 points de PIB, et, au total avec les effets indirects en cascade, 6 points de PIB.

Du côté des entreprises, grâce au soutien public, l'épargne des sociétés non financières a moins diminué que leur valeur ajoutée. Au total, l'investissement des entreprises a diminué d'environ 9 %, alors que, selon l'évolution de ses déterminants usuels, il aurait pu baisser de l'ordre du double.

Du côté des ménages, le pouvoir d'achat a légèrement progressé (+0,4 %), grâce aux dispositifs de soutien. Sur l'ensemble de l'année, la consommation des ménages a diminué de 7 %. Les évolutions de la consommation reflètent les effets de la pandémie, les mesures de restrictions et l'adaptation des comportements des ménages à celles-ci. L'épargne des ménages a progressé, dépassant de plus de 90 milliards d'euros son niveau de 2019 comme son montant attendu au vu de ses déterminants usuels.

En 2020, l'emploi salarié a fortement baissé (-284 000), retrouvant en fin d'année un niveau comparable à celui de la mi-2018. Le recul a toutefois été limité au regard de la baisse de l'activité, du fait du recours massif au dispositif d'activité partielle. Cela se ressent aussi sur l'évolution du taux de chômage, même s'il perd de son sens en période de confinement : à 8 % fin 2020, il est proche de son niveau de fin 2019.

Pour atténuer les effets de la baisse de l'activité économique, les administrations publiques ont mis en œuvre des aides substantielles envers les ménages et les entreprises. Leurs dépenses ont bondi, tandis que leurs recettes chutaient : le déficit public s'est creusé fortement, pour atteindre 9,2 % du PIB. Ainsi, la perte de revenu national a été majoritairement absorbée par les administrations publiques.

Questions

1. La France a-t-elle connu une récession en 2020 ? Où en est la France par rapport à la moyenne de la zone euro ?
2. Quelles sont les causes de la récession économique de 2020 ?
3. Quels sont les secteurs les plus frappés par la pandémie ?
4. Quelles sont les conséquences de la crise sanitaire sur la France, respectivement du point de vue des entreprises, des ménages, de l'emploi et de la finance publique ?

Comment calculer le produit intérieur brut ?

Le produit intérieur brut peut être mesuré selon trois points de vue différents, appelés aussi les trois approches du PIB : l'approche production ; l'approche revenus ; l'approche demande (ou l'approche dépenses).

Le premier texte met l'accent sur la première approche qui est basée sur le calcul de la valeur ajoutée. Le PIB non marchand comptabilise les valeurs ajoutées réalisées par les administrations et les associations, évaluées par leur coût de production, soit les salaires versés au personnel. Le PIB marchand comptabilise les valeurs ajoutées réalisées par les entreprises qui offrent des biens et des services sur un marché. La valeur ajoutée brute est égale au chiffre d'affaires moins les consommations intermédiaires.

Le deuxième texte vise à distinguer le PIB nominal du PIB réel. En effet, le PIB peut être évalué en volume ou en valeur. En valeur, on parle de PIB nominal, c'est-à-dire non corrigé de l'inflation. Pour mesurer la croissance, on doit éliminer l'impact de l'inflation et calculer le PIB en volume (ou PIB réel). L'écart entre le taux de croissance en valeur et celui en volume dépend en effet du taux d'inflation.

Le calcul du PIB par la valeur ajoutée

En France, on distingue deux types de PIB : le **PIB non marchand** et le **PIB marchand**. Le PIB non marchand comptabilise la production de biens et de services réalisée par les administrations publiques, telles que l'éducation, la santé (Sécurité sociale), la justice et la police, les services municipaux et le Pôle emploi[1] (France Travail depuis 2024), etc. Si ces biens et services publics ne sont pas destinés à être vendus sur le marché, comment mesurer alors leur valeur ? La solution est de le calculer en fonction de leur coût de production, qui est évalué essentiellement par les salaires versés au personnel des administrations publiques.

Pour le PIB marchand, le produit intérieur brut est la somme des valeurs ajoutées brutes d'un pays. Les **valeurs ajoutées brutes** sont égales aux **chiffres d'affaires** moins l'ensemble des biens et des services détruits ou transformés lors du processus de production (**consommation intermédiaire**).

Valeur ajoutée brute = Chiffre d'affaires - Consommation intermédiaire

Citons la production d'un jean comme un exemple simplifié. Pour fabriquer un jean, l'entreprise Lee a besoin de tissu (10 €), de fil (1 €), de boutons (2 €), d'énergie (0,5 €) et de publicité (0,5 €). Les consommations intermédiaires s'élèvent donc à 14 €. Si un jean se vend à 60 €, il faut en soustraire la valeur des consommations intermédiaires (14 €) pour obtenir la valeur propre créée par l'entreprise, soit 46 euros.

---

1 Pôle emploi a été remplacé par France Travail en janvier 2024. Ce livre utilise « Pôle emploi » lorsque le texte choisi était publié avant 2024.

Graphique 1-2-1 Le calcul de la valeur ajoutée

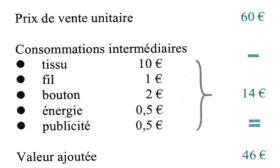

Prix de vente unitaire		60 €
Consommations intermédiaires		**−**
• tissu	10 €	
• fil	1 €	
• bouton	2 €	14 €
• énergie	0,5 €	
• publicité	0,5 €	**=**
Valeur ajoutée		46 €

Il est à noter que la valeur ajoutée est différente du bénéfice. La valeur ajoutée est distribuée aux salariés, organismes sociaux, État, actionnaires et l'entreprise en garde le reste pour son autofinancement. Dans l'exemple ci-dessus, si l'entreprise Lee Jean a réalisé une valeur ajoutée annuelle de 100 000 €, elle a versé 30 000 € de salaires, 15 000 € de cotisations sociales et 7 500 € d'intérêts aux banques. L'impôt sur les sociétés était de 17 500 €. 10 000 € sont mis en réserve dans le but d'effectuer des investissements et le reste est distribué aux actionnaires. Or, le bénéfice, ou profit, est ce qui reste à l'entreprise une fois qu'elle a rémunéré les salariés, les banques, les organismes et l'État. C'est ce bénéfice, s'il existe, qui permet de rémunérer les actionnaires et d'obtenir un autofinancement. Dans ce cas-là, l'entreprise enregistre un bénéfice de 30 000 €.

Graphique 1-2-2 La répartition de valeur ajoutée

	À qui est destinée la valeur ajoutée	Montant
Distribuée	– Personnel (salaires)	30 000 €
	– Organismes sociaux (cotisations sociales)	15 000 €
	– État (impôts sur les sociétés)	17 500 €
	– Banques (intérêts)	7 500 €
	– Actionnaires (dividendes)	20 000 €
Non distribuée	– Réserve (autofinancement)	10 000 €
TOTAL		100 000 €

Leçon 2

Graphique 1-2-3 La distinction entre la valeur ajoutée et le bénéfice

Production	−	Consommations intermédiaires (CI) = Biens et services détruits ou transformés lors de la production	=	Valeur ajoutée = Richesse nouvelle créée par l'activité productive
Chiffre d'affaires (CA) = Prix de vente X quantités vendues	−	Coûts de production = Salaires, taxes et impôts, cotisations sociales, matières premières, consommations intermédiaires, etc.	=	Bénéfice = Montant qui reste à l'entreprise pour rémunérer les propriétaires de l'entreprise et investir.

Texte 2

Notes

Le PIB nominal et le PIB réel

En calculant la valeur ajoutée, on multiplie le prix des produits par la quantité vendue pour obtenir le chiffre d'affaires. Par conséquent, la notion de prix se retrouve dans le calcul du PIB. Pourtant, pour comparer la richesse produite d'une année sur l'autre, il faut enlever la variation des prix pour se rendre compte uniquement de la variation des quantités produites. Par exemple, si le PIB en valeur était de 100 Md€ (milliards d'euros) l'année dernière et 110 Md€ cette année, ce peut être parce qu'on a produit 10 % en plus ou parce que les prix ont augmenté de 10 %. En réalité, c'est en général un peu des deux ! Les quantités produites ont augmenté et les prix aussi.

Il convient donc de distinguer le PIB réel du PIB nominal. Le **PIB nominal** (en valeur ou à prix courants) est la valeur totale de tous les biens et services finaux produits dans l'économie au cours d'une année donnée, calculée en utilisant les prix courants de l'année de production.

PIB nominal = prix de l'année courante × quantité de l'année courante

Le **PIB réel** (en volume ou à prix constants) est la valeur totale de tous les biens et services finaux produits dans l'économie au cours d'une année donnée, calculée en utilisant le prix d'une **année de base** choisie.

PIB réel = prix de l'année de base × quantité de l'année courante

Dans une économie fictive par exemple, le PIB en 2022 (évalué aux prix de 2022) est de 1 500 Md€. En 2023, le PIB (évalué aux prix de 2023) est de 1 750 Md€. Le PIB nominal augmente de

[(1 750 - 1 500) /1 500] × 100 % = 16,7 %.

Cependant, l'inflation est de 6 % entre 2022 et 2023. Quelle est donc l'augmentation réelle du PIB ?

Tout d'abord, il nous faut calculer l'indice des prix à la consommation (IPC). On prend comme année de base l'année 2022. L'IPC à cette date est par convention 100. Si l'on note **t** la variation des prix (l'inflation) et I l'IPC en 2023, la relation liant t et I est la suivante :

I = t + 100

On en déduit donc que l'IPC en 2023 est égal à

6 + 100 = 106 (l'indice est une grandeur sans unité)

Pour trouver la valeur du PIB réel de 2023 (donc calculé aux prix de 2022), on divise le PIB nominal de 2023 par l'indice des prix en 2023 et on multiplie par 100 (l'indice des prix de l'année de base) :

PIB réel en 2023 = (1 750/106) × 100 = 1 651 Md€

Le PIB augmente réellement de

[(1 651 - 1 500) /1 500] × 100 % = 10,1 %

L'augmentation en volume est plus faible que l'augmentation en valeur (10,1 % < 16,7 %), ce qui est normal puisque les prix ont augmenté. La totalité de l'augmentation n'est pas due à une augmentation des quantités de biens et services produites.

Leçon 2

1. PIB non marchand

Le PIB non marchand comptabilise les valeurs ajoutées réalisées par les administrations publiques, évaluées par leur coût de production.

2. PIB marchand

Le PIB marchand comptabilise les valeurs ajoutées réalisées par les entreprises qui offrent des biens et des services sur un marché.

3. Valeur ajoutée brute

La valeur ajoutée brute est égale au chiffre d'affaires moins les consommations intermédiaires. Elle permet de rémunérer l'ensemble des acteurs qui ont participé à la production de l'entreprise :

- les salariés à travers les salaires pour rémunérer leur travail ;
- l'État à travers des impôts et des taxes pour rémunérer l'ensemble des services à la collectivité (retraite, chômage, maladie, ainsi que tous les services publics comme la voirie, l'éclairage, l'éducation, etc.) ;
- les banques à travers les intérêts versés pour rémunérer les prêts qu'elles ont accordés ;
- les actionnaires à travers les dividendes pour rémunérer leurs apports en capital ;
- l'entreprise à travers l'autofinancement pour lui permettre de poursuivre sa politique de développement.

4. Chiffre d'affaires

Le chiffre d'affaires d'une entreprise est la somme des ventes de biens ou de services facturées sur un exercice. Il peut être exprimé hors taxes (HT) ou toutes taxes comprises (TTC) s'il inclut la TVA.

Chiffre d'affaires = Prix unitaire des produits × Quantité de produits vendus

5. **Consommation intermédiaire**

La consommation intermédiaire correspond à l'ensemble des biens et des services détruits ou transformés lors du processus de production. Plus précisément, au cours de la production, sont détruites des énergies telles que l'électricité, l'eau, etc. Et les matières premières sont souvent contenues dans les produits fabriqués. Par exemple, la farine est transformée, mais incorporée dans le pain.

6. **PIB nominal**

Le PIB nominal (en valeur ou à prix courants) est la valeur totale de tous les biens et services finaux produits dans l'économie au cours d'une année donnée, calculée en utilisant les prix courants de l'année de production.

7. **PIB réel**

Le PIB réel (en volume ou à prix constants) est la valeur totale de tous les biens et services finaux produits dans l'économie au cours d'une année donnée, calculée en utilisant le prix d'une année de base choisie. Il a l'avantage de ne mesurer que les variations à la hausse et à la baisse dans le volume (les quantités) de la production de biens et de services.

8. **Année de base**

L'année de base est la période initiale prise comme référence, principalement dans les constructions d'indices, l'année à laquelle une valeur de cent est systématiquement attribuée. Cette année de base est la situation initiale à partir de laquelle on part dans l'élaboration des indices, tandis que la situation comparée est appelée période courante. Ainsi, l'élaboration d'indices avec une année de base permet de comparer une situation actuelle par rapport à une période passée.

Leçon 2

I. Compréhension des notions économiques.

1. La valeur ajoutée ne couvre pas _____.

   A. les salaires

   B. les cotisations sociales

   C. l'impôt

   D. les coûts des matières premières

2. Quel terme correspond à la définition : « somme des coûts de production des services non marchands des administrations publiques » ?

   A. PIB marchand

   B. PIB du secteur privé

   C. PIB non marchand

   D. PIB du secteur tertiaire

3. La valeur ajoutée rémunère les actionnaires à travers _____.

   A. les intérêts

   B. les salaires

   C. les cotisations

   D. les dividendes

4. Quelle formule permet de calculer le chiffre d'affaires ?

   A. Prix de vente × Nombre d'unités vendues

   B. Prix de vente - Nombre d'unités vendues

   C. Coût des consommations intermédiaires + Impôts et taxes

   D. Bénéfice - Consommations intermédiaires

5. La valeur ajoutée est la richesse créée par une organisation productive. Pour une entreprise, elle se calcule _____.

   A. en soustrayant les dépenses effectuées aux recettes perçues

   B. en soustrayant les consommations intermédiaires au coût total de la production

   C. en soustrayant les consommations intermédiaires au chiffre d'affaires

   D. en soustrayant les dépenses effectuées aux profits réalisés

6. Les consommations intermédiaires sont les _____.

   A. coûts de production de l'entreprise

   B. biens et services achetés par l'entreprise et incorporés dans les produits finis

   C. biens et services achetés par un intermédiaire

   D. coûts salariaux

7. Quel agent économique n'est pas rémunéré par la valeur ajoutée ?

   A. Les fournisseurs des matières premières

   B. Les salariés

   C. Les banques

   D. Les actionnaires

8. Le chiffre d'affaires d'une entreprise est de 7 500 euros. Les consommations intermédiaires sont de 1 500 euros. Et les coûts de production sont de 2 000 euros. Quelle est la valeur ajoutée de l'entreprise ?

   A. 5 500 €   B. 4 000 €   C. 6 000 €   D. 7 500 €

9. Quelle affirmation est correcte ?

   A. Le PIB en volume est le PIB en valeur ajusté de l'évolution générale des prix.

   B. Le PIB en volume prend en compte les productions des entreprises nationales à l'étranger.

   C. Le PIB en volume ne prend pas en compte les richesses produites par les entreprises étrangères.

   D. Le PIB en volume est toujours plus élevé que le PIB en valeur.

10. Quel est l'intérêt de calculer le PIB en volume et non pas en valeur ?

   A. Il est plus précis.

   B. Il prend en compte l'ensemble des secteurs institutionnels.

   C. Il élimine les effets de la variation des prix.

   D. Il correspond exactement à la valeur réalisée par les firmes nationales.

Leçon 2

Document 1

La boulangerie Louise vend chaque jour 100 pains à 2 € l'unité et 300 baguettes de pain à 1 € l'unité. Pour réaliser cette production, elle utilise des biens (farine, sel, eau, levure) pour un montant de 150 €. La location des locaux et l'utilisation du matériel lui coûtent 100 € par jour et le coût du facteur travail (serveuses et boulangers) est de 200 € par jour.

Questions

1. Calculez le chiffre d'affaires par jour de la boulangerie Louise.

2. Quel est le montant des consommations intermédiaires par jour, c'est-à-dire des biens et services achetés par l'entreprise et détruits ou transformés lors du processus de production ?

3. Calculez le montant de la valeur qui est ajoutée par l'entreprise Louise aux biens et services qu'elle achète.

4. Calculez le montant total des charges à payer chaque jour par l'entreprise Louise.

5. Quel est le bénéfice réalisé par l'entreprise Louise en sachant qu'il représente la différence entre les recettes totales et les charges totales ?

Document 2

L'évolution du partage de la valeur ajoutée en France entre 1990 et 2016

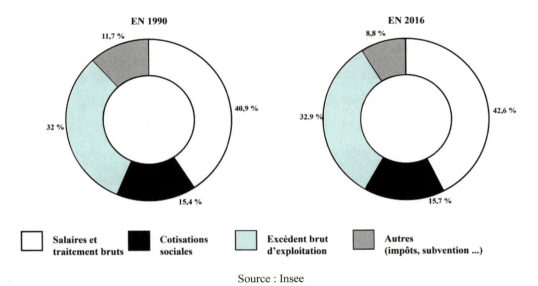

Source : Insee

Questions

1. Veuillez expliquer le chiffre 11,7 % dans ce graphique.

2. Quelle est la part de la valeur ajoutée en 1990 qui rémunère le facteur travail ?
   Même question pour 2016.

Document 3

	2021	2022
PIB nominal (en milliards d'euros courants)	1 890	1 963
Indice des prix base 100 en 2021	100	102
PIB réel (en milliards d'euros de 2021)		

Questions

1. Expliquez « Indice des prix 102 » pour l'année 2022.

2. Calculez le PIB réel en 2021 et en 2022.

Leçon 3

La croissance économique

La croissance économique correspond à une création de richesses nouvelles et se mesure généralement à l'aide du PIB réel.

Le premier texte nous explique d'abord pourquoi la croissance économique est si importante en tant qu'objectif de la politique économique. Pourtant la croissance ne peut être permanente et l'activité économique est toujours marquée par des fluctuations. On s'interroge ensuite sur les origines de la croissance économique. Nous verrons notamment qu'en dehors de la croissance des facteurs de production, le progrès technique explique l'essentiel du dynamisme de la production. Il ne faut cependant pas négliger le rôle des institutions favorables à la production.

Le deuxième texte nous rappelle l'histoire de la croissance économique de la France à partir de la Seconde Guerre mondiale. La France a connu « Trente Glorieuses » de 1945 à 1973. Mais la crise économique mondiale de 1974 a révélé les faiblesses de l'économie française, les gouvernements successifs se sont efforcés de lutter simultanément contre le chômage et l'inflation, et de mettre en œuvre des politiques d'adaptation. En résumé, la croissance française a chuté quatre fois depuis la Seconde Guerre mondiale, respectivement en 1975 (crise pétrolière), en 1993 (crise du Système monétaire européen), en 2008 (crise financière) et en 2020 (crise de la Covid-19).

Croissance économique : mesure et origines

La croissance économique mesure l'augmentation de la richesse produite pendant une période donnée. Elle peut être calculée en valeur et en volume. La croissance en valeur prend en compte l'augmentation des prix, c'est-à-dire l'inflation. La croissance en volume ne prend en compte que l'augmentation des quantités produites. Elle est corrigée de l'inflation et donc mesurée par la variation du PIB réel d'une année sur l'autre, exprimée en %.

Taux de croissance = [PIB réel(t) - PIB réel(t -1)] / PIB réel(t -1) ×100 %

L'activité économique est toujours marquée par des **fluctuations**, plus ou moins rapides et plus ou moins prononcées. On parle de **croissance**, de **récession**, de **dépression** et de **reprise**. La croissance se traduit notamment par l'augmentation du PIB réel. Elle peut être plus ou moins forte, s'accélérer ou se ralentir. La récession correspond à une phase de diminution de l'activité économique. Plus précisément, un pays entre officiellement en récession lorsqu'il connaît un taux de croissance négatif du PIB au moins deux trimestres consécutifs. Si le ralentissement de l'activité économique prend un caractère cumulatif et n'est pas enrayé, la récession peut alors déboucher sur une dépression. La reprise (le rebond) désigne le redémarrage de l'activité économique après une récession ou une dépression.

Tous les pays cherchent la croissance économique. Mais pourquoi est-ce si important ? Notamment pour créer des emplois et pour rembourser les dettes, privées ou publiques ! Autrement dit, lors de la mauvaise conjoncture, la demande globale baisse, l'entreprise va

Leçon 3

produire moins parce qu'elle n'anticipe pas de ventes suffisantes. Elle n'embauche plus ou même licencie, ce qui va causer un chômage conjoncturel. De même, une absence de croissance, ou une croissance trop faible, ont des conséquences négatives sur les finances publiques : les recettes fiscales n'augmentent pas, l'État a donc plus de difficultés à faire face aux dépenses de fonctionnement et aux investissements qui garantissent la vie économique et sociale, mais aussi à réduire son déficit public et à rembourser sa dette publique.

D'où vient alors la croissance économique[1]? L'augmentation des richesses produites peut s'expliquer par l'accroissement du nombre des **facteurs de production** utilisés, ceux-ci regroupant essentiellement le facteur travail et le facteur capital. Ainsi, si le nombre de travailleurs s'accroît et si les entreprises et l'État accumulent du capital dans un pays, celui-ci connaît une croissance économique. Il s'agit d'une **croissance exogène**.

La croissance économique peut également s'expliquer par l'augmentation de l'efficacité des facteurs de production. Il s'agit d'une **croissance endogène**. On parle dans ce cas d'un « accroissement de la productivité globale des facteurs » (ou « **résidu de Solow** »). Une économie (ou une entreprise) en réalise lorsqu'elle produit davantage avec la même quantité de facteurs de production ou lorsqu'elle produit autant avec une quantité moindre. Cette hausse peut avoir différentes causes, comme l'efficacité de l'organisation des tâches, l'amélioration des conditions de travail, la progression du droit des salariés, etc. Néanmoins, elle advient principalement grâce au progrès technique. Le meilleur moyen d'augmenter l'efficacité des travailleurs est souvent de leur fournir des outils plus perfectionnés.

---

1 MALBRANCQ Nicolas, BREVAL Pascal et LOUYS Delphine, *Réviser son bac avec le monde 2021 : Spécialité SES*, Paris, Rue des écoles, 2021, p. 6.

Longtemps estimé exogène, le **progrès technique** est aujourd'hui considéré comme endogène, c'est-à-dire généré par l'activité économique elle-même. Dans les années 1980, des économistes comme Robert Lucas, Robert Barro ou Paul Romer ont montré que les investissements de toute nature (en capital physique, humain, public, en recherche-développement, etc.) généraient des externalités positives pour l'ensemble de l'économie, enclenchant ainsi une spirale d'amélioration des connaissances et des techniques favorables à la croissance économique. La hausse du PIB engendre une augmentation des revenus qui permet des investissements supplémentaires, sources de progrès technique et donc de croissance future. La croissance est donc un phénomène cumulatif : elle entraîne la croissance.

Si la croissance économique a d'abord des causes économiques, elle est également favorisée par des critères externes. Pour qu'un pays produise davantage, il est important qu'existe un contexte institutionnel, politique et social, propice à la production. Un cadre légal, fiable et stable, permet d'encourager et de faciliter la production et les échanges marchands : le respect des obligations contractuelles et des droits de propriété incite à investir et à innover. Par exemple, un système de protection de la propriété intellectuelle (les brevets) est nécessaire pour l'investissement dans la recherche-développement. Par ailleurs, l'État peut encourager la recherche avec un système incitatif de subventions.

La croissance économique en France depuis la Seconde Guerre mondiale

Au lendemain de la Seconde Guerre mondiale, l'économie française était dévastée. La production agricole avait chuté d'un tiers par rapport à 1938, ce qui provoquait une situation de pénurie et de gros problèmes de ravitaillement. La production industrielle était inférieure de moitié, tandis que les infrastructures de transport étaient endommagées.

Les « Trente Glorieuses » (1945–1973)

De 1945 à 1973, la France a connu la plus forte expansion économique de son histoire et l'une des plus élevées du monde industriel. L'économiste français, Jean Fourastié, lui a donné le nom de « **Trente Glorieuses** ». Cette croissance soutenue s'est accompagnée de profondes mutations de l'appareil de production et de services. Dans l'agriculture, les exploitations se sont progressivement agrandies et modernisées, les rendements et la productivité ont augmenté. Les conditions de vie des paysans se sont améliorées, grâce à la garantie des prix obtenue dans le cadre de la Politique agricole commune (PAC) adoptée en 1962 au sein de la **Communauté économique européenne** (CEE). Dans l'industrie, les entreprises françaises se sont concentrées, internationalisées et modernisées afin de faire face à une concurrence accrue du fait de la libération des échanges en Europe (suppression des droits de douane dans la CEE) et dans le monde (accords du GATT). Dans la distribution enfin, les magasins à grande surface se sont multipliés.

Pourtant les handicaps restaient nombreux dans le domaine économique : déficit et dépendance énergétique vis-à-vis du pétrole importé ; maintien de structures archaïques (petites unités de production de type artisanal encore dominantes) ; déséquilibre du commerce extérieur. Les disparités se sont aggravées entre les secteurs, les branches d'activité (déclin du charbon, de la sidérurgie, du textile), les régions et les catégories sociales. Dans le domaine financier, l'inflation persistante provoqua à plusieurs reprises la dévaluation du franc.

Une croissance plus lente et plus incertaine depuis 1974

Face à la crise économique mondiale de 1974, les gouvernements successifs se sont efforcés de lutter simultanément contre le chômage et l'inflation, et de mettre en œuvre des politiques d'adaptation aux contraintes de la construction européenne et de la mondialisation. Le taux moyen annuel de croissance a diminué de plus de moitié par rapport aux années 1960 (2,5 % contre 5,7 %) en raison du recul de l'investissement productif. En effet, les possibilités d'autofinancement des entreprises ont baissé car les coûts de production se sont élevés et les charges se sont alourdies du fait de la hausse des prix du pétrole et des coûts salariaux et sociaux. Le taux moyen annuel d'augmentation des prix à la consommation s'est envolé (près de 12 % chaque année entre 1974 et 1982, au lieu de 5 % entre 1967 et 1973). L'inflation était liée à l'augmentation du prix de l'énergie importée (facture pétrolière multipliée par 10 entre 1973 et 1982), et à l'indexation de l'évolution des salaires sur les prix.

La hausse des prix est tombée en dessous de 5 % en moyenne annuelle dès 1983. L'économie française a profité de la baisse des cours du pétrole liée au contre-choc pétrolier et de la politique gouvernementale de lutte contre l'inflation. Les taux de croissance

Notes se sont redressés entre 1987 et 1989 mais, après la guerre du Golfe, l'économie française a replongé dans une récession dont elle a eu du mal à sortir. Les demandeurs d'emploi étaient 2 millions en 1982 et plus de 3 millions à la fin des années 1990 (plus d'un actif sur dix). La montée du chômage est liée à la croissance économique plus lente, moins régulière, mais aussi à la modernisation des usines, les entreprises réduisant leurs charges en automatisant leurs procédés de fabrication et en délocalisant les activités à fort coût de main-d'œuvre.

À la fin des années 1990, l'économie française a renoué avec la croissance : inflation maintenue à un niveau très bas ; excédents commerciaux élevés ; bénéfices record pour les grandes entreprises ; relance des investissements et de la consommation ; confiance retrouvée ; entrée dans l'euro. Mais la fracture sociale a continué de se creuser et le taux de chômage restait élevé.

Graphique 1-3-1 Le taux de croissance de France depuis 1950

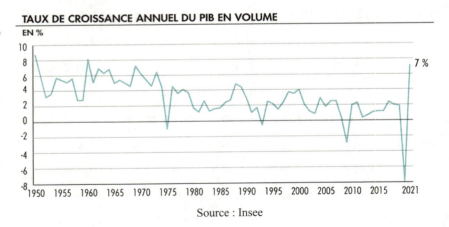

TAUX DE CROISSANCE ANNUEL DU PIB EN VOLUME

Source : Insee

Notions économiques //

1. **Fluctuations économiques**

   Les fluctuations économiques sont des mouvements de la croissance à la hausse et à la baisse autour de la croissance de long terme. L'activité économique est toujours marquée par des fluctuations plus ou moins rapides et plus ou moins prononcées.

2. **Croissance économique**

   La croissance économique se traduit notamment par le fait que le produit intérieur brut augmente. Elle s'accompagne en général d'investissements de la part des entreprises, des ménages et de l'État, de créations d'emplois, d'une consommation dynamique des ménages.

3. **Récession économique**

   La récession est un recul de l'activité économique sur deux trimestres ou plus. Elle se traduit par une baisse de l'investissement et de la consommation, et d'une augmentation du chômage.

4. **Dépression économique**

   La dépression économique est une récession aggravée et durable. Ce terme est employé quand la chute de l'activité est particulièrement forte et que s'enclenche une spirale négative : chute de la consommation, baisse des prix, de la production et des investissements, hausse des faillites et du chômage et que le tout s'enchaîne et perdure.

5. **Reprise économique**

   La reprise économique désigne la phase du cycle économique où l'économie sort de la récession et retrouve un sentier de croissance positive de son produit intérieur brut.

6. **Facteur de production**

   Les facteurs de production regroupent les moyens durables qui contribuent à la production. Au départ (les Physiocrates), la terre était considérée comme l'unique facteur de production. Puis, les classiques et les Keynésiens ont centré leur intérêt sur deux facteurs clé : travail et capital. Aujourd'hui, le concept est plus complexe : l'information et les compétences du capital humain constituent deux facteurs de production essentiels pour la production.

7. Croissance exogène

La croissance exogène est une croissance économique due à l'augmentation de la quantité de facteurs de production disponibles au sein du système économique.

8. Croissance endogène

La croissance endogène est un modèle de croissance économique autoentretenue. Pour les théoriciens de la croissance endogène, la productivité globale n'est pas un « résidu », mais doit être expliquée par les comportements des agents économiques qui accumulent différentes sortes de capitaux favorisant l'émergence de rendements croissants ; dès lors la croissance peut s'entretenir indéfiniment. Ces différentes sortes de capitaux sont tout d'abord le capital technique (les machines) mais aussi le capital public (les infrastructures), tout autant que le capital technologique (innovations) et surtout le capital humain (santé, niveau de formation).

9. Résidu de Solow

Le résidu de Solow désigne la proportion de la croissance économique qui n'est explicable ni par une accumulation du capital ni par une augmentation du facteur travail. Le résidu de Solow est aujourd'hui appelé productivité globale des facteurs (PGF). C'est le rapport entre les quantités produites et la quantité des facteurs de production utilisés. La PGF permet de mesurer l'amélioration de l'efficacité des facteurs de production. Elle s'explique essentiellement par le progrès technique et le progrès dans les méthodes d'organisation de la production et du travail.

10. Progrès technique

Le progrès technique regroupe, au sens strict, les innovations de nature technique apportant des perfectionnements aux produits ou aux procédés de production et, au sens large, tout ce qui permet d'augmenter la productivité des facteurs de production.

11. Trente Glorieuses

Les Trente Glorieuses sont la période de forte croissance économique et d'augmentation du niveau de vie qu'a connue la grande majorité des pays développés entre 1945 et 1975.

12. Communauté économique européenne

La Communauté économique européenne (CEE) est née en 1957 avec la signature du traité de Rome. L'objectif est la constitution d'un marché commun et d'une union douanière entre 6, puis 9, 10 et 12 États membres. Des approfondissements monétaires et politiques viendront progressivement renforcer l'édifice, jusqu'au traité de Maastricht de 1992, qui met fin à la CEE et crée l'Union européenne.

Galerie des économistes //

Robert Solow (1924–2023) est un économiste américain. Connu pour sa théorie sur la croissance économique, il est à l'origine du modèle qui lui a valu de recevoir en 1987 le prix Nobel d'économie.

L'économiste en déduit qu'il existe un facteur résiduel, une troisième force, qui permet une augmentation de la production par tête grâce à l'accroissement du stock des capitaux : le progrès technique. Cette découverte permet à Solow d'intégrer un facteur qualitatif à la croissance : même en travaillant moins, le progrès technique permet de produire plus. Il touche aussi bien l'amélioration de la qualité de la main-d'œuvre, que celle du capital, mais aussi de l'organisation de l'entreprise et du management. Le résidu est surprenant par son ampleur et son importance dans l'explication de la croissance.

Leçon 3

Exercices

I. Compréhension des notions économiques.

1. Le taux de croissance du PIB en valeur est de _____ et en volume _____ pour cette économie fictive.

En milliards d'euros	2020	2021
PIB au prix de l'année	7 872	8 137
PIB au prix de 2020	7 872	8 048

   A. 3,4 % ; 2,2 %   B. 9 % ; 9,7 %

   C. 1,3 % ; 1,9 %   D. 0,9 % ; 0,9 %

2. Comment mesure-t-on la « croissance économique » ?

   A. Par l'augmentation du PIB sur une courte période

   B. Par l'augmentation du PNB sur une courte période

   C. Par l'augmentation du PNB sur une longue période

   D. Par l'augmentation du PIB sur une longue période

3. Si le taux de croissance du PIB passe de 5 % à 1 % entre 2015 et 2017, le PIB _____.

   A. baisse en 2017

   B. augmente moins vite en 2017 qu'en 2015

   C. augmente de plus en plus vite entre 2015 et 2017

   D. baisse de plus en plus vite entre 2015 et 2017

4. En France, entre 1950 et 1975, le taux de croissance annuel moyen du PIB était de 4,7 %. Quelle est la bonne lecture ?

   A. En France, entre 1950 et 1975, le PIB a augmenté de 4,7 %.

   B. En France, entre 1950 et 1975, le PIB a augmenté en moyenne chaque année de 4,7 %.

   C. En France, entre 1950 et 1975, le taux de croissance du PIB a augmenté en moyenne chaque année de 4,7 %.

   D. En France, entre 1950 et 1975, la croissance a augmenté de 4,7 %.

5. Un PIB augmente de 5 % en 2016, et de 3 % en 2017. Quelle est la bonne lecture ?

   A. Le PIB de 2017 est inférieur à sa valeur de 2016.

   B. Le PIB de 2017 est supérieur à sa valeur de 2016.

   C. Le PIB de 2017 est égal à sa valeur de 2016.

   D. Le taux de croissance en 2017 est supérieur à celui en 2016.

6. Une dépression _____.

   A. correspond à un ralentissement durable de la croissance

   B. est synonyme de récession

   C. correspond à une baisse durable de la production intérieure

   D. est généralement source d'inflation

7. En France, qui calcule le PIB ?

   A. Inc   B. Inse   C. Insee   D. Indc

8. Quels facteurs peuvent expliquer la croissance ? (Plusieurs réponses possibles)

   A. Augmentation de la population active

   B. Accumulation du capital

   C. Progrès technique

   D. Bonnes institutions

9. La croissance économique réelle est mesurée par l'augmentation durable _____.

   A. du PIB en volume

   B. du PIB en valeur

   C. du chiffre d'affaires des entreprises

   D. de l'IDH (indice de développement humain)

10. Quels éléments peuvent favoriser la croissance ? (Plusieurs réponses possibles)

   A. Favoriser l'investissement

   B. Augmenter la productivité

   C. Augmenter les prix

   D. Encourager la consommation

Leçon 3

II. Compréhension des documents.

Document 1

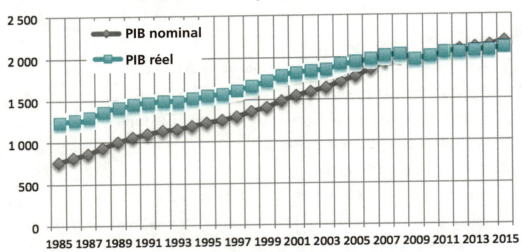

PIB nominal et réel (en milliards d'euros)

Source : Insee, prix base 2010 pour le PIB réel

1. _____ indique la hausse des seules quantités produites.

    A. Le PIB nominal   B. Le PIB réel

2. Pourquoi les deux PIB (nominal et réel) sont-ils égaux en 2010 ?

    A. C'est le hasard.

    B. Les hausses sont identiques en 2010.

    C. L'année 2010 est l'année de base.

    D. On ne sait pas.

3. 2009 est une année de récession, comment cela se voit-il sur le graphique des

    courbes ?

    A. Les deux courbes se croisent.

    B. Les deux courbes diminuent.

    C. Les deux courbes augmentent.

    D. La courbe du PIB réel diminue, celle du PIB nominal monte très légèrement

    du fait de la hausse des prix.

Document 2

Évolution du PIB français en valeur et en volume

PIB français et évolution des prix		
...	**2014**	**2015**
PIB en milliards d'euros courants	2 140	2 181
Indice des prix (base 100 en 2010)	103	104
PIB en volume (milliards d'euros de 2010)	2 069	2 095

Source : Insee

Vrai ou faux ?

1. Le PIB courant a été d'environ 2 181 milliards d'euros en 2015.

2. Entre 2010 et 2015, les prix ont augmenté de 4 %.

3. Le taux de croissance réel en 2015 est de 2 % par rapport à l'année 2014.

Document 3

L'impact de la productivité (PGF) sur la croissance des Trente Glorieuses : l'exemple de la France

	1951–1969	Sous-périodes			Très longue période
		1951–1957	1957–1963	1963–1969	1913–1963
Taux de croissance du PIB en % par an	5,0	4,7	5,1	5,1	2,1
Contribution du facteur travail	0,9	0,7	1,0	1,0	0,5
Contribution du facteur capital	1,6	1,4	1,4	1,8	0,5
Résidu	2,5	2,6	2,7	2,3	1,1

Source : tableau élaboré à partir de Carré J-J, Dubois, P., Malinvaud E., *Abrégé de la croissance française*, Seuil, 1973

Questions

1. Écrivez une phrase indiquant le sens de la valeur 5,0 de la première case du tableau.

2. Quelle est la relation entre les variables de la première colonne ?

3. Quelle est la nature de ce résidu ?

4. Calculez la part en % de la contribution du résidu à la croissance économique pour la période 1951–1969.

Les limites du PIB et de la croissance économique

Le PIB est avant tout un indicateur quantitatif. Il est encore loin de refléter parfaitement la richesse d'un pays et la qualité de vie de ses habitants. La croissance économique, mesurée par l'augmentation du PIB, fait également face aux défis sociaux et écologiques.

Le premier texte nous fait connaître les limites du PIB. D'abord, le PIB n'évalue pas toutes les richesses produites. Les activités non rémunérées (travail domestique, bénévolat, autoconsommation, entraide...) ne font pas l'objet d'une évaluation comptable et sont donc hors du périmètre de calcul. Ensuite, le PIB ne prend pas en compte les aspects qualitatifs de la croissance, ni les inégalités qui existent dans la répartition. Et il néglige l'origine des richesses en comptabilisant de manière positive des activités généralement considérées comme négatives ou nuisibles. Enfin, cet agrégat ne prend pas en compte la perte de richesse collective que constituent, à long terme, l'épuisement des ressources naturelles et les atteintes irréversibles à l'environnement. Afin de corriger ces limites, de nombreux indicateurs alternatifs sont mis en œuvre : l'IDH (indice de développement humain calculé par le PNUD de l'ONU) vise à prendre en compte le bien-être de la population ; le coefficient Gini permet de mesurer l'inégalité des richesses ; les émissions de CO_2, le PIB vert ou l'empreinte écologique examinent l'impact environnemental des activités économiques.

Le deuxième texte met en avant les défis sociaux et écologiques de la croissance économique. Le progrès technique, un des moteurs de la croissance, joue un rôle de « destruction créatrice », selon le terme de l'économiste Joseph Schumpeter. Par conséquent, il creuse l'écart de revenus entre les individus qualifiés occupant des emplois bien rémunérés et ceux qui occupent des emplois à « faible valeur ajoutée » moins bien payés. Sur le plan écologique, la croissance économique entraîne un épuisement des ressources naturelles, engendre les pollutions et contribue au réchauffement climatique, ce qui conduit au débat vif sur la « soutenabilité » de notre modèle économique reposant sur la croissance.

Notes

Les limites du PIB et des indicateurs alternatifs

Le PIB permet de mesurer les richesses produites dans un pays, mais est-il pour autant un indicateur de **bien-être** ? Toutes les richesses sont-elles bien comptabilisées ? Les réponses sont négatives. C'est pour cela que le PIB est soumis à un certain nombre de critiques.

Premièrement, le PIB n'évalue que partiellement la richesse produite. En effet, de nombreuses activités ne rentrent pas en compte dans le calcul du PIB du fait qu'elles ne font l'objet d'aucune transaction sur le marché et que l'on ne peut donc pas les évaluer en termes monétaires. Il s'agit principalement du travail domestique, du bénévolat et de l'ensemble des **externalités positives**.

Deuxièmement, le PIB ne prend pas en compte les aspects qualitatifs de la vie économique et sociale. D'abord, il néglige des critères décisifs pour la qualité de vie : le temps de travail, la durée des vacances, les conditions de logement et de transport, etc. Et puis, le PIB, même le PIB par habitant, n'analyse pas les inégalités qui existent dans la répartition des richesses produites[1]. On peut très bien avoir un PIB ou un PIB par habitant qui augmente alors que les revenus diminuent pour une majorité de la population et augmentent fortement pour une minorité, lorsqu'il existe un renforcement des inégalités. Ensuite, le PIB est indifférent à l'origine des richesses. Des activités généralement considérées comme négatives ou nuisibles contribuent pourtant à l'augmentation du PIB. Par exemple, un embouteillage de circulation crée du PIB parce qu'il augmente la consommation d'essence et donc l'activité de la branche pétrolière. Pourtant, il nuit à l'environnement et fait perdre du temps ! Enfin, le PIB ne tient pas compte des effets négatifs des activités comptabilisées (**externalités négatives**) : les diverses pollutions de l'environnement, l'émission de gaz à effet de serre, etc. Cependant, la réparation de ces dégâts écologiques est prise en compte.

Pour prendre en compte le bien-être de la population, le PIB doit être complété par des indicateurs alternatifs. C'est ce que fait l'Insee en mesurant par exemple les émissions de CO_2 des activités de production, les inégalités de patrimoine ou d'accès au logement selon les catégories de ménages, etc. L'Insee participe également à l'élaboration d'indicateurs de **développement durable** comme le **PIB vert** ou l'**empreinte écologique**.

Notes

---

1 C'est l'indicateur Gini qui mesure l'inégalité. La France bénéficie d'une situation plutôt favorable, avec un indice de Gini (0,29) inférieur à la moyenne de l'OCDE (0,3). C'est-à-dire qu'en matière de la réduction de l'inégalité, la France fait mieux que la plupart des pays de l'OCDE tels que les États-Unis, le Royaume-Uni, le Japon et le Canada, mais moins bien que le Danemark, la Belgique, le Luxembourg.

Leçon 4

Au niveau international, il faut indiquer l'**indice de développement humain** (IDH), qui a été proposé dans les années 1990 par le Programme des Nations unies pour le développement (PNUD). L'IDH correspond à un indice composé calculé chaque année par le PNUD afin d'évaluer le niveau de développement des pays en se fondant non pas sur des données strictement économiques, mais sur la qualité de vie de leurs ressortissants.

L'IDH, compris entre 0 (le plus faible) et 1 (le plus élevé), intègre trois facteurs :

- L'**espérance de vie à la naissance**, car elle est significative des conditions de vie à venir des individus (alimentation, logement, eau potable…) et de leur accès à la médecine ;
- Le **niveau d'éducation**, qui détermine l'autonomie tant professionnelle que sociale de l'individu ;
- Le **revenu national brut par habitant**, révélateur du niveau de vie des individus et ainsi de leur accès à la culture, aux biens et services, aux transports…

En 2022, le PNUD dévoile le classement IDH de 2020. La Norvège, l'Irlande et la Suisse arrivent en tête du classement. Première du palmarès, la Norvège brille surtout par son revenu national brut qui dépasse les 66 000 dollars par habitant. La Suisse, à la troisième marche du podium, se distingue par son espérance de vie élevée, de 83,8 ans en moyenne, et par sa durée moyenne de scolarisation (13,4 ans). L'Irlande s'illustre par une durée attendue de scolarisation de près de 18,7 ans et un revenu national brut de 68 371 dollars par personne. Avec un score de 0,901, la France ne fait pas partie du classement des 20 pays à l'IDH le plus fort. L'Hexagone arrive à la 26e place sur les 189 pays et territoires étudiés par le PNUD.

Les défis sociaux et écologiques de la croissance économique

Notes

Si la croissance économique est généralement bienfaitrice, elle n'est pas sans limites sur le plan social. Dans les pays développés, le progrès technique actuel, qui repose largement sur les innovations liées au numérique, a favorisé les emplois qualifiés. Les économistes parlent de « progrès technique biaisé en faveur du travail qualifié ». Le progrès technique est donc à l'origine d'inégalités de revenus croissantes entre les individus qualifiés occupant des emplois bien rémunérés et ceux qui occupent des emplois à « faible valeur ajoutée » moins bien payés.

Produire toujours davantage n'est également pas sans conséquence sur l'environnement. La croissance économique entraîne un épuisement des ressources naturelles (le pétrole, le gaz, etc.), engendre de la pollution atmosphérique et contribue au réchauffement climatique. De nombreux économistes ou intellectuels s'interrogent sur la viabilité de notre modèle économique, reposant sur la croissance. Ils se demandent s'il est « soutenable », c'est-à-dire si l'on peut continuer à produire toujours plus sans compromettre le bien-être des générations futures.

---

1 Malbrancq Nicolas, Breval Pascal et Louys Delphine, *Réviser son bac avec le monde 2021 : Spécialité SES*, Paris, Rue des écoles, 2021, p. 7.

Leçon 4

Le débat oppose deux points de vue. D'un côté, les partisans de la **soutenabilité faible** postulent que le progrès technique permettra, grâce aux innovations, de repousser toujours plus loin les limites écologiques de la croissance de façon à maintenir nos modes de vie pour les générations présentes et futures. Par exemple, la raréfaction du pétrole devrait inciter à trouver des alternatives à celui-ci. De l'autre côté, les défenseurs de la **soutenabilité forte** affirment que le capital naturel est irremplaçable (sites naturels, biodiversité végétale ou animale, etc.) et que les dégâts environnementaux sont donc irréversibles. Le progrès technique ne peut alors pas être considéré comme un moyen efficace pour prolonger la croissance du PIB et il est nécessaire de changer, au moins partiellement, nos modes de vie.

Notions économiques ///

1. Bien-être

Le bien-être renvoie à un ensemble de facteurs considérés de façon séparée ou conjointe : la santé, la réussite sociale ou économique, le plaisir, la réalisation de soi, l'harmonie avec soi-même et avec les autres.

2. Externalité positive

Les externalités positives désignent les situations où un acteur rend un service économique aux tiers sans être récompensé.

3. Externalité négative

Les externalités négatives désignent les situations où un acteur défavorise économiquement des tiers sans compenser le dommage. La plupart des effets de pollution sont causés par des agents qui n'en paient pas le coût et qui reportent le tout sur la société.

4. Développement durable

Le développement durable est l'idée que les sociétés humaines doivent vivre et répondre à leurs besoins sans compromettre la capacité des générations futures à répondre à leurs propres besoins. Le développement durable prend en compte trois dimensions : économique, environnementale et sociale.

5. PIB vert

Le PIB vert est une expression employée pour désigner un projet de correction du produit intérieur brut en fonction des coûts environnementaux (consommation de ressources naturelles, pollution). Il s'agit de prendre en compte les effets de la croissance économique sur l'environnement.

6. Empreinte écologique

L'empreinte écologique mesure la quantité de surface terrestre bioproductive nécessaire pour produire les biens et services que nous consommons et absorber les déchets que nous produisons. L'empreinte écologique se mesure en hectare global. Ainsi, il faudrait, en moyenne, 4,5 hectares pour un Européen alors qu'un Nord-Américain aurait besoin de 6,6 hectares et un Africain 2,7. Les résultats de ce calcul à échelle globale montrent que les capacités de la planète à subvenir aux besoins de ses habitants sont insuffisantes.

7. Indice de développement humain

L'indice de développement humain (IDH) est un indicateur né du Programme des Nations Unies pour le développement (PNUD) qui mesure le niveau de développement de chaque pays en fonction de variables telles que l'espérance de vie, l'éducation ou le revenu national brut par habitant.

8. Espérance de vie à la naissance

L'espérance de vie à la naissance, ou vie moyenne, est une donnée statistique exprimant le nombre moyen d'années que peut espérer vivre un nouveau-né, si les conditions de mortalité ayant prévalu au cours de la période étudiée demeurent inchangées durant toute sa vie. C'est un indicateur de l'état de santé général d'une population et permet des comparaisons fiables au fil du temps et entre différents pays. Selon le recensement 2022, l'espérance de vie à la naissance des Français s'établit à 85,4 ans pour les femmes et à 79,3 ans pour les hommes.

9. Niveau d'éducation

Dans le calcul de l'IDH, le niveau d'éducation est composé par une pondération de l'indicateur d'alphabétisation chez les adultes et de l'indicateur de scolarisation. La pondération plus importante est donnée au taux d'alphabétisation avec 2/3, pendant que le taux de scolarisation compte pour le 1/3 restant.

10. Revenu national brut par habitant

Le revenu par habitant (revenu per capita) est défini comme le revenu national brut (RNB) pour une année, divisé par le nombre total d'habitants, ceci pour un pays ou une région donnée.

11. Soutenabilité faible

Le concept de soutenabilité cherche à établir s'il est possible de compenser la perte de croissance issue d'une dégradation de l'environnement par l'accumulation des autres capitaux. Il se base ainsi sur le degré de substituabilité des capitaux naturels aux autres dans la fonction de production.

Pour les partisans d'une « soutenabilité faible », majoritairement des néoclassiques, il est possible de substituer au capital naturel les autres capitaux et les mécanismes du marché permettent de réguler l'utilisation d'actifs naturels. L'idée est simple : lorsque les ressources naturelles tendent à se raréfier, leur prix augmente. Les autres facteurs deviennent relativement moins coûteux, les producteurs auront donc tendance à davantage les utiliser. Un arbitrage entre les bénéfices de la croissance et les coûts de la dégradation de l'environnement est alors possible en faveur de la croissance.

12. Soutenabilité forte

Il existe des cas où l'hypothèse de soutenabilité faible est peu pertinente. Par exemple, si les actifs naturels sont des biens communs (c'est-à-dire qu'ils sont disponibles pour tous), le marché aura tendance à sous-évaluer leur prix et donc à favoriser leur épuisement. C'est l'idée de la « tragédie des communs », développée par Elinor Ostrom (Nobel 2009). Dans ce cas, on se situe dans l'hypothèse de soutenabilité forte : il faut protéger les ressources pour prévenir leur disparition. C'est la vision défendue par le courant de l'économie écologique.

Leçon 4

Joseph Aloïs Schumpeter (1883–1950) est un économiste autrichien naturalisé américain. Sa théorie économique de la « destruction créatrice » est originale.

- Si l'innovation crée de l'activité économique (elle génère une hausse des investissements et / ou une hausse de la consommation), elle sinistre, voire détruit également d'autres secteurs qui peuvent devenir obsolètes. Par exemple, la création du téléphone portable a fait disparaître de nombreuses cabines téléphoniques publiques.

- Des innovations majeures donnent naissance à une grappe d'innovations, moteurs de la croissance. Par exemple, Internet a permis l'émergence de nombreuses activités créatrices de valeur ajoutée : le commerce en ligne, les réseaux sociaux, les films en VOD...

- Le rythme de ces innovations majeures semble s'accélérer : 55 ans séparent la découverte de la machine à vapeur et celle de l'électricité, mais seulement 40 ans entre la découverte de l'électronique et celle de l'informatique.

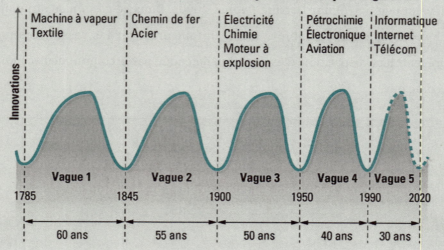

Les cycles de l'innovation de Schumpeter et leur prolongement

Exercices //

I. Compréhension des notions économiques.

1. Le travail de Jean Dupont, entraîneur bénévole dans un club sportif de la banlieue parisienne, _____.

   A. n'est pas pris en compte dans le calcul du PIB

   B. fait augmenter le PIB

   C. fait augmenter uniquement le PIB marchand

   D. fait augmenter uniquement le PIB non marchand

2. Quel indicateur n'est pas pris en compte par l'indice de développement humain ?

   A. Espérance de vie à la naissance

   B. Durée de scolarisation

   C. Revenu national brut par habitant

   D. Niveau des inégalités

3. Une externalité se définit comme _____.

   A. un coût pour l'entreprise

   B. une conséquence de l'action d'un agent sur d'autres agents non prise en compte par le marché

   C. un impôt payé sur la pollution faite par l'entreprise

   D. un rendement pour l'entreprise

4. Quel est le défi social de la croissance économique ?

   A. La croissance économique est source de pollution.

   B. La croissance économique nécessite d'utiliser des ressources naturelles.

   C. La croissance économique est de plus en plus basée sur le progrès technique qui est à l'origine d'inégalités de revenus croissantes.

   D. La croissance économique peut être interrompue par la crise.

5. La croissance économique permet toujours une amélioration de la qualité de vie de tous les individus.

   A. Vrai   B. Faux

6. Quelle phrase est fausse ?

   A. La croissance est le seul objectif économique du pays.

   B. La croissance est l'un des objectifs économiques importants du pays.

   C. La croissance permettrait de créer des emplois.

   D. La croissance permettrait de rembourser les dettes.

7. L'IDH est un indicateur créé par _____.

   A. l'OIT   B. l'ONU   C. l'OCDE   D. l'OMC

8. Qu'est-ce que l'IDH ?

   A. Indice démographique humain

   B. Indice de développement humain

   C. Indicateur de démocraties dans l'humanité

   D. Indice de densité humaine

9. L'IDH mesure le niveau de développement d'un pays. Pour cela, il se base sur _____.

   A. des indicateurs sociaux exclusivement

   B. des indicateurs économiques et sociaux

   C. des indicateurs économiques exclusivement

   D. des indicateurs médicaux

10. Quelle phase est fausse ?

   A. Le PIB ne prend pas en compte le bénévolat.

   B. Le PIB prend en compte l'origine des richesses.

   C. Le PIB ne prend pas en compte l'inégalité.

   D. Le PIB ne prend pas en compte le travail domestique.

II. Compréhension du document.

Le PIB, un indicateur contesté de l'activité économique

Xavier Timbeau, aujourd'hui Directeur principal à l'OFCE, a répondu à nos questions concernant l'un des indicateurs les plus utilisés en économie, le PIB. Il nous a présenté cet indicateur, tout en insistant sur ses limites.

[…]

Les limites du PIB dans la comparaison

La comparaison des niveaux de PIB ne permet pas de comparer des niveaux de satisfaction puisque la notion de niveau de satisfaction reste subjective et diffère selon les pays, les cultures ou encore les régions.

Finalement, le PIB ne donne que des éléments quantitatifs qui ne sont pas toujours pertinents pour analyser des niveaux de bien-être.

Quelles sont les limites du PIB pour évaluer les productions ?

Pour construire un PIB, il faut des prix. Pour le moment, on utilise les prix du marché. Cependant, on ne dispose pas de prix de marché pour le secteur non marchand. On calcule alors la contribution du secteur non marchand au PIB à partir des coûts de production. Mais cette mesure ne prend pas en compte la qualité du service rendu.

Pour le secteur marchand, on peut envisager que tous les marchés sont « en échec » parce que les prix résultent de la manipulation, d'un rapport de force ou d'un monopole. Les prix du marché sont donc biaisés, notamment à cause d'un phénomène de « rentes ».

Une augmentation de la valeur créée, puisqu'elle prend en compte toutes ces rentes, ne peut pas être considérée comme un bon indicateur de l'augmentation du bien-être des individus.

Comment prendre en compte les inégalités ?

Une correction possible des inégalités consisterait à ne pas prendre en compte les revenus des 1 % des individus les plus riches. Aux États-Unis, cela revient à éliminer les personnes qui gagnent chacune plus d'un million de dollars. En effet, on peut légitimement considérer que ces revenus sont de la rente.

T. Piketty et E. Saez ont mené une étude aux États-Unis démontrant que la moitié de la croissance américaine est due aux individus les plus riches.

Xavier Timbeau estime que cette correction des inégalités donnerait une mesure beaucoup plus juste de l'activité économique.

Leçon 4

Comment prendre en compte le développement durable ?

Le PIB n'est pas une mesure exacte de l'activité économique. Certaines activités économiques créent des dommages non intégrés dans le calcul du PIB. Par exemple, les émissions de carbone ont un coût pour les générations futures : elles modifient l'équilibre climatique, elles dégradent l'environnement.

Comment évaluer ces dommages ? Que devront supporter les générations futures des conséquences des activités de production des entreprises d'aujourd'hui ?

Xavier Timbeau aborde « la question de Copenhague » qui pose l'arbitrage entre les urgences présentes et les inquiétudes futures : il faut s'occuper des générations futures mais beaucoup meurent de faim aujourd'hui.

Selon Xavier Timbeau, si nous sommes capables de donner une valeur à la dégradation de l'environnement, nous pourrons alors modifier les comportements de consommation et peut-être développer l'esprit de responsabilité vis-à-vis des générations futures.

Questions

1. Selon Xavier Timbeau, quelles sont les limites du PIB dans la comparaison internationale ?

2. Quelle est la proposition de l'auteur afin de corriger la limite du PIB en matière d'inégalités ?

3. Selon Xavier Timbeau, comment arbitrer entre les urgences présentes et les inquiétudes futures ?

La Chine envisage un nouveau modèle de croissance pour un développement de qualité

La Chine accélère la construction d'un modèle de développement à « double circulation » qui considérera le marché intérieur comme pilier et qui laissera les marchés intérieur et étranger se stimuler mutuellement.

Depuis le mois de mai de cette année, les hauts dirigeants du pays ont réaffirmé ce nouveau modèle à plusieurs occasions, indiquant que la priorité stratégique du développement économique de la Chine est d'accélérer le passage d'un modèle de croissance axé sur les exportations à un modèle axé sur la demande intérieure.

CHOIX ACTIF

Ce n'est pas une décision hâtive, mais un choix actif et réfléchi depuis des années. La Chine participe activement à la chaîne de valeur mondiale depuis sa politique de réforme et d'ouverture de la fin des années 1970, et est parvenue à un développement économique rapide grâce à sa stratégie axée sur l'exportation et ses faibles coûts. Toutefois, des lacunes sont progressivement apparues, telles qu'une dépendance excessive à l'égard du commerce extérieur, des risques en matière de sécurité économique, des restrictions dans les technologies clés et une pression sur la mise à niveau de l'industrie.

En fait, depuis la crise financière asiatique de 1998, la Chine a réorienté son développement économique vers l'expansion de la demande intérieure. Ces dernières années, la Chine est devenue de plus en plus dépendante du marché intérieur plutôt que des exportations.

Du point de vue de la situation intérieure, la Chine vise un développement de qualité et accélère la transformation de son modèle de croissance économique.

[...] Le nouveau modèle de développement envisagé par les hauts dirigeants est un choix stratégique actif pour l'économie chinoise afin de créer de nouvelles opportunités et d'assurer de nouveaux avantages dans la concurrence mondiale, a déclaré Huang Qunhui, directeur de l'Institut d'économie de l'Académie chinoise des sciences sociales.

UNE PLUS GRANDE OUVERTURE

Si le potentiel de la circulation intérieure est mis en avant, cela ne signifie pas que la Chine cherchera à s'isoler. Au contraire, elle utilisera les ressources nationales et internationales de manière plus efficace, en assurant un développement solide et durable.

« Les activités économiques n'ont jamais existé de manière isolée. Elles sont dynamiques et cycliques. Comme la Chine s'est profondément intégrée dans la mondialisation, elle ne peut développer sa demande intérieure sans le bon fonctionnement des chaînes industrielles et d'approvisionnements mondiaux », a déclaré Wei Jianguo, vice-président du Centre chinois pour les échanges économiques internationaux.

« La stratégie consistant à prendre la circulation intérieure comme pilier et à développer la demande intérieure comme fondement stratégique ne signifie pas fermer les portes au monde extérieur ou procéder à un découplage actif. Au contraire, cela signifie une ouverture supplémentaire à un niveau plus élevé », a indiqué Guan Tao, économiste à la Banque de Chine internationale.

Un examen des principales réformes de 2020 révèle des indices sur les efforts déployés par le pays pour stimuler l'ouverture.

En effet, fin juin, la Chine a de nouveau raccourci la liste négative des investissements étrangers, réduisant ainsi le nombre de secteurs interdits aux investisseurs étrangers.

Début juin, la Chine a publié un plan directeur pour la construction d'un port de libre-échange d'influence mondiale dans la province insulaire de Hainan, dans le sud du pays.

Deux lignes directrices ont été dévoilées en avril et en mai, l'une sur l'allocation des ressources basée sur le marché, et l'autre sur l'amélioration de l'économie de marché socialiste. Les deux plans étaient axés sur la protection du rôle du marché dans l'économie afin de favoriser la croissance des entreprises nationales et étrangères.

La Chine va continuer à pivoter vers une croissance stimulée par la demande intérieure. Le pays améliore son système de demande intérieure dans un environnement ouvert, de sorte que la double circulation, intérieure et internationale, ne doit pas être interrompue.

Le développement de la Chine ne peut être séparé du reste du monde, et le développement mondial a également besoin de la Chine. À l'avenir, la Chine ne fera qu'ouvrir plus largement ses portes pour partager ses possibilités de développement avec le monde.

I. Trouvez la bonne traduction des termes suivants dans le texte.

高质量发展 _____

双循环 _____

全球价值链 _____

产业升级 _____

外资准入负面清单 _____

社会主义市场经济 _____

II. Répondez aux questions suivantes.

1. Expliquez la « double circulation ».

2. Quel était le modèle de croissance défini par la politique de réforme et d'ouverture de la fin des années 1970 ? Quels sont les principaux défis auxquels ce modèle fait face à l'heure actuelle ?

3. « Si le potentiel de la circulation intérieure est mis en avant, cela ne signifie pas que la Chine cherchera à s'isoler. » Comment ce texte montre-t-il les efforts déployés par la Chine pour stimuler l'ouverture ?

Carte mentale

Trois approches de calcul :
- approche production
- approche revenu
- approche demande

Deux fonctions du PIB :
- comparaison internationale
- surveillance de la santé de l'économie nationale

Dinstinguer le PIB du PNB :
PNB = PIB + revenus entrant sur le territoire national - revenus versés au reste du monde

- Le PIB non marchand comptabilise les salaires versés au personnel des administrations publiques.
- Le PIB marchand comptabilise les valeurs ajoutées réalisées par les entreprises.

1. Définition du PIB

2. Calcul du PIB

Valeur ajoutée brute = chiffre d'affaires - consommation intermédiaire

Le PIB et la croissance économique

Distinguer le PIB en volume et le PIB en valeur

3. Définition de la croissance économique

4. Limites du PIB et de la croissance économique

Fluctuations économiques :
- croissance
- récession
- dépression
- reprise

Limites du PIB :
- un instrument de mesure incomplet en excluant
  - bénévolat
  - travail domestique
- un instrument de mesure imparfait indifférent à
  - origine des richesses
  - externalités
  - inégalité

Mesure de la croissance économique : la variation du PIB réel d'une année sur l'autre, exprimée en %

Indicateurs alternatifs :
- IDH
- coefficient Gini
- émissions de CO_2
- PIB vert
- empreinte écologique

Vertus de la croissance :
- création des emplois
- remboursement des dettes

Origines de la croissance :
- facteurs de production
- progrès technique
- bonnes institutions

Limites de la croissance :
- défis sociaux
- défis écologiques

Unité 2

Travail, emploi et chômage

Le travail est le père de toutes les richesses, de même que la terre en est la mère.

—*William Petty*

Leçon 1

Marché du travail : un marché comme les autres ?

Pour étudier le travail et le chômage, les économistes raisonnent à partir du concept de marché du travail. Mais est-il un marché comme les autres ? A-t-il des spécificités ?

Le premier texte nous montre une approche d'analyse avancée par les économistes néoclassiques. Selon eux, le marché du travail est un lieu fictif où se rencontrent l'offre de travail (c'est-à-dire la quantité d'heures de travail que les travailleurs sont prêts à offrir) et la demande de travail (c'est-à-dire la quantité d'heures de travail que les entreprises sont prêtes à embaucher). C'est leur confrontation qui détermine un prix d'échange (le salaire). Cependant, les hypothèses de base du modèle néoclassique restent théoriques et peuvent être affinées lorsque le marché du travail est hétérogène ou segmenté, et qu'il existe des asymétries d'informations entre employeurs et employés. Cela permet de prendre en compte d'autres modes de fixation du salaire qu'une simple confrontation entre offre et demande. Donc, le travail est un facteur de production spécifique, qu'on ne peut donc analyser de manière mécanique, comme une marchandise ordinaire.

Le deuxième texte met en avant que la relation salariale est une relation institutionnalisée. Autrement dit, la réalité des systèmes d'emplois infirme l'idée, défendue par l'analyse néo-classique, d'un marché du travail homogène et déconnecté du contexte social et politique. La relation salariale dépend en effet des négociations entre partenaires sociaux et de l'intervention de l'État qui encadre le marché du travail par une législation garantissant les droits sociaux.

Analyse néoclassique du marché du travail et ses limites

Notes

L'**analyse néoclassique** postule que le travail obéit aux mêmes règles d'échange que les autres biens : il fait l'objet d'une offre et d'une demande, et c'est la rencontre de ces deux entités qui en fixe le prix. L'offre de travail émane de la population active, et elle fait l'objet, de la part de l'offreur (travailleur), d'un arbitrage entre la **désutilité** du travail (privation de loisir) et son **utilité** (gain monétaire salarial). La courbe d'offre du travail est donc une fonction croissante du taux de salaire.

La demande de travail émane des entreprises et fait également l'objet d'un arbitrage : pour que le chef d'entreprise embauche un salarié supplémentaire, il faut que la **productivité marginale** de ce salarié (ce qu'il apporte de production supplémentaire) ait une valeur au moins égale au salaire qu'on lui verse. En deçà de cette limite, il ne sera pas embauché puisqu'il coûtera plus cher qu'il ne rapporte : la courbe de demande de travail est une fonction décroissante du taux de salaire.

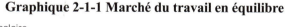

Graphique 2-1-1 Marché du travail en équilibre

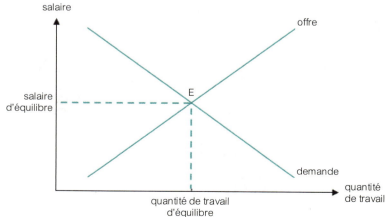

1 FLEURY Sylvie, LE GRAND Florence et ROBICHEZ Michel, *Réviser son bac avec le monde 2020 : Terminale, Série SES*, Paris, Rue des écoles, 2020, p. 80.

Leçon 1

L'analyse néoclassique raisonne sur le « taux de **salaire réel** », c'est-à-dire le salaire à prix constants qui s'obtient en corrigeant le **salaire nominal** de la hausse des prix et qui est donc un indicateur du pouvoir d'achat. Le coût du travail que le chef d'entreprise prend en compte est le **coût salarial** unitaire, c'est-à-dire l'ensemble du coût du travail (salaire direct + charges sociales) par unité produite. Cela suppose donc que soit pris en compte le niveau de la **productivité du travail**.

Enfin, cette théorie suppose que le marché du travail fonctionne en situation de « **concurrence pure et parfaite** » et qu'il s'auto-équilibre. Si un déséquilibre se manifeste durablement sur le marché du travail, par exemple un chômage persistant, cela ne peut s'expliquer que par l'existence de « rigidités » (par exemple l'existence d'un salaire minimum ou d'une indemnisation du chômage, ou encore des freins au licenciement) qui empêchent la baisse des salaires et le retour à l'équilibre de l'offre et de la demande.

Graphique 2-1-2 Marché du travail en déséquilibre

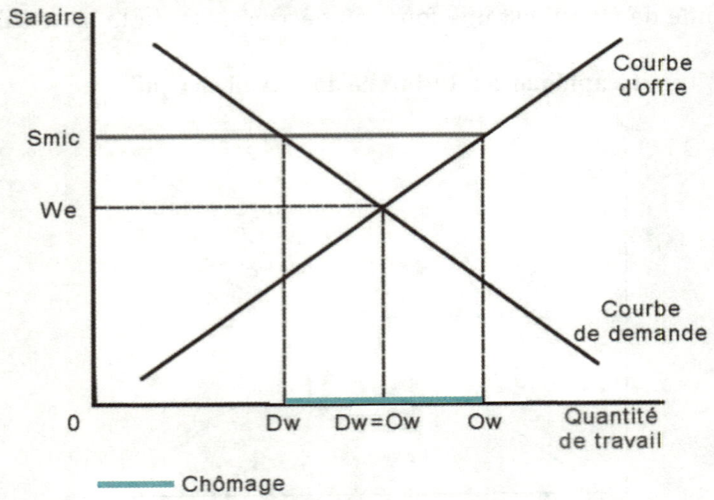

We = salaire d'équilibre   Dw = demande de travail   Ow = offre de travail

La critique du modèle néoclassique

L'observation du fonctionnement réel du marché du travail dans les sociétés contemporaines remet en cause la théorie néoclassique. L'hypothèse la plus irréaliste est celle de l'unicité et de l'homogénéité du marché du travail. Celui-ci est segmenté et marqué par une forte hétérogénéité. D'une part, la gestion des emplois dans une entreprise se réalise, par exemple, à travers des grilles de qualifications multiples, en puisant à la fois dans les salariés déjà embauchés (**marché interne**) et dans le **marché externe**. Le marché du travail est d'autre part segmenté par la nature des contrats de travail (**marché primaire** de l'emploi stable en **CDI**, **marché secondaire** de l'emploi en **CDD**, **intérim**, stages, etc.).

L'hypothèse d'**atomicité** est, elle aussi, invalidée du fait de l'existence des syndicats fédérant les revendications, mais, tout autant, en raison de la présence fréquente d'un gros employeur assurant l'essentiel des embauches dans un bassin d'emploi déterminé.

La mobilité du facteur travail est toujours assez rigide, car les exigences de qualifications spécifiques limitent la capacité de reconversion professionnelle, mais aussi parce que des contraintes sociales et familiales freinent la mobilité géographique.

Enfin, la fixation des salaires n'est pas le résultat d'une confrontation mécanique entre les quantités de travail offertes et demandées : les mécanismes complexes de la relation salariale tiennent compte de facteurs aussi divers que l'ancienneté du salarié, la pénibilité du poste, la place dans la hiérarchie de l'entreprise ou la volonté du chef d'entreprise de fidéliser ses salariés à travers la fixation d'un **salaire d'efficience** supérieur au salaire moyen du marché mais garantissant à l'entreprise la stabilité de sa main-d'œuvre.

Leçon 1

La relation salariale : une relation institutionnalisée

La relation salariale n'est pas une simple relation d'échange d'une marchandise. Elle s'est construite historiquement à travers les conquêtes sociales et la **négociation collective**, en s'appuyant sur le rôle d'arbitre de l'État et en débouchant sur la notion essentielle du « contrat de travail ».

La fixation du niveau des salaires n'est pas le résultat d'un processus individuel mais se déroule le plus souvent dans le cadre des conventions collectives au niveau des branches et à celui des grandes entreprises, signées entre les représentants des salariés et des employeurs. Ces conventions, fruits de rapports de force dans la négociation, prévoient le plus souvent des conditions minimales de rémunération, des grilles de qualification et de salaires et des normes d'emploi (durée du travail, congés, droit à la formation, conditions de travail, etc.). Ces dispositions, établies au niveau de l'entreprise ou de la branche, doivent déjà respecter les dispositions prévues par la loi et fixées par le pouvoir politique. Le rôle croissant joué par l'État dans l'organisation des relations sociales a conduit ce dernier, dans la plupart des pays développés, à fixer un seuil de salaire minimum (**SMIC** en France), et à déterminer ses modes de revalorisation. À l'évidence, ce salaire n'est pas le produit d'un arbitrage économique réalisé par le marché : c'est un arbitrage politique et social assumé. Les auteurs néoclassiques rendent d'ailleurs le salaire minimum responsable

---

1 *Ibid.*, p. 81.

de la persistance du chômage puisqu'il se situe au-dessus du salaire d'équilibre et ne permettrait donc pas, selon eux, l'emploi de toute la main-d'œuvre disponible.

L'encadrement de la relation salariale par le pouvoir politique diffère selon les pays. Certains n'ont pas de salaire minimum, et leur marché du travail est caractérisé par une grande flexibilité. D'autres ont mis en place, face au chômage et à la précarité, des mécanismes qui combinent la souplesse dans l'embauche et les licenciements, une flexibilité du marché du travail, avec la garantie, pour les salariés, d'une sécurité des revenus et une réinsertion professionnelle facilitée (exemple de la **flexicurité** au Danemark). Dans d'autres pays, les pouvoirs publics ont agi sur la durée du travail (la France avec les 35 heures, les Pays-Bas avec l'encouragement au temps partiel), le temps de travail étant évidemment une des dimensions de la relation salariale.

La question de la relation salariale, point de focalisation majeure des conflits sociaux, est entrée peu à peu dans le champ de la négociation et de la coopération entre les **partenaires sociaux**. Certes, le conflit sur les salaires n'a pas disparu et l'intervention de l'État dans les procédures de négociation n'efface pas les enjeux de rapport de forces qui sous-tendent la question salariale. Mais la présence d'un cadre institutionnel modifie les stratégies des acteurs sociaux dans un sens qui, globalement, facilite le dialogue social.

Notes

Leçon 1

Notions économiques //

1. Analyse néoclassique

L'école néoclassique est une école de pensée économique dont la thèse centrale est que les marchés disposent de mécanismes autorégulateurs fondés sur l'équilibre entre offre et demande ; qui, en l'absence d'intervention extérieure, conduisent à l'optimum économique. L'État n'a ainsi qu'un rôle très mineur à jouer dans le domaine économique. Fondée par les économistes marginalistes, Léon Walras, William Stanley Jevons et Carl Menger à la fin du XIXe siècle, elle a dominé la science économique jusqu'à l'avènement du keynésianisme et de la crise mondiale de 1929.

2. Utilité et désutilité

Dans le langage économique, l'utilité (ou la désutilité) désigne la satisfaction (insatisfaction), monétaire ou non, que procure une action économique (achat, vente, travail, loisir, etc.) pour une personne donnée.

3. Productivité marginale

La productivité marginale indique la productivité de la dernière unité d'un facteur de production utilisé. Elle est mesurée en divisant l'augmentation de la production (ΔY) par l'augmentation de la quantité de travail (ΔL) ou de capital (ΔK) utilisée correspondante :

$$\frac{\Delta Y}{\Delta L} \text{ ou } \frac{\Delta Y}{\Delta K}$$

4. Salaire nominal et salaire réel

Le salaire nominal est mesuré en prix courants, c'est le salaire tel qu'il est indiqué sur le contrat de travail, la fiche de paie, etc.

Le salaire réel indique le pouvoir d'achat du salaire nominal, à prix constants donc. Si la hausse des prix est identique à l'augmentation du salaire nominal, le pouvoir d'achat stagne, il n'augmentera que si la hausse du salaire nominal est supérieure à celle des prix.

5. Coût salarial

Par coût salarial, il faut entendre le total des salaires et traitements bruts versés par l'employeur auxquels s'ajoutent les charges patronales.

6. Productivité du travail

La productivité du travail est une mesure de l'efficacité du travail. Elle compare la production réalisée à la quantité de travail utilisée. On a donc le rapport :

productivité du travail = quantité produite / quantité de travail utilisée.

7. Concurrence pure et parfaite

La concurrence est pure et parfaite lorsque ces cinq conditions sont remplies :

- L'atomicité du marché
- L'homogénéité du produit
- Une entrée libre sur le marché
- La parfaite transparence du marché et des informations
- La libre circulation des facteurs de production.

8. Marché interne et marché externe

Le marché interne est constitué des travailleurs souvent qualifiés et diplômés, qui, s'ils changent d'emplois, ne changent généralement pas d'entreprise. Ces salariés du marché interne représentent donc la main-d'œuvre maison, ils profitent des évolutions de carrière. On les appelle parfois les insiders. Au sein du marché interne, les travailleurs bénéficient d'une large sécurité de l'emploi. Le marché externe est constitué des travailleurs en concurrence sur un marché du travail classique arbitrant entre offre et demande. Les entreprises ont recours à eux, en cas de besoin, lorsqu'elles connaissent des poussées de croissance ou qu'elles ont déjà mobilisé l'ensemble des salariés du marché interne. On les appelle donc parfois les outsiders. Au sein du marché externe, les travailleurs connaissent instabilité et incertitude sur le devenir de leur emploi.

9. Marché primaire et marché secondaire

Sur le marché primaire se trouvent des emplois typiques (CDI à temps plein) occupés par des salariés qualifiés, plutôt bien rémunérés et jouissant de bonnes conditions de travail et de perspectives de promotion interne.

À l'inverse, sur le marché secondaire se trouvent surtout des emplois atypiques (temps partiel ou à durée déterminée), moins bien rémunérés, subissant de moins bonnes conditions de travail.

10. Contrat à durée indéterminée

Le contrat à durée indéterminée (CDI) est une forme normale du contrat de travail, passé entre un employeur et un salarié, sans limitation de durée. Par définition, le CDI ne prévoit pas la date à laquelle il prendra fin.

11. Contrat à durée déterminée

Un contrat à durée déterminée (CDD) est un contrat de travail par lequel un employeur recrute un salarié pour une durée limitée. La conclusion d'un CDD n'est possible que pour l'exécution d'une tâche précise et temporaire et seulement dans les cas énumérés par la loi. Les CDD permettent une plus grande flexibilité du marché du travail et présentent une plus grande incertitude pour les salariés.

12. Intérim

L'intérim, ou travail temporaire, définit des missions de travail qui sont réalisées pour une durée déterminée, prévues dans un contrat de travail temporaire. La personne qui réalise la mission est un intérimaire. Les salariés en intérim sont tous en CDD. Mais l'intérim et le CDD sont différents en matière de nature de l'employeur, de longueur de la période d'essai, ainsi que de durée du contrat.

13. Atomicité

En économie, l'atomicité désigne un marché où les offreurs et/ou demandeurs sont si nombreux et petits relativement à la taille du marché qu'une décision individuelle de leur part est sans effets sur le reste des agents y étant présents. L'atomicité est une des hypothèses fondamentales de la concurrence pure et parfaite.

14. Salaire d'efficience

La théorie du salaire d'efficience a été conceptualisée par Janet Yellen et Joseph Stiglitz. Selon cette théorie, il est plus intéressant pour l'entreprise de fixer un salaire plus élevé (salaire d'efficience) que le salaire d'équilibre sur un marché du travail parfait parce que le salaire d'efficience lui permet d'augmenter la productivité du travail et d'économiser les coûts liés au turn-over.

15. Négociation collective

La négociation collective est l'ensemble des discussions entre des représentants des employeurs et des organisations syndicales représentatives des salariés dans le but de conclure une convention ou un accord. Elle peut se dérouler au niveau d'une entreprise, d'une région ou d'une branche productive. Elle traite de l'ensemble des conditions d'emploi, de travail et de garanties sociales (durée du travail, chômage, intéressement, retraite…). Les conventions et accord collectifs ne peuvent comporter que des dispositions plus favorables aux salariés que les lois et règlements qui s'appliquent à tous.

16. SMIC

Instauré en France en 1970 (c'était SMIG avant), le salaire minimum interprofessionnel de croissance (SMIC) correspond au salaire horaire minimum légal. Le SMIC est revalorisé le 1er janvier et éventuellement en cours d'année en fonction de l'évolution de l'inflation. La revalorisation du SMIC s'appuie d'abord sur l'évolution de l'indice des prix à la consommation (IPC) mais seulement celle observée pour les 20 % de la population ayant les ressources les plus faibles. Elle permet ainsi d'intégrer davantage l'inflation sur des produits de première nécessité qui sont très présents dans le panier de consommation des foyers les plus modestes. La revalorisation du SMIC prend aussi en compte l'évolution du pouvoir d'achat du salaire horaire moyen d'un ouvrier et d'un employé. Le gouvernement peut décider de faire bénéficier les salariés au SMIC d'un « coup de pouce » qui est une augmentation supplémentaire par rapport à la revalorisation minimum. Au 1er janvier 2023, le SMIC s'élève à 11,27 euros/heure, soit 1 709,28 euros bruts mensuels, ce qui correspond à environ 1 353 euros net.

17. Flexicurité

Ce terme est composé des mots flexibilité et sécurité. Il désigne un système d'organisation du marché du travail qui cherche à concilier une plus grande flexibilité au niveau de la main-d'œuvre pour les entreprises et, en contrepartie, une plus grande sécurité ou protection de l'emploi pour les salariés. Il trouve son origine dans l'expérience mise en place au Danemark à la fin des années 1990.

Leçon 1

18. Partenaires sociaux

Les partenaires sociaux désignent les agents économiques qui participent à des négociations d'ordre social. Ils sont constitués des représentants des principaux syndicats de salariés et des principales organisations patronales. Le dialogue social peut être tripartite si les pouvoirs publics y prennent part. Leurs domaines d'intervention sont les conditions de travail, le développement de la formation continue ou la définition des normes salariales. Ils sont habilités à conduire un dialogue pour le compte de leurs membres et à mener des négociations qui peuvent déboucher sur des conventions collectives. L'État ne légifère qu'en dernier recours.

Galerie des économistes //

Joseph E. Stiglitz (1943–), est un économiste américain, lauréat du prix Nobel d'économie avec George Akerlof et Michael Spence en 2001 « pour leurs travaux sur les marchés avec asymétrie d'information ».

Joseph Stiglitz a avancé en 1984 avec Carl Shapiro, la théorie du salaire d'efficience.

L'idée consiste à augmenter la rémunération de la main-d'œuvre afin de permettre d'une part, de réduire le phénomène de sélection adverse puisque l'augmentation de la rémunération attire une main-d'œuvre plus productive. D'autre part, cela permet de réduire le risque d'aléa moral : la rémunération du poste étant élevée, les salariés ne souhaiteront pas être licenciés si jamais l'on découvrait qu'ils ne fournissent qu'un faible niveau d'effort. Cette notion est importante, notamment parce qu'elle permet de comprendre en quoi le salaire peut être durablement au-dessus de son niveau d'équilibre, c'est-à-dire le niveau pour lequel on a une égalisation de l'offre et de la demande de travail et donc plein-emploi.

Exercices

I. Compréhension des notions économiques.

1. L'existence du SMIC montre que _____.

   A. le salaire dépend uniquement de l'offre et de la demande de travail

   B. le salaire ne se fixe pas seulement sur le marché du travail

   C. le salaire est flexible

   D. le salaire est efficient

2. Le salaire que les entreprises versent aux travailleurs pour améliorer la productivité de ceux-ci est connu sous le nom de _____.

   A. salaire d'efficience

   B. salaire de réserve

   C. salaire de négociation

   D. salaire d'équilibre

3. L'augmentation des salaires dans les usines Ford en 1914 a eu pour conséquence de faire baisser la productivité.

   A. Vrai

   B. Faux

4. La courbe de demande de travail est une fonction _____ du taux de salaire.

   A. croissante

   B. verticale

   C. horizontale

   D. décroissante

5. La productivité du travail est égale _____.

   A. au ratio de la production sur la population active

   B. au ratio de la production sur la quantité de travail utilisée

   C. au nombre de travailleurs par unité de capital

   D. au ratio de la production sur la population

6. Quelle affirmation est vraie ?

   A. Un emploi en CDI est un emploi précaire.

   B. Un emploi en CDD est un emploi stable.

   C. Le CDD prévoit la date à laquelle il prendra fin.

   D. Un emploi intérim est un emploi en CDI.

7. Dans le modèle néoclassique de base du marché du travail, on raisonne en situation de _____.

   A. concurrence pure et parfaite

   B. concurrence imparfaite

   C. concurrence monopolistique

   D. monopole

8. Dans le modèle néoclassique de base du marché du travail, l'entreprise embauche tant que _____.

   A. le salaire est supérieur à la productivité marginale du travail

   B. le salaire est inférieur à la productivité marginale du travail

   C. le salaire est égal à la productivité marginale du travail

   D. le taux de chômage augmente

9. L'objectif du salaire minimum est de _____.

   A. réduire le chômage

   B. protéger les travailleurs contre les salaires excessivement bas

   C. réduire le coût du travail

   D. inciter l'embauche

10. Les conventions collectives peuvent concerner _____. (Plusieurs réponses possibles)

   A. la durée du travail

   B. les congés

   C. les conditions de travail

   D. la formation professionnelle

II. Compréhension du document.

Les facteurs exogènes de l'offre et de la demande de travail

Au niveau microéconomique, chaque offreur (demandeur) potentiel de travail choisit la quantité qu'il offre (ou demande) en fonction du taux de salaire réel. Cependant, au niveau macroéconomique (c'est-à-dire du marché tout entier ou de l'économie dans son ensemble), les volumes globaux d'offre et de demande de travail peuvent être influencés par d'autres facteurs :

- Des facteurs démographiques : si la population totale augmente, l'offre de travail augmente.
- Des facteurs juridiques : notamment l'âge légal du travail (l'interdiction du travail des mineurs) ou la durée de la scolarité obligatoire et du départ à la retraite qui vont modifier la quantité des offreurs de travail.
- Des facteurs sociaux : historiquement, l'allongement de la durée moyenne des études a diminué le nombre d'offreurs de travail et l'entrée des femmes sur le marché du travail a fait augmenter l'offre de travail.
- Des facteurs économiques : il s'agit notamment du prix des biens et de son évolution, c'est-à-dire l'inflation. Une augmentation du prix des biens équivaut à une diminution du salaire réel.

La demande de travail peut être influencée par :

- Des facteurs techniques : lorsque le progrès technique capitalistique augmente, les entreprises ont besoin de moins de main-d'œuvre pour accomplir une même production.
- Des facteurs juridiques, par exemple les types de contrats de travail : un argument des économistes libéraux est que des contrats plus flexibles peuvent inciter les entreprises à embaucher plus car elles savent qu'en cas de difficultés financières, elles pourront facilement se séparer des travailleurs.
- Des facteurs économiques, comme le coût du travail : si les cotisations patronales augmentent, employer des travailleurs coûte plus cher à l'employeur, qui peut donc être conduit à diminuer le travail qu'il achète.

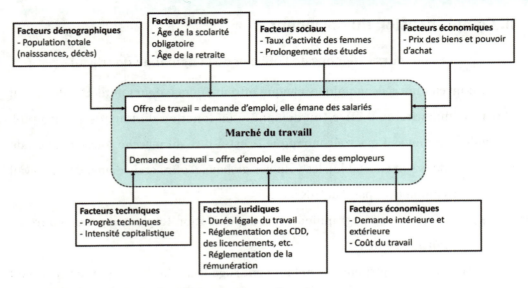

Identifiez les déterminants dans les cas suivants.

1. La population active augmente avec l'arrivée des migrants.

2. L'introduction de techniques plus performantes en termes de productivité a pour conséquence quasi immédiate de réduire le nombre d'emplois.

3. En France, l'entreprise doit justifier son licenciement et payer des indemnités importantes. C'est pourquoi elle hésite souvent à embaucher.

4. De plus en plus de femmes entrent sur le marché du travail pour chercher leur indépendance, ce qui fait augmenter la population active.

5. Le report de l'âge légal de départ à la retraite à 64 ans fait augmenter le taux d'activité des seniors.

6. La réduction du temps de travail (RTT) a permis de créer des emplois.

7. Lors de la forte inflation, l'individu est moins motivé à se présenter sur le marché du travail avec un salaire nominal donné.

Étude des cas	Facteurs démographiques	Facteurs juridiques	Facteurs sociaux	Facteurs économiques	Facteurs techniques
1					
2					
3					
4					
5					
6					
7					

Emploi et chômage : deux faces d'une même pièce

L'emploi est la première source de la richesse individuelle et de la valeur créée dans la société ; il est aussi un des facteurs clés de la réalisation personnelle, autant que des dynamiques des nations. La question de l'emploi présente deux facettes. La première est celle des emplois offerts et demandés, de leur diversité, de leur évolution et des compétences qu'ils requièrent. La seconde est celle du non-emploi : le chômage rassemble ceux qui n'ont pas d'emploi et en cherchent un.

Le premier texte définit d'abord des concepts clés autour de l'emploi, tels que la population active, le taux d'activité et le taux d'emploi. Il fait ensuite une synthèse de l'emploi en France : la tertiarisation de l'économie conduit naturellement à la tertiarisation de l'emploi ; les inégalités sont loin d'être négligeables sur le marché du travail ; la montée des emplois atypiques reflète une flexibilité croissante du marché du travail, mais conduit à une précarisation grandissante pour les individus.

Le deuxième texte s'interroge sur le chômage en France, de la définition aux mesures diversifiées. En France, deux organismes (Insee et Pôle emploi) publient des données sur le chômage qui se complètent plus qu'elles ne s'excluent. Ils n'ont pas les mêmes critères pour définir et mesurer le chômage. L'Insee se réfère aux critères établis par le Bureau international du travail (BIT) en produisant des études statistiques tandis que Pôle emploi comptabilise les demandeurs d'emploi en fin de mois (DEFM) en accompagnant les chômeurs. La multiplicité des dénombrements témoigne de la complexité du phénomène.

Texte 1

L'emploi en France : faits et chiffres

En économie, deux types d'agents se distinguent : les actifs et les inactifs. La **population active** désigne l'ensemble des personnes en âge de travailler disponibles sur le marché du travail, qu'elles aient un emploi ou non. Ainsi, les personnes au chômage cherchant activement un emploi (donc inscrites au Pôle emploi) sont considérées comme actives. Ne font donc pas partie des actifs les jeunes de moins de 15 ans, les étudiants ne travaillant pas en complément de leurs études, les femmes au foyer, les personnes handicapées ne pouvant exercer d'activité, les retraités ne travaillant pas en complément de leur retraite, etc.

Ainsi, les actifs ayant un emploi (ou actifs occupés) sont au nombre de 26,8 millions, soit 65,5 % de la population, tandis que les actifs sans emploi représentent 6,1 % de la population. La part d'inactifs, elle, atteint 28,3 %. Au total, la part de personnes actives s'élève à 71,7 % en 2020 dans tout l'Hexagone.

Il est donc important de différencier le **taux d'activité** et le **taux d'emploi** : le premier désigne la population en mesure de travailler (qu'elle ait un emploi ou non) et le second prend uniquement en compte les personnes en âge de travailler ayant un emploi. Si en France le taux d'activité s'élève à 71,7 %, le taux d'emploi, lui, stagne autour des 65 %.

Le tertiaire est, depuis plusieurs décennies, devenu le secteur économique incontournable des pays occidentaux. Il représente ainsi presque 76 % de l'emploi en France.

Les chiffres de l'emploi mettent ainsi en lumière certaines

inégalités : les hommes ont plus tendance à être employés que les femmes, de même que les 25-49 ans sont plus favorisés que les séniors ou les plus jeunes sur le marché du travail et les immigrés proportionnellement sont moins nombreux à avoir un emploi que les personnes n'ayant aucun lien avec l'immigration.

Par ailleurs, alors que moins de 8 % des hommes travaillent à temps partiel, cette proportion monte à plus de 30 % chez les femmes. De même, les immigrés sont plus concernés par les **emplois à temps partiel** que les autochtones.

Malgré une précarisation grandissante de l'emploi, le contrat à durée indéterminée (CDI) reste majoritaire, quoiqu'en baisse : environ 75 % des actifs sont employés sous ce régime. Une donnée à nuancer pourtant chez les jeunes de moins de 25 ans, dont plus du quart sont embauchés en contrat à durée déterminée (CDD).

Concernant le temps de travail, les Français travaillent en moyenne plus de 37 heures par semaine et peuvent faire jusqu'à 40 heures supplémentaires par an.

Le chômage en France : définitions et mesures

Définir le chômage n'est pas aisé. Or, la définition retenue a des conséquences sur le nombre de chômeurs comptabilisés et donc sur le niveau du taux de chômage annoncé. Une fois déterminé le nombre de personnes répondant aux critères retenus, on peut calculer le **taux de chômage**, c'est-à-dire la part des chômeurs dans la population active (les actifs regroupent les personnes occupant un emploi et les chômeurs).

Notes

Leçon 2

$$\text{Taux de chômage} = \frac{\text{chômeurs}}{\text{population active}} \times 100\ \%$$

En France, deux organismes, l'**Insee** et **Pôle emploi**, publient des données sur le chômage. Ils n'utilisent pas la même méthode de calcul, ni la même définition du chômeur.

L'Insee procède par enquête trimestrielle. Il reprend les critères du Bureau international du travail (BIT). Un chômeur est une personne en âge de travailler (15 ans ou plus) qui répond simultanément à trois conditions :

- être sans emploi : c'est-à-dire ne pas avoir travaillé, même pas une heure durant la semaine de référence ;
- être disponible pour prendre un emploi dans les 15 jours ;
- avoir cherché activement un emploi dans le mois précédent.

Cette définition ne couvre pas les personnes qui n'ont pas l'âge légal de travailler (soit parce qu'ils sont trop jeunes ou trop âgés), les personnes qui ne peuvent pas occuper un travail immédiatement (les étudiants en cours de scolarité...) et les personnes qui n'ont pas d'emploi mais qui n'en cherchent pas activement (les mères au foyer...).

Pôle emploi se fonde sur le nombre de chômeurs enregistrés par l'administration en comptabilisant le nombre de demandeurs d'emploi en fin de mois (DEFM). On distingue 5 catégories de DEFM, de A à E. La définition du chômage correspond à la situation des DEFM de catégorie A : il s'agit de la population inscrite à Pôle emploi, sans aucune activité dans le mois et tenue de faire activement des recherches d'emploi.

Tableau 2-2-1 Classification des demandeurs d'emploi

Catégories	Demandeurs d'emploi concernés
A	Personne sans emploi, devant accomplir des actes positifs de recherche d'emploi : démarches régulières de recherche d'emploi pour lesquelles le demandeur d'emploi doit être en mesure de produire un justificatif (candidatures envoyées, participation à des sessions d'aide à la recherche d'un emploi...), à la recherche d'un emploi quel que soit le type de contrat (CDI, CDD, à temps plein, à temps partiel, temporaire ou saisonnier).
B	Personne ayant exercé une activité réduite de 78 heures maximum par mois, tenue d'accomplir des actes positifs de recherche d'emploi.
C	Personne ayant exercé une activité réduite de plus de 78 heures par mois, tenue d'accomplir des actes positifs de recherche d'emploi.
D	Personne sans emploi, qui n'est pas immédiatement disponible, et qui n'est pas tenue d'accomplir des actes positifs de recherche d'emploi (demandeur d'emploi en formation, en maladie, etc.).
E	Personne pourvue d'un emploi, et qui n'est pas tenue d'accomplir des actes positifs de recherche d'emploi.

Seuls les demandeurs d'emploi inscrits dans la catégorie A peuvent être considérés comme chômeurs puisqu'ils n'exercent aucune activité et sont tenus d'effectuer des recherches actives d'emploi. Mais si cette définition du chômage se rapproche de celle retenue par le BIT, elle en diffère néanmoins sur le fait qu'il faut être inscrit comme demandeur d'emploi et qu'il n'y a pas de notion de disponibilité pour travailler dans les deux semaines.

Au premier trimestre 2022, l'Insee comptabilisait 2,2 millions de chômeurs en France (hors Mayotte), alors que Pôle emploi dénombrait 3 millions de demandeurs d'emploi (pour la catégorie A).

Leçon 2

Graphique 2-2-1 Taux de chômage en France (hors Mayotte)

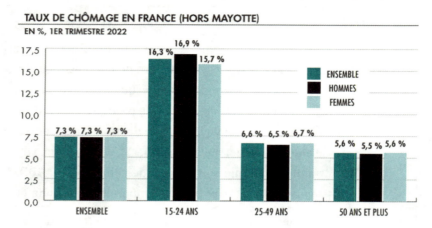

Il est important de tenir compte du sous-emploi. Il s'agit des personnes actives occupées au sens du BIT qui travaillent à temps partiel mais qui souhaiteraient travailler davantage. Le **sous-emploi** apparaît donc comme une sorte de « semi-chômage ». Selon les chiffres de l'Insee, en 2021, 1,8 million de personnes sont en situation de sous-emploi, soit 6,4 % des personnes en emploi.

La plupart des pays utilisent la définition du BIT, et l'on peut ainsi faire des comparaisons internationales. En France (hors Mayotte), en juin 2022, le chômage s'élevait à 7,3 % de la population active selon Eurostat, un niveau légèrement supérieur à la moyenne des taux de chômage des pays de la zone euro et de l'Union européenne.

Graphique 2-2-2 Taux de chômage en Europe

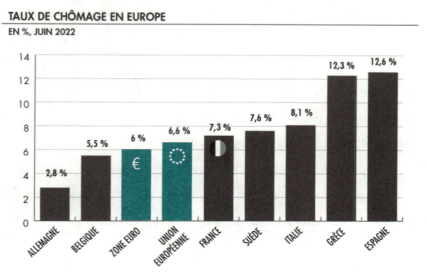

Notions économiques //

1. Population active

La population active se définit comme l'ensemble des personnes en âge de travailler (généralement entre 15 et 64 ans) disponibles sur le marché du travail. Parmi la population active, ceux qui occupent un emploi (salarié ou non salarié) sont considérés comme actifs occupés et ceux qui n'ont pas d'emploi, mais qui en recherchent activement un sont considérés comme actifs inoccupés (chômeurs).

2. Taux d'activité

Le taux d'activité est calculé en rapportant le nombre d'actifs (actifs occupés et chômeurs) à l'ensemble de la population correspondante.

$$\text{Taux d'activité} = \frac{\text{nombre d'actifs (actifs occupés et chômeurs)}}{\text{population totale correspondante}}$$

3. Taux d'emploi

Le taux d'emploi est calculé en divisant le nombre d'actifs occupés par la population en âge de travailler (entre 15 et 64 ans). Il permet de mettre en évidence la capacité des organisations productives à embaucher de la main-d'œuvre.

4. Emploi à temps partiel

Un emploi à temps partiel est un emploi avec un temps de travail inférieur à la durée légale du travail. Il doit obligatoirement faire l'objet d'un contrat de travail écrit. L'emploi à temps partiel peut être mis en place à l'initiative de l'employeur ou du salarié.

5. Taux de chômage

Le taux de chômage est le pourcentage de chômeurs dans la population active (actifs occupés + chômeurs). On peut calculer un taux de chômage par âge en mettant en rapport les chômeurs d'une classe d'âge avec les actifs de cette classe d'âge. De la même manière se calculent des taux de chômage par sexe, par professions et catégories socioprofessionnelles, par région, par nationalité, par niveau de diplôme, etc.

Leçon 2

6. Insee

L'Institut national de la statistique et des études économiques (Insee) est une direction du ministère de l'Économie et des finances qui permet de gérer les données économiques de la société française.

7. Pôle emploi

Pôle emploi est un établissement public à caractère administratif, chargé de l'emploi en France. Créé en 2008, il est issu de la fusion entre l'Agence nationale pour l'emploi (ANPE) et l'Association pour l'emploi dans l'industrie et le commerce (Assédic). Pôle emploi a trois tâches essentielles : l'accompagnement au retour à l'emploi ; l'indemnisation des demandeurs d'emploi ; et la mise en relation des entreprises et des candidats demandeurs d'emploi. Le 1er janvier 2024, Pôle emploi devient France Travail. Au-delà du changement de nom, France Travail doit contribuer à l'objectif de plein emploi.

8. Sous-emploi

Le sous-emploi concerne des personnes ne travaillant pas autant qu'elles le souhaiteraient, mais ayant un emploi (à temps partiel, par exemple). Ces personnes font donc partie de la population active occupée.

Exercices

I. Compréhension des notions économiques.

1. Comment calcule-t-on un taux de chômage ?

   A. Nombre de chômeurs/nombre d'actifs

   B. Nombre de chômeurs/nombre d'emplois

   C. Nombre de chômeurs/nombre de personnes en âge de travailler

   D. Nombre de chômeurs/nombre d'actifs occupés

2. Quelles sont les conditions à remplir pour être chômeur au sens du BIT ? (Plusieurs réponses possibles)

   A. Être sans emploi.

   B. Être âgé de plus de 18 ans

   C. Être disponible pour occuper un emploi

   D. Chercher activement un emploi

3. Laquelle de ces affirmations est vraie ?

   A. Les définitions du chômage du BIT et de Pôle emploi ne se recoupent pas.

   B. Il ne faut pas avoir du tout travaillé le mois précédent pour être considéré comme chômeur par Pôle emploi.

   C. On peut être considéré comme chômeur par Pôle emploi mais pas par le BIT.

   D. Tout chômeur selon Pôle emploi est aussi chômeur selon le BIT.

4. En 2022, le taux de chômage en France représente environ _____.

   A. 4 %   B. 7,3 %   C. 16 %   D. 21 %

5. Quels sont les organismes qui comptabilisent les chômeurs en France ? (Plusieurs réponses possibles)

   A. Insee   B. Pôle emploi   C. BIT   D. OCDE

6. Selon Pôle emploi, dans quelle catégorie les chômeurs sans emploi qui cherchent un emploi à plein temps sont-ils classés ?

   A. Catégorie A   B. Catégorie B   C. Catégorie C   D. Catégorie D

7. La population active représente _____.

   A. la population en âge de travailler

   B. la population ayant un emploi

   C. la population ayant un emploi et les chômeurs

   D. la population qui souhaite travailler

8. Laquelle de ces affirmations n'est pas vraie ?

   A. C'est le secteur tertiaire qui fournit le plus d'emploi en France.

   B. En France, les femmes sont plus concernées que les hommes par l'emploi à temps partiel.

   C. Les Français travaillent en moyenne 35 heures par semaine.

   D. Le CDI reste majoritaire en France quoiqu'en baisse.

9. Pour les deux questions suivantes, on suppose que la population en âge de travailler est de 250 millions d'individus. Parmi ceux-ci, 50 millions ne travaillent pas et ne cherchent pas d'emploi. Le nombre d'individus au travail est de 170 millions. En s'appuyant sur les données ci-dessus, quel est le taux de chômage ?

   A. 32 %   B. 40 %   C. 12 %   D. 15 %

10. En s'appuyant sur les données ci-dessus, quel est le taux d'activité ?

   A. 50 %   B. 68 %   C. 85 %   D. 80 %

II. Compréhension du document.

Emploi, chômage, inactivité en France (2017)

	Effectif (en milliers)
Actifs	29 668
Population en emploi	26 880
Population au chômage	2 788
Inactifs	23 544
Total 15 ans ou plus (Personne en âge de travailler)	53 212

Champ : France hors Mayotte, personne de 15 ans ou plus
Source : D'après l'Insee, enquête Emploi

Questions

1. Dans ce tableau, quelle population correspond à l'offre de travail et à la demande de travail ? À quelle catégorie de la population correspond l'écart entre ces deux populations ?

2. À l'aide des données du tableau, calculez le taux d'activité, le taux d'emploi et le taux de chômage.

Les causes du chômage

Jusqu'au XIXe siècle, le chômage désignait « l'espace de temps qu'on est sans travailler », quelle que soit l'origine de cette absence de travail. Aujourd'hui, le chômage est involontaire et subi. Les analyses économiques tâchent de mettre en évidence différentes formes du chômage et leurs causes respectives. On oppose souvent le chômage structurel au chômage conjoncturel, parfois appelé chômage keynésien. Ce dernier a tendance à disparaître quand la conjoncture s'améliore, contrairement au chômage structurel.

Le premier texte s'appuie sur la théorie néoclassique pour expliquer les causes du chômage structurel. Selon la théorie, la flexibilité du salaire conduira au retour spontané au niveau d'équilibre permettant le plein-emploi. Autrement dit, si le chômage apparaît, c'est parce que ce retour spontané est freiné. Où se trouvent alors les facteurs de frein ? De nombreuses approches sont mises en évidence : le problème d'appariement traduit par le chômage frictionnel, le déséquilibre géographique et l'inadéquation des qualifications ; le problème d'information imparfaite qui incite les entrepreneurs à fixer un salaire d'efficience, supérieur au niveau d'équilibre, pour attirer les meilleurs candidats et les inciter à être productifs ; et les rigidités institutionnelles, sur les plans salarial et fonctionnel, qui résultent de l'intervention de l'État et de l'action des syndicats.

Le deuxième texte reprend la théorie de J. M. Keynes pour trouver l'origine du chômage conjoncturel. Contrairement à l'analyse néoclassique qui adopte une approche micro-économique en analysant le marché du travail de manière isolée et ses dysfonctionnements à l'origine du chômage, l'analyse keynésienne privilégie une approche macro-économique qui accorde une place centrale à l'insuffisance de la demande globale sur le marché des biens et services. Par conséquent, une croissance ralentie (ou négative) entraîne le chômage, ce qui est bien constaté en France lors de la « Grande Dépression » des années 1930, ou, suite au choc pétrolier au cours des années 1970, et plus récemment, après la crise économique de 2008 et la crise sanitaire liée à la Covid-19. L'intervention de l'État est nécessaire chez les keynésiens afin de relancer la demande globale, et donc de réduire le chômage conjoncturel.

Leçon 3

Le chômage structurel : déséquilibre durable du marché du travail

Depuis des décennies, la France ne parvient plus à baisser son taux de chômage au-dessous de 7 %. Cela est dû essentiellement au **chômage structurel** qui perdure même si la conjoncture économique s'améliore. Le chômage structurel caractérise les difficultés d'ajustement du marché du travail.

Selon la théorie néoclassique, la flexibilité salariale permettra le retour spontané à l'équilibre qui correspond à l'égalité entre l'offre et la demande de travail, là où se déterminent le **salaire d'équilibre** et le niveau optimal de l'emploi. Cependant, des situations de chômage peuvent apparaître, notamment si les situations concrètes de marché du travail se caractérisent par des problèmes d'appariement ou d'**information imparfaite** et des rigidités institutionnelles.

Le problème d'appariement

Sur le marché du travail, certains emplois restent non pourvus alors que le chômage persiste. Il n'y a pas toujours appariement entre offre et demande de travail, contrairement aux analyses néoclassiques du marché du travail.

L'explication est la suivante : l'information étant imparfaite, le chômeur n'a pas connaissance immédiate de la création ou de la vacance d'un emploi. Il doit s'informer et cette recherche a des coûts de prospection (délai de recherche d'emploi, abonnements à des sites d'offres d'emploi...). On parle alors de frictions sur le marché du

---

1 BACHELERIE-MARTEAU Séverine et al., *Prépabac SES*, Paris, Hatier, 2020, p. 60.

travail. Le **chômage** qui en résulte est qualifié de **frictionnel**.

Les emplois vacants peuvent être concentrés dans une zone géographique et la population au chômage dans une autre et être ainsi à l'origine d'inadéquations spatiales. Or la mobilité induit des surcoûts éventuels (déménagement...) que les moins qualifiés, aux rémunérations plus basses, ont plus de difficultés à assumer.

Des inadéquations de qualifications existent également entre les qualifications des actifs et celles requises pour occuper un emploi. Si la formation des chômeurs peut pallier cette difficulté, elle induit des délais d'ajustement aux emplois proposés.

Le problème d'information imparfaite

Il existe des **asymétries d'information** : les employeurs ne connaissent pas le niveau de productivité des actifs qu'ils recrutent. Pour attirer les meilleurs candidats et les inciter à être productifs, ils fixent un salaire d'efficience, supérieur à celui qui égalise les quantités de travail offertes et demandées, soit le salaire d'équilibre.

La fixation de salaires plus élevés que le salaire d'équilibre augmente le coût du travail pour les entreprises. Celles-ci préfèrent donc moins embaucher, ce qui est source de chômage à l'échelle macroéconomique.

Les rigidités institutionnelles

Les rigidités institutionnelles résultent de l'intervention de l'État et de l'action des syndicats. Elles peuvent se présenter sur le plan du salaire et du fonctionnement du marché du travail.

La rigidité salariale se traduit d'abord par l'existence d'un salaire minimum qui empêche les salaires de s'ajuster à la baisse, ce qu'ils devraient faire, face à un excès de main-d'œuvre disponible. Ensuite, le coût du travail trop élevé par rapport au salaire d'équilibre est aussi dû aux **charges sociales** qui alimentent le système de protection sociale. L'augmentation du coût du travail a pour conséquences d'inciter les entreprises à faire une **substitution du capital au travail**, voire à se délocaliser vers les pays à bas salaires.

La rigidité fonctionnelle consiste dans la législation sur la protection de l'emploi. En France, ces dispositifs concernent principalement quatre aspects : l'obligation de justification des licenciements, le coût des licenciements, la procédure des licenciements et la législation sur les contrats de travail. Ces règles peuvent pousser les entreprises à diminuer leur demande de travail qui devient inférieure à l'offre de travail, donc créer du chômage.

De plus, l'existence d'un faible écart éventuel entre les prestations sociales versées aux chômeurs et le salaire engendré par un retour à l'emploi aurait des effets désincitatifs sur l'emploi. Les chômeurs pourraient alors tomber dans des **trappes à inactivité** et rester plus longtemps au chômage.

Ce phénomène existe mais n'est pas le plus important. Les institutions ont des effets positifs. Les prestations sociales versées aux chômeurs leur laissent du temps pour rechercher un emploi et se former, augmentant ainsi leur employabilité. Cette hausse de **capital humain** contribue, pour sa part, à créer de l'emploi. Les prestations sociales, de leur côté, permettent de maintenir le niveau de consommation des chômeurs. Le salaire minimum protège de la pauvreté. Ces revenus soutiennent la demande globale et limitent le chômage conjoncturel.

Texte 2 //

Le chômage conjoncturel : insuffisance de la demande globale

Dans les années 1930, les pays industrialisés font face à une crise mondiale partie du Jeudi Noir le 24 octobre 1929 à Wall Street. La propagation de ce choc sur l'ensemble du monde conduit à une baisse durable de la production et s'accompagne d'un chômage de masse. Cette période, qualifiée de « Grande Dépression », a renouvelé, à son tour, les analyses économiques.

J. M. Keynes (1883–1946) est le premier économiste à mettre en évidence un **chômage conjoncturel**, lié aux fluctuations de l'activité économique. Lors d'une expansion économique, la production est en hausse, augmentant ainsi les besoins en facteurs de production, dont le travail. À l'inverse, lors d'une récession économique, les entreprises n'utilisent pas toutes leurs capacités de production et limitent les embauches, voire licencient.

Contrairement aux économistes néoclassiques, Keynes montre que le niveau de l'emploi ne se détermine pas que sur le marché du travail, mais dépend du marché des produits. En effet, il n'y a aucune raison pour que l'offre et la demande de l'emploi s'équilibrent, dans la mesure où elles ne dépendent pas des mêmes variables. La demande de l'emploi est fonction du salaire, alors que l'offre de l'emploi est fonction de la **demande effective** (anticipée par les entrepreneurs). Ainsi la production réalisée ne correspond pas toujours au niveau de production qui permettrait le **plein-emploi**.

Du point de vue macro-économique, le chômage conjoncturel est lié à une insuffisance de la **demande globale** qui se compose de ces éléments-ci :

Demande globale = C + I + G + (X - M)

- Consommation (C) : les achats que les ménages effectuent en biens et services, y compris ceux produits à l'étranger

- Investissement (I) : tous les investissements que les entreprises ont réalisés, par exemple les machines, les biens d'équipement...

- Dépenses publiques (G) : les dépenses effectuées par les administrations publiques

- Exportations nettes (X - M) : écart entre exportations (X) et importations (M)

Toute variation d'un composant de la demande globale fait varier la production. Les entrepreneurs alignent leur niveau d'investissement, d'emploi et donc leurs embauches en fonction de la demande qu'ils anticipent. Si les producteurs deviennent plus pessimistes quant à la demande qui leur sera adressée dans le futur, ils diminuent leurs capacités de production et licencient des travailleurs. Ceux-ci se retrouvent donc au chômage, et sans salaire, ils ne peuvent plus consommer. Cela provoque encore une diminution de la demande globale, ce qui conduit les entrepreneurs à maintenir leurs prévisions pessimistes et un niveau de production bas, donc à ne pas réembaucher. Les ménages ne consomment pas assez, ce qui crée un problème de demande. Il faut alors augmenter le pouvoir d'achat des ménages, mener des politiques de relance de la demande, etc.

Le marché étant incapable de prendre en compte cette situation, les pouvoirs publics devront mener une politique volontariste de réduction de ce chômage par une relance de la demande. Ainsi, l'intervention de l'État est nécessaire chez les keynésiens, contrairement aux néoclassiques où cela perturbe le bon fonctionnement du marché.

Notions économiques //

1. Chômage structurel

Le chômage structurel est une inadéquation entre la structure des offres et demandes de travail, due aux mutations du système productif. Il s'agit de situations liées aux changements de longue période, intervenues dans les structures démographiques, économiques, institutionnelles ou sociales, etc. Il met en cause des politiques de long terme comme la formation des compétences, la localisation des activités ou la législation du travail.

2. Salaire d'équilibre

Le salaire d'équilibre est celui pour lequel l'offre et la demande de travail sont égales.

3. Information imparfaite

L'information est imparfaite lorsque les agents économiques ont accès à une information partielle ou coûteuse au cours de leur prise de décision.

4. Chômage frictionnel

Le chômage frictionnel est lié aux délais d'ajustement de la main d'œuvre d'un emploi à l'autre. Ce chômage serait le simple résultat de l'information imparfaite qui existe sur le marché du travail. Il est naturel et incompressible, aucune politique économique ne peut réduire durablement ce chômage.

5. Asymétrie d'information

L'asymétrie d'information est une situation d'un marché où une des parties prenantes est mieux informée que les autres. Elle est une source d'incertitude et génère des comportements d'opportunisme qui brouillent les décisions stratégiques.

6. Charges sociales

Les charges sociales sont un ensemble de cotisations et taxes supportées par les salariés et les employeurs, versées par ces derniers, et calculées sur la masse des salaires bruts. Elles permettent de couvrir le salarié et de lui offrir une protection contre différents dangers : maladie, chômage, invalidité et maternité. La couverture retraite est aussi prise en compte dans les charges sociales.

7. Substitution du capital au travail

Les facteurs de production (travail et capital) sont à la fois « complémentaires » et « substituables ». Le facteur capital est nécessaire à la réalisation de toute production. De même, sans travail, aucune production n'est possible. Or, pour fabriquer un bien ou un service donné, l'entrepreneur peut combiner une proportion plus ou moins importante de facteurs travail et capital. Il peut choisir de substituer le capital au travail, c'est-à-dire de remplacer des travailleurs par du capital technique (exemple : machines, robots...). Il peut aussi opter pour la substitution du travail au capital (exemple : retour à une production artisanale par une utilisation plus importante de main-d'œuvre). Le choix de la combinaison productive est souvent guidé par la recherche d'une production à moindre coût ; il s'appuie donc sur le coût relatif du travail et du capital. Si le coût du travail est avantageux (c'est le cas dans les pays en voie de développement), on privilégiera ce facteur dans la combinaison productive ; à l'inverse, si le coût du facteur capital est faible par rapport à celui du travail, la combinaison productive sera à dominante capitalistique. Mais ceci est très dépendant du niveau des techniques, de la vitesse d'innovation et des capacités organisationnelles dans un espace donné et à un moment donné.

8. Trappe à inactivité

La trappe à inactivité est un mécanisme par lequel les inactifs ne sont pas incités financièrement à entrer sur le marché du travail. La théorie libérale de l'offre de travail explique qu'un individu « arbitre rationnellement » entre travailler (pour obtenir un revenu) et ne pas travailler (préférer le loisir). Travailler signifie que le salaire couvre la « désutilité » du travail. S'il peut obtenir un revenu sans travailler grâce aux minima sociaux, le revenu de solidarité active (RSA) par exemple, l'individu rationnel renonce au travail et se trouve pris dans une « trappe », c'est-à-dire un piège, qui le condamne à l'inactivité.

9. Capital humain

Gary Becker (1930–2014), économiste américain et lauréat du prix Nobel d'économie en 1992, définit le capital humain dans son ouvrage *Human Capital, A Theoretical and Empirical Analysis* (1964) comme « l'ensemble des capacités productives qu'un individu acquiert par accumulation de connaissances générales ou spécifiques, de savoir-faire, etc. ».

10. Chômage conjoncturel

Le chômage conjoncturel est dû à un ralentissement temporaire de l'activité économique. Il s'explique donc par les fluctuations cycliques de l'économie. Lors des phases de ralentissement de l'économie, la production diminue pour s'adapter à la baisse de la consommation. Cet ajustement de la production provoque une diminution de la demande de main-d'œuvre, une augmentation des licenciements et donc une hausse du chômage conjoncturel.

11. Demande effective

Tout processus de production demande du temps. On investit aujourd'hui pour produire demain et pour vendre après-demain. La demande effective est ce que J. M. Keynes appelle la demande anticipée. Elle est composée de la demande escomptée de biens et de services par les entrepreneurs. C'est cette anticipation qui détermine leurs investissements, et donc leur production à venir.

12. Plein-emploi

Le plein-emploi est une situation dans laquelle tous les individus dans un pays, qui sont capables de travailler et qui veulent le faire, travaillent effectivement soit en tant qu'employés d'une entreprise ou d'une organisation, soit en créant la leur.

Leçon 3

13. Demande globale

En macroéconomie, la demande globale est la somme de toutes les demandes de biens et services pour l'ensemble des marchés d'un pays, à un moment donné, que ce soit :

- dans le secteur privé ou dans le secteur public
- par les consommateurs ou par les entreprises
- à l'intérieur du pays ou à l'extérieur.

La demande globale est constituée de l'ensemble des dépenses des consommateurs, des dépenses d'investissement par les entreprises, des dépenses publiques, et des exportations diminuées des importations de biens et services.

Galerie des économistes //

John Maynard Keynes (1883–1946) est probablement l'économiste le plus influent du XXe siècle. Ses apports essentiels sont les suivants.

- Pour Keynes, seule la demande effective, composée de la demande d'investissement et de consommation, constitue le moteur de la production et de l'emploi.

- Si cette demande est insuffisante, les entrepreneurs vont faire des anticipations pessimistes. Dans ce cas, les entrepreneurs n'investissent pas et ne créent pas d'emplois. La faiblesse de la demande peut se conjuguer avec un sous-emploi durable, le chômage devient un chômage involontaire.

- Les agents préfèrent détenir leurs richesses sous forme de liquidités plutôt que de faire des placements. C'est ce que Keynes a appelé la préférence pour la liquidité, avancée majeure de l'analyse monétaire et les politiques monétaires.

- Il revient à l'État de relancer la croissance pour lutter contre le chômage, en particulier en faisant une politique budgétaire, financée par un déficit public « accepté ». Celle-ci peut être couplée à une politique monétaire pour relancer l'investissement, en modulant les taux d'intérêt.

- Toute la question est d'avoir un niveau de taux d'intérêt tel qu'il ne décourage pas les investisseurs. Trop faible, les agents préfèrent thésauriser : c'est la « trappe à liquidités », dénoncée par Keynes comme frein de la reprise économique.

Exercices

I. Compréhension des notions économiques.

1. Quelle affirmation concernant le chômage conjoncturel n'est pas vraie ?

   A. C'est un chômage qui est causé par la mauvaise conjoncture.

   B. C'est un chômage à court terme.

   C. C'est un chômage à long terme.

   D. C'est un chômage lié au ralentissement de l'activité économique.

2. Que peut-on faire pour réduire le chômage structurel ?

   A. Augmenter la dépense publique

   B. Fixer un salaire d'efficience

   C. Faire évoluer le droit du travail

   D. Augmenter les cotisations sociales

3. Le coût du travail est _____.

   A. synonyme du coût du capital

   B. moins élevé aux pays développés qu'aux pays en développement

   C. composé des salaires nets et des cotisations sociales salariales et patronales

   D. le SMIC

4. La pénurie de main-d'œuvre correspond à une offre de travail supérieure à la demande.

   A. Vrai

   B. Faux

5. _____ ne fait pas partie des rigidités fonctionnelles en France.

   A. La justification des licenciements

   B. Le coût élevé des licenciements

   C. La procédure longue des licenciements

   D. L'augmentation du SMIC

6. Le chômage conjoncturel est causé _____.

   A. par une inadéquation structurelle entre la demande et l'offre du travail

   B. par l'existence du salaire minimum

   C. par un ralentissement temporaire de l'activité économique

   D. par un manque de flexibilité sur le marché du travail

7. Le chômage structurel est dû _____.

   A. à la rigidité du marché du travail

   B. à une croissance trop faible

   C. à la crise économique

   D. à l'inflation

8. Selon Keynes, le chômage est lié _____.

   A. à une insuffisance de la demande anticipée de biens et services

   B. à un déséquilibre sur le marché du travail

   C. au salaire d'efficience

   D. aux rigidités institutionnelles

9. Selon l'analyse néoclassique, lorsque le salaire augmente, _____.

   A. l'offre de travail augmente

   B. l'offre de travail diminue

   C. la demande de travail augmente

   D. la demande de travail ne change pas

10. _____ n'est pas une cause possible du chômage.

    A. Le manque de mobilité géographique

    B. Le coût élevé du travail

    C. La baisse de la consommation

    D. La pénurie de main-d'œuvre

II. Vrai ou faux ? Justifiez votre réponse quand la proposition est fausse.

1. Un coût excessif du travail est à l'origine d'un chômage keynésien.
2. Le chômage peut être dû à une insuffisance de la demande (chômage keynésien).
3. Les rigidités salariales favorisent la réduction du chômage classique.
4. Il peut coexister des emplois vacants et du chômage.
5. Le chômage keynésien est un chômage volontaire.
6. Le salaire minimum crée du chômage pour les néoclassiques.

III. Compréhension du document.

Le chômage structurel français

Selon les estimations des économistes de l'OCDE, la France connaît depuis 2008 un accroissement significatif de la part structurelle du chômage.

Un chômage de qualification

Si l'on peut parler de plein-emploi pour les cadres (taux de chômage de 3,3 % en 2019) et les professions intermédiaires (4,7 %), ce n'est pas le cas du personnel le moins qualifié : les ouvriers non qualifiés sont particulièrement touchés par le chômage, qui s'établit autour de 18 %. Le chômage français est donc un chômage de qualification : les moins qualifiés présentent un risque de chômage pouvant être six fois plus élevé que les cadres. Le chômage est ici essentiellement un chômage de qualification, lié à des évolutions longues du système productif français : la dynamique de l'emploi en France favorise les métiers très qualifiés d'une part et les métiers peu qualifiés de services difficilement remplaçables par les machines d'autre part. Enfin, le paradoxe d'Andersen, qui symbolise la hausse du seuil de qualification requis pour exercer une activité professionnelle, participe à ces évolutions de long terme de la structure des emplois.

Un chômage d'âge

En 2019, le taux de chômage des jeunes de 15-24 ans, en France, était plus de deux fois supérieur à la moyenne nationale. Ce taux de chômage élevé s'explique en grande partie par les disparités de qualification au sein de ce groupe. Les jeunes très qualifiés ont un niveau de chômage sensiblement équivalent au reste de la population et les jeunes sortant de formation initiale sans diplôme sont les plus touchés.

Un chômage de rigidités institutionnelles

Cette thèse est défendue par des économistes libéraux : le chômage classique involontaire est celui des rigidités institutionnelles, lié à l'existence d'un Code du travail trop complexe, ou encore de règles ralentissant le flux d'embauches et de licenciements. Jean Tirole affirme la responsabilité des institutions dans la création et le maintien du travail précaire : en protégeant plus les personnes qui sont en emploi avec un CDI par rapport à celles qui sont en emploi avec un CDD, c'est-à-dire en favorisant l'emploi stable et la fixité géographique, les institutions défavorisent les groupes qui s'insèrent difficilement sur le marché du travail, comme les jeunes ou les moins qualifiés.

Édouard Martin, 7 novembre 2020

Questions

1. Quel phénomène permet de mettre en évidence l'existence d'un chômage de qualification en France ? Comment l'auteur l'explique-t-il ?
2. Pourquoi les jeunes de 15-24 ans sont-ils les plus vulnérables face au chômage selon l'auteur ?
3. Donnez quelques exemples des rigidités institutionnelles.

Les politiques de lutte contre le chômage

La lutte contre le chômage n'est pas simple, la diversité de ses formes impliquant différentes solutions et politiques possibles. Les politiques de l'emploi sont donc orientées par les formes prises par le chômage, parce qu'à chaque forme correspond une cause, et donc une solution.

Le premier texte porte sur les politiques de lutte contre le chômage structurel. Les politiques d'allègement du coût du travail renvoient à des mesures visant à réduire le salaire minimum et les charges sociales. La politique de formation, dans le cadre initial et professionnel, contribue pour sa part à réduire le chômage structurel lié à l'inadéquation entre les qualifications des actifs et celles requises par les entreprises. Les politiques de flexibilisation consistent à alléger la législation protectrice de l'emploi afin que les entreprises puissent adapter rapidement leur main-d'œuvre aux évolutions de la conjoncture économique.

Le deuxième texte présente les politiques de lutte contre le chômage conjoncturel. Ce chômage nécessite des politiques de relance de la demande, en agissant sur la consommation et l'investissement. On distingue deux types de politiques expansionnistes : la politique budgétaire et la politique monétaire. La première a pour objectif de stimuler la demande globale en baissant les impôts ou les taxes, en augmentant les revenus des ménages ou les dépenses publiques. La politique monétaire expansionniste consiste à stimuler la demande globale en augmentant la masse monétaire, c'est-à-dire la quantité de monnaie en circulation dans l'économie. Cette politique est menée par la banque centrale dont le principal outil est de baisser le taux d'intérêt directeur et le taux de réserves obligatoires.

Ces différentes politiques peuvent se joindre pour lutter contre le chômage car celui-ci prend dans la réalité des formes diversifiées coexistantes.

Texte 1

Des politiques de lutte contre le chômage structurel

Les politiques d'allègement du coût du travail

Les économistes néoclassiques avancent qu'une baisse des salaires, et plus largement du coût du travail, devrait réduire le chômage. Or, ce n'est pas l'État qui fixe les salaires sauf évidemment le salaire minimum. Lorsque ce dernier existe, il faudrait donc soit le supprimer soit le baisser ou, à la rigueur, l'augmenter faiblement. Cependant, une autre solution moins coûteuse politiquement peut être proposée : réduire les cotisations sociales. Cette baisse réduit le coût du travail et incite les entreprises à augmenter les embauches. Pourtant, cette politique pourrait poser le problème de financement de la protection sociale.

En France, une politique suivie de baisse du coût du travail a été menée en 1993. Cette baisse a pris la forme d'une réduction des cotisations sociales pour les salaires les plus bas[1]. On constate que depuis 1993 le nombre et la part des emplois non qualifiés dans l'emploi total augmentent. Cette politique semble donc utile même si pour certains économistes elle est très coûteuse. De plus, cette politique n'a-t-elle pas pour conséquence de favoriser le développement d'emplois faiblement rémunérés ? C'est évidemment un débat qui agite les économistes, comme le monde politique.

---

1 L'allègement des cotisations patronales sur les bas salaires mis en œuvre en 1993 sous le gouvernement d'Édouard Balladur était limité à une réduction de 5,4 points du taux de ces cotisations jusqu'à 1,1 SMIC et de 2,7 points de 1,1 à 1,2 SMIC.

Les politiques de formation

Les politiques de formation permettent une meilleure adaptation des qualifications des actifs aux besoins du marché du travail. Les formations continue et professionnelle en France connaissent deux grands problèmes. En comparant avec la situation en Allemagne, on constate que l'**apprentissage** des jeunes notamment est peu développé. En effet, en 2018, moins de 10 % des jeunes dans l'enseignement secondaire étaient apprentis contre près de 40 % en Allemagne. Une des conséquences vraisemblables est un taux de chômage des 15-24 ans de 22,3 % en France contre 6,8 % en Allemagne. On voit ici tout l'intérêt d'une politique de formation par l'apprentissage qui rapproche les jeunes des entreprises, qui favorise leur **insertion professionnelle**.

Autre problème : la formation continue en France touche proportionnellement davantage les plus qualifiés (les cadres par exemple) que les ouvriers non qualifiés dont le risque de connaître le chômage est beaucoup plus élevé. Un des enjeux est donc de développer une formation qui touche ceux qui en ont le plus besoin. Il s'agit donc d'étendre le droit à la formation. En France, le **compte personnel de formation** permet d'acquérir des droits à la formation mobilisables durant toute sa carrière : 500 € par année de travail dans la limite de 5 000 €. Cet argent accumulé au cours de la carrière professionnelle permet de financer des formations selon le désir du salarié. Cela peut être un plus pour les personnes les plus vulnérables sur le marché du travail. On peut aussi penser que cela facilitera l'appariement de l'offre et de la demande de travail.

Les politiques de flexibilisation

Très souvent, la flexibilité du travail est résumée dans le tableau suivant.

Leçon 4

Tableau 2-4-1 Différentes formes de la flexibilité du travail

Forme de flexibilité	Caractéristiques	Exemples
Externalisation	Une partie de l'activité est réalisée par d'autres entreprises.	Sous-traitance, essaimage, réseaux d'entreprise
Flexibilité qualitative interne (ou flexibilité fonctionnelle)	Les travailleurs changent d'activité en fonction des besoins de l'entreprise.	Polyvalence (importance des qualifications), ateliers flexibles
Flexibilité quantitative interne	Le temps de travail varie en fonction des besoins des entreprises.	Heures supplémentaires, chômage partiel, temps partiel, travail posté, aménagement du temps de travail
Flexibilité quantitative externe	Les effectifs varient suivant les besoins de l'entreprise.	Intérim, travail saisonnier, CDD
Flexibilité des rémunérations (ou flexibilité salariale)	Les charges salariales varient en fonction des résultats de l'entreprise.	Salaires au rendement, inexistence d'un salaire minimum, souplesse des conventions collectives permettant des baisses de salaire

La flexibilité quantitative interne a été particulièrement utilisée lors du confinement du fait de la Covid-19. Il y a eu un assouplissement des règles de l'activité ou du **chômage partiel** : une aide de l'État a permis de maintenir en partie le revenu des salariés qui ne pouvaient pas travailler autant que leur imposait leur contrat de travail.

La flexibilité quantitative externe consiste à rendre plus souple, plus flexible le marché du travail afin que les entreprises puissent adapter rapidement leur main-d'œuvre avec le moins de coûts possibles aux évolutions de leur environnement économique. Ainsi, pouvoir embaucher rapidement et sans coût excessif favorise la création d'emplois et l'embauche. De même, pouvoir licencier rapidement (avec peu de contraintes administratives) et avec des coûts faibles et prévisibles devrait favoriser l'embauche et réduire le chômage. La politique à mener est donc d'alléger la législation protectrice de l'emploi. Là encore, ces mesures font débat. Une critique centrale à ce type de mesure est de reporter les modifications de l'environnement de l'entreprise sur les travailleurs, ce qui accroît leur précarité.

Notes

Des politiques de lutte contre le chômage conjoncturel

Les politiques budgétaires expansionnistes

En cas de chômage conjoncturel, l'État doit réaliser une politique de relance de la demande. Pour cela, il utilise son budget par l'intermédiaire de ses dépenses ou de ses recettes pour augmenter la demande globale. Les entrepreneurs anticipant cette hausse de la demande décideront de produire plus et d'embaucher plus. L'État peut jouer soit sur la consommation et l'investissement des ménages soit sur l'investissement des entreprises.

Commençons par la consommation des ménages. L'État peut baisser les impôts ou les taxes payés par les ménages. Ces derniers verront leur pouvoir d'achat augmenter : les entrepreneurs vont anticiper une hausse des achats donc de la demande. Les entreprises vont produire plus, embaucher voire investir. L'État peut aussi décider d'augmenter les revenus des ménages par exemple les revenus qu'il distribue lui-même comme les diverses allocations (familiales, chômage, etc.) mais aussi le salaire minimum. Quoi qu'il en soit, cette hausse des revenus relance la consommation, et donc la production et l'emploi. De plus, si elle concerne plutôt les plus pauvres, l'effet sur la production et la demande pourra être plus important. En effet, le supplément de revenu se traduira par une forte hausse de leur consommation (ces ménages ayant une forte **propension marginale à consommer**). À l'inverse, si la hausse des revenus touche surtout les ménages ayant les revenus les plus élevés, il y a un risque que cette hausse se traduise par une augmentation de l'épargne (on dit qu'ils ont une faible propension à consommer et donc une forte **propension marginale à épargner**) n'ayant pas d'impact direct sur la demande, la production et l'emploi.

Par exemple, lors de la crise de 2008, le gouvernement français a décidé, entre autres, que les chômeurs n'ayant pas suffisamment cotisé percevraient 500 €, que l'indemnisation du chômage partiel passerait de 60 % du salaire brut à 75 %, que les bénéficiaires de l'allocation de rentrée scolaire auraient une prime de 150 € (et, parallèlement, que l'impôt sur le revenu des plus défavorisés serait réduit). Ces mesures visent à relancer la consommation des moins favorisés pour avoir plus d'impact en matière de croissance économique et d'emploi.

Précisons maintenant ce qu'est une politique de relance par l'investissement. D'abord, l'État peut investir lui-même : on parle parfois de politique de grands travaux. Il peut faire construire des routes, des ponts, des ports, des voies de chemin de fer, etc. Le rôle de l'État est de choisir les investissements à réaliser et de financer les travaux qui seront, en fait, réalisés par des entreprises : ces dernières verront leur activité augmenter. La production augmentera, ainsi que l'emploi. Il y aura donc plus de revenus distribués : la consommation des ménages augmentera aussi. Conséquence simple : la production de biens et services de consommation augmentera ainsi que l'emploi dans ces secteurs d'activité. C'est l'**effet multiplicateur** qui joue.

Ensuite, l'État peut favoriser l'investissement des ménages par exemple dans la production de logements, ou encourager l'investissement des entreprises en réduisant les charges qu'elles doivent payer. Ces entreprises auront donc plus de moyens financiers pour investir. Dans ce cas-là, c'est l'activité de biens de production (machines, etc.) qui sera favorisée : les entreprises de ce secteur augmenteront leur production et leurs embauches. Ainsi, l'emploi augmentera. Les individus qui trouvent un emploi pourront augmenter leur consommation, ce qui augmentera là encore la demande de biens et services de consommation et donc leur production. De même, on y voit l'effet de multiplicateur. Il y aura une accélération de la croissance économique, une hausse de l'emploi et une baisse du chômage.

Illustrons ces différents points en partant toujours de la politique de relance réalisée en France lors de la crise des subprimes, en 2008. L'État a décidé notamment de financer 4 lignes à grande vitesse pour les trains, la construction d'un second EPR (un type de centrale nucléaire), le canal Seine-Nord et une galerie de sécurité à côté du tunnel routier du Fréjus. C'est un exemple de politique des grands travaux. Pour relancer l'investissement en logement des ménages, l'État a décidé de favoriser l'achat de logements neufs pour les ménages ayant des revenus faibles : le prêt à taux zéro est passé de 20 % du prix du logement à 30 %. Cela rend moins coûteux pour les ménages l'achat de logement. Ces politiques ont permis alors de renouer avec la croissance et de réduire le chômage.

Leçon 4

Les politiques monétaires expansionnistes

Lorsqu'il est nécessaire de relancer l'activité économique, une **politique monétaire** expansionniste peut être menée. D'abord, la **banque centrale** peut baisser le **taux de réserves obligatoires**. Cela signifie que les banques commerciales peuvent accorder plus de crédits car elles ont des liquidités en plus qu'elles peuvent mobiliser en cas de besoin. Cette hausse des crédits accordés aux ménages et aux entreprises fait augmenter la consommation et l'investissement, donc la demande globale. Ensuite, la banque centrale peut offrir aux banques commerciales des liquidités à des **taux d'intérêt directeurs** plus faibles. Dans une telle situation, les banques commerciales pourront emprunter à moindre coût et augmenter leurs prêts aux ménages et aux entreprises dont la demande augmentera. Ainsi, la production de biens et services de consommation et celle de biens de production augmenteront, ainsi que l'emploi. Il y aura une accélération de la croissance économique et une baisse du chômage.

De même, une politique monétaire expansionniste a été menée durant la crise des subprimes. Bien que les premières mesures visent davantage à sauver les banques et le système financier, les Banques centrales ont continué à offrir plus de liquidités et à baisser les taux d'intérêt directeurs dès que cette crise financière a eu des effets négatifs sur l'activité réelle et l'emploi. Par exemple, la Banque centrale européenne (BCE) a accru les liquidités offertes aux banques et cela avec des taux d'intérêt de plus en plus faibles : ils sont passés de 4 % avant la crise financière à 1 % jusqu'en 2009–2010. Pour ce qui concerne la France, le PIB de la France qui avait diminué de 2,9 % en 2009, a augmenté de 1,9 % en 2010 et de 2,2 % en 2011. Cette évolution est liée sans doute à l'augmentation de la demande intérieure provoquée notamment par cette politique monétaire expansionniste : après une baisse de 2,5 % en 2009, la demande intérieure a augmenté de 2,1 % en 2010 et encore de 2,1 % en 2011. Le taux de chômage a ainsi pu baisser de 9,5 % en 2009 à 9,1 % en 2011.

Ces politiques expansionnistes ont cependant des limites. Premièrement, les politiques de relance, appliquées au niveau national, se heurtent à la mondialisation. En effet, lorsque l'État injecte du pouvoir d'achat dans l'économie, les agents résidents pourront utiliser les revenus supplémentaires pour acheter davantage de produits importés. Ceci ne profite pas directement à l'activité économique sur le territoire. Deuxièmement, la politique budgétaire expansionniste creuse le déficit et alourdit la dette. Troisièmement, les politiques expansionnistes, qu'elles soient budgétaires ou monétaires, sont susceptibles d'engendrer des effets inflationnistes.

Leçon 4

1. Apprentissage

L'apprentissage est un contrat de travail permettant à des jeunes d'acquérir une formation théorique et pratique en vue d'obtenir une qualification professionnelle. Il est en général faiblement rémunéré, mais donne lieu à une formation par la pratique dans l'entreprise.

2. Insertion professionnelle

L'insertion professionnelle renvoie à l'entrée d'une personne dans le monde du travail, dans la sphère professionnelle.

3. Compte personnel de formation

Le compte personnel de formation (CPF) a été mis en place en 2015, en remplacement du droit individuel à la formation (DIF). Le CPF permet à tout salarié ou demandeur d'emploi, de suivre, à son initiative, une formation. Il accompagne son titulaire dès l'entrée dans la vie professionnelle, tout au long de sa carrière jusqu'au départ en retraite.

4. Chômage partiel (activité partielle)

Le chômage partiel, autrement dit l'activité partielle, est un outil au service de la politique publique de prévention des licenciements économiques qui permet à l'employeur en difficulté de faire prendre en charge tout ou partie du coût de la rémunération de ses salariés. Ce dispositif a montré toute son efficacité pour soutenir l'emploi en période de baisse d'activité.

5. Politique budgétaire

La politique budgétaire est l'ensemble des mesures ayant des conséquences sur les ressources ou les dépenses inscrites au budget de l'État et visant directement à agir sur la conjoncture économique.

6. Propension marginale à consommer (épargner)

La propension marginale à consommer (épargner) mesure la part qui revient à la consommation (épargne) lorsque le revenu augmente d'une unité. Cet indicateur indique dans quelle mesure l'individu alloue la partie du revenu qui augmente à la consommation ou à l'épargne.

7. Effet de multiplicateur

Le multiplicateur d'investissement est associé à Keynes qui, en 1936 (*Théorie générale de l'emploi, de l'intérêt et de la monnaie*) reprend une analyse précédente de Kahn qui date de 1931. Quelle qu'en soit l'origine, une hausse des investissements provoque une augmentation plus forte du revenu national. En effet, tout investissement conduit à acheter des biens de production ; cet achat rapporte des revenus aux propriétaires et aux salariés des entreprises qui ont produit ces biens de production ; ces revenus sont en partie consommés et cette consommation crée de nouveaux revenus sous forme d'emplois créés, dans les domaines des biens de consommation, d'équipement ou des services par exemple. Ces nouveaux revenus sont eux aussi en partie consommés et le processus continue jusqu'à ce qu'il n'y ait plus de nouveaux revenus. La force de l'effet multiplicateur dépend de la propension des ménages à consommer.

8. Politique monétaire

La politique monétaire est l'ensemble des mesures qui sont destinées à agir sur les conditions du financement de l'économie. Elle est mise en œuvre par la banque centrale du pays (pour la France, comme pour tous les pays de la zone euro, cette politique est décidée et menée par la Banque centrale européenne).

Leçon 4

9. Banque centrale

La banque centrale d'un pays est une institution chargée par l'État, dont la mission est d'appliquer la politique monétaire. La Banque de France (BDF) est la banque centrale de la France. Pendant longtemps, la Banque de France a été sous l'autorité directe du gouvernement mais la construction européenne a imposé à tous les pays membres de rendre leur banque centrale indépendante, ce qui a donc été fait en France. Depuis la mise en œuvre de l'euro (le 1er janvier 2000), c'est la Banque centrale européenne (BCE) qui décide les mesures de politique monétaire et qui les met en œuvre en utilisant les banques centrales nationales comme relais. Et la France, comme les autres pays de la zone euro, ne peut plus mener de politique monétaire autonome.

10. Taux de réserves obligatoires

La banque centrale impose à toutes les banques commerciales de « déposer » sur leur compte auprès de leur banque centrale un pourcentage des dépôts qu'elles gèrent. Si le taux des réserves obligatoires est de 1 %, cela signifie que si une banque gère 1 000 € de dépôts, elle doit déposer 10 € à la banque centrale.

11. Taux d'intérêt directeur

Principal outil conventionnel de la politique monétaire, le taux directeur est le taux d'intérêt fixé par une banque centrale pour les prêts qu'elle accorde aux banques commerciales qui en ont besoin. Il influence le taux d'intérêt auquel les banques commerciales prêtent à leurs clients, notamment les ménages et les entreprises.

I. Compréhension des notions économiques.

1. Les politiques budgétaires expansionnistes s'appuient sur _____.

   A. une baisse du taux d'intérêt directeur

   B. une hausse du taux d'intérêt directeur

   C. une baisse du déficit budgétaire

   D. une hausse du déficit budgétaire

2. À quoi correspond la flexibilité salariale du marché du travail ?

   A. Elle permet aux entreprises d'améliorer leur productivité.

   B. Elle permet aux entreprises d'améliorer leur taux de profit.

   C. Elle permet aux entreprises d'ajuster le plus rapidement possible leurs coûts salariaux aux variations de l'activité économique conjoncturelle.

   D. Elle permet aux entreprises d'ajuster le plus rapidement possible leurs consommations intermédiaires aux variations de l'activité économique conjoncturelle.

3. Qu'est-ce qu'une politique de l'emploi ? (Plusieurs réponses possibles)

   A. Elle vise à assurer le plein-emploi.

   B. Elle comprend les dispositifs de soutien aux chômeurs.

   C. Elle vise à assurer la croissance économique.

   D. Elle vise à stimuler la création d'emplois.

4. Comment lutter contre le chômage conjoncturel ? (Plusieurs réponses possibles)

   A. En stimulant le pouvoir d'achat des ménages

   B. En baissant les taux d'intérêt

   C. En développant la formation

   D. En baissant le salaire minimum

5. La flexibilité du marché du travail peut se traduire par la variation _____. (Plusieurs réponses possibles)

   A. des horaires   B. des salaires

   C. des effectifs   D. des consommations

6. Le coût du travail correspond au salaire net que touchent les travailleurs.

   A. Vrai   B. Faux

7. Comment lutter contre le chômage structurel ? (Plusieurs réponses possibles)

   A. En stimulant le pouvoir d'achat des ménages

   B. En assouplissant les règles de fonctionnement du marché du travail

   C. En développant la formation

   D. En réduisant les cotisations sociales

8. Quel est l'effet négatif de la flexibilité du marché du travail ?

   A. L'augmentation des dépenses publiques

   B. L'augmentation du chômage structurel

   C. L'augmentation de la précarité

   D. La perte de compétitivité des entreprises

9. _____ ne fait pas partie des limites des préconisations keynésiennes ?

   A. Moindre efficacité face à la concurrence des produits importés

   B. Creuser le déficit et alourdir la dette

   C. Engendrer des effets inflationnistes

   D. L'augmentation de la précarité

10. Quelle institution mène actuellement les politiques monétaires pour la France ?

    A. La Banque de France

    B. La Banque centrale européenne

    C. Le gouvernement français

    D. Le Ministère de l'économie et des finances

II. Compréhension du document.

Comment l'Union européenne lutte-t-elle contre le chômage des jeunes ?

En Europe, les jeunes appartiennent aux catégories de population les plus touchées par le chômage. 14,8 %, c'est la part de jeunes de moins de 25 ans au chômage dans l'Union européenne en mars 2024. Un chiffre à mettre en comparaison avec le taux de chômage de l'ensemble de la population active à la même date, qui s'élève à 6 % en moyenne dans les Vingt-Sept. En Europe, la politique de l'emploi relève essentiellement des États membres. Mais depuis les années 2010, les initiatives européennes se sont toutefois développées.

Garantie pour la jeunesse

La Garantie pour la jeunesse, dispositif phare de la lutte contre le chômage des jeunes en Europe, a été adoptée par le Conseil de l'UE en 2013. Avec ce dispositif, les pays de l'UE se sont engagés à garantir à tout jeune de moins de 25 ans, puis de moins de 30 ans à partir d'octobre 2020, une offre d'emploi, de formation continue, d'apprentissage ou de stage dans les quatre mois qui suivent la perte de son emploi ou la fin de ses études.

Favoriser l'apprentissage

En matière d'apprentissage, l'Alliance européenne pour l'apprentissage a été lancée en 2013. Cette plateforme met en relation des acteurs, gouvernementaux et professionnels notamment, du monde de l'apprentissage afin qu'ils échangent les meilleures pratiques en ce domaine. Selon l'exécutif européen, l'Alliance a « mis à disposition » 900 000 postes d'apprentissage de 2013 à 2020.

Encourager la mobilité

Le programme Erasmus+ offre des opportunités professionnelles, et s'inscrit dans les initiatives européennes permettant de lutter contre le chômage des jeunes. Au-delà des étudiants, le programme s'adresse notamment aux chômeurs. Erasmus+ leur permet de réaliser un stage professionnel en Europe d'une durée de trois à six mois, sans condition d'âge ni de diplôme. Les apprentis peuvent également bénéficier du programme, avec une mobilité européenne comprise entre deux semaines et 12 mois. Celle-ci prend la forme d'un stage en entreprise ou d'une formation dans un organisme de formation professionnelle, qui inclut obligatoirement un passage en entreprise.

Questions

1. Comment l'auteur montre-t-il que « les jeunes appartiennent aux catégories de population les plus touchées par le chômage » ?
2. Quelles sont les politiques européennes d'emploi indiquées dans ce texte ? Précisez leurs mesures respectives.

Prisme interculturel

La Chine mettra en place plus de mesures pour favoriser la création et la stabilité de l'emploi

La Chine mettra en place des mesures politiques plus fortes afin de maintenir la stabilité de l'emploi et de renforcer la création de postes afin de stabiliser l'ensemble de l'emploi, d'après une décision prise lors d'une réunion exécutive du Conseil des Affaires d'État, présidée le 13 juillet 2022 par le Premier ministre Li Keqiang.

[…]

La réunion a appelé à continuer à garantir la stabilité de l'emploi par le biais du soutien des entités du marché. Des politiques aidant les entreprises à surmonter les difficultés seront davantage mises en œuvre, et les goulets d'étranglement de la mise en œuvre de politiques devront être éliminés.

Des mesures seront exécutées de manière intégrée, dont le report des contributions à l'assurance sociale par les employeurs, le remboursement des primes d'assurance chômage pour les entreprises qui ne réduisent pas ou effectuent une réduction minimale du personnel et les subventions à la création d'emplois.

La création d'emplois axée sur le marché par le secteur non public sera promue. Les nouvelles entreprises seront soutenues pour promouvoir l'emploi. Un prêt garanti de 200 000 yuans au maximum continuera d'être offert aux nouvelles entreprises et entreprises autonomes qualifiées, alors que les intérêts de ce prêt seront subventionnés par les fonds budgétaires. Les gouvernements locaux doivent assigner des fonds pour aider les bases d'incubation à réduire leurs loyers et d'autres coûts pour les nouvelles entreprises.

Les efforts liés à l'emploi des groupes clés, comme les diplômés universitaires et les travailleurs migrants, devront être intensifiés. Des politiques visant à élargir les canaux d'emploi pour les diplômés seront mises en œuvre de manière efficace. La reprise de recrutement en personne sera accélérée. Des politiques seront mises en place pour soutenir les industries de l'externalisation des services à recruter des diplômés.

Des services d'emploi sur mesure seront offerts sans cesse aux diplômés qui cherchent encore un poste. Les programmes de travaux publics seront efficacement effectués. Des efforts seront déployés pour assurer qu'au moins un membre des familles sans emploi puisse obtenir un poste le plus vite possible.

Les droits égaux en matière d'emploi des travailleurs doivent être sauvegardés. La discrimination d'emploi contre les gens qui ont été testés positifs à la Covid-19 et qui sont désormais rétablis doit être strictement interdite.

Les gouvernements locaux doivent assumer leur responsabilité primaire et assurer que les objectifs d'emploi soient atteints. Le travail des localités en la matière sera mis en supervision, alors que les informations concernées doivent être publiées en temps opportun.

« Nous devons fermement prévenir et rectifier tous les types de discrimination d'emplois. Aucune violation des droits à l'emploi contre les gens qui sont capables de travailler n'est permise. Les départements concernés doivent intensifier la supervision sur la protection du travail. Tout acte de discrimination sera traité de manière sévère », a déclaré M. Li.

La réunion a noté qu'à ce jour, plus de 200 millions de personnes dans le pays travaillent de manière flexible. L'emploi flexible aide à renforcer efficacement la création d'emplois, ainsi qu'à libérer la vitalité du marché et la créativité de la société. Il est important d'augmenter la protection et les services auprès des employés de ce modèle.

Les personnes engagées à l'emploi flexible seront permises d'adhérer à la pension fondamentale et aux plans d'assurance maladie dans les lieux où ils travaillent. Ils peuvent s'inscrire sur la plateforme nationale unifiée pour ces plans, afin que le paiement des primes d'assurance sociale, la portabilité des plans et le règlement des frais médicaux entre les provinces soient plus faciles.

Les subventions d'assurance sociale seront élargies aux diplômés universitaires et ceux qui sont confrontés à des difficultés pour trouver un emploi lorsqu'ils s'engagent à l'emploi flexible.

Les droits et intérêts juridiques des personnes engagées à l'emploi flexible doivent être protégés selon la loi. Les irrégularités, comme éviter les responsabilités primaires de protéger les droits du travail et les arriérés de salaire, seront résolument traitées. Les essais sur l'assurance contre les accidents de travail doivent être effectués.

Le marché du travail occasionnel doit être développé à un rythme plus rapide. Les agences publiques de services de l'emploi seront encouragées à offrir des services gratuits pour concorder l'offre et la demande en matière de travail occasionnel.

« En stabilisant les postes existants, nous devons prêter une attention étroite à l'emploi flexible, qui possède de larges perspectives et peut efficacement renforcer le gain d'emplois, aidant ainsi considérablement à stabiliser l'emploi actuel », a ajouté M. Li.

I. Trouvez la bonne traduction des termes suivants dans le texte.

市场主体 _____

社保费缓缴 _____

稳岗返还补贴 _____

借款利息将由财政补贴。_____

"一人一策"帮扶服务 _____

灵活就业 _____

职工基本养老保险 _____

医疗保险 _____

社保补贴 _____

零工市场 _____

II. Répondez aux questions suivantes.

1. Selon ce texte, la réunion a appelé à garantir la stabilité de l'emploi en soutenant les entités du marché. Citez quelques politiques d'emploi consistant à aider les entreprises à surmonter les difficultés.

2. Précisez les efforts liés à l'emploi des diplômés universitaires.

3. Quels sont les avantages et les risques de l'emploi flexible ?

Carte mentale

Approche néoclassique
- concurrence pure et parfaite
- salaire d'équilibre
- ses limites

Relation salariale
- négociation collective
- niveau de salaire
- niveau de fléxibilité

Emploi en France
- population active
- tertiarisation de l'emploi
- inégalités dans l'emploi

Chômage en France
- définitions du chômage (Insee et Pôle emploi)
- taux de chômage (Insee et Pôle emploi)
- comparaison internationale

1. Marché du travail

2. Emploi et chômage

Travail, emploi et chômage

3. Causes du chômage

4. Politiques de lutte contre le chômage

Chômage structurel : déséquilibre durable du marché du travail
- problème d'appariement
- asymétries d'information
- rigidités institutionnelles

Lutter contre le chômage structurel
- allègement du coût du travail
- politiques de formation
- politiques de flexibilisation

Chômage conjoncturel : insuffisance de la demande globale
- origine du chômage conjoncturel
- insuffisance de la demande globale
- interventions nécessaires des pouvoirs publics

Lutter contre le chômage conjoncturel
- politiques budgétaires expansionnistes
- politiques monétaires expansionnistes

Unité (3)

La stabilité des prix et la BCE

Tous les remèdes sont des poisons,

tous les poisons sont des remèdes,

l'inflation comme les autres.

——Antoine Pinay

Leçon 1

La variation des prix

Le maintien de la stabilité des prix sur un long terme est une condition fondamentale pour rendre possible l'initiative productive, préserver le pouvoir d'achat, augmenter le bien-être économique et le potentiel de croissance de l'économie. Cet objectif signifie à la fois que les prix ne doivent pas enregistrer de hausse importante (inflation) et que l'on évite en même temps toute période continue de baisse des prix (déflation). Les longues périodes d'inflation ou de déflation excessives ont des répercussions négatives sur l'économie. Dans la zone euro, c'est la Banque centrale européenne (BCE), instituée le 1er juin 1998, qui est chargée de maintenir la stabilité des prix, visant un taux d'inflation de 2 % à moyen terme.

Le premier texte définit et distingue les concepts clés qui décrivent les phénomènes de la variation des prix, à savoir l'inflation, la déflation, la désinflation et la stagflation. Il explique également comment l'Insee surveille l'évolution des prix en France grâce à l'indice des prix à la consommation (IPC). La valeur de l'IPC dépend de l'indice des prix pour chaque type de consommation et de son importance dans la consommation totale.

Le deuxième texte montre l'historique du taux d'inflation français depuis 1970. Il met en évidence la nature et les causes de l'évolution des prix en France dans des périodes aux caractéristiques économiques différentes. Aujourd'hui la poussée inflationniste est d'abord liée aux tensions d'approvisionnement suite à la reprise économique et à la flambée des prix de l'énergie, renforcée par la guerre entre la Russie et l'Ukraine.

Inflation : définition et mesure

L'**inflation** se définit comme une hausse durable et auto-entretenue du niveau général des prix. Cette situation correspond à une baisse du pouvoir d'achat de la monnaie. En clair, avec la même somme d'argent, on peut acheter moins de choses qu'auparavant. Pour qu'il y ait inflation, trois conditions doivent être réunies.

- La durée : l'inflation doit être longue et donner une impression de permanence.

- La généralité : l'ensemble des prix doit être affecté.

- La hausse auto-entretenue : la hausse entraîne la hausse et crée un cercle vicieux de l'inflation. Lorsque les prix montent, les consommateurs, escomptant que la hausse des prix va se poursuivre, préfèrent acheter plutôt qu'épargner. Ceci entraîne une augmentation de la demande. Quant à l'offre, elle va baisser car les vendeurs vont attendre que les prix soient plus élevés pour vendre. On parle alors de **spirale inflationniste**.

Pour mieux comprendre l'inflation, d'autres concepts mesurant la variation des prix méritent d'être mentionnés ici. En sens inverse, lorsqu'il y a une baisse durable et auto-entretenue du niveau général des prix, on parle de **déflation**. Il faut distinguer la déflation de la **désinflation** qui renvoie seulement au ralentissement de l'inflation. C'est-à-dire que les prix continuent à augmenter, mais cela ralentit d'année en année. Le dernier terme, c'est la **stagflation**, contraction des mots « stagnation » et « inflation », qui désigne une situation

---

1 Insee, *Insee en bref - Pour comprendre... Le pouvoir d'achat et l'indice des prix*, 2014.

combinant à la fois une faible croissance économique et une inflation élevée. Ce terme a été créé dans les années 1970 pour caractériser une situation économique inédite où coexistent une accélération de l'inflation et un fort ralentissement de la croissance dans les pays industrialisés.

En France, c'est l'Insee qui surveille chaque mois l'évolution des prix par l'**indice des prix à la consommation** (IPC). Pour le calculer, l'Insee suit les prix :

- d'un éventail large de produits et de services, représentatif de ce que nous consommons.
- dans tous les types de commerce (petits magasins traditionnels, marchés, hypermarchés, sites internet…) sur l'ensemble du territoire afin que chaque taille d'agglomération soit convenablement représentée.

Pour que cet indicateur soit représentatif, les mêmes articles sont suivis, mois après mois, dans les mêmes points de vente ; pour chacun, il doit s'agir exactement du même modèle, de la même marque, dans le même conditionnement.

Graphique 3-1-1 Indice des prix à la consommation en quelques chiffres

---

L'indice des prix à la consommation en quelques chiffres

- Chaque mois : **30 000** points de vente visités
- Plus de **200 000** prix relevés sur le terrain
- **180 000** tarifs collectés
- Environ **1 000** familles de produits et services suivies
- Vers le **13 du mois** m, publication de l'indice du mois m-l
- Publication de **140** prix moyens de produits
- Publication d'indices mensuels pour **160** regroupements de produits et services
- Chaque année : publication d'indices annuels pour **30** types de ménages
- **300** regroupements de produits et services pour les résultats annuels

---

Les milliers de prix et tarifs relevés sont ensuite agrégés et regroupés par types de produits et services pour aboutir à l'indice des prix à la consommation (IPC). Pour les agréger, on tient compte de la **structure de la consommation des ménages**, c'est-à-dire la répartition de leurs dépenses de consommation. Cette répartition est mise à jour tous les ans pour tenir compte de la disparition de certains produits, de l'apparition d'autres et de l'évolution des comportements de consommation. La réglementation européenne rend obligatoire le suivi de tout produit représentant plus d'un millième de la consommation des ménages. Ainsi, la valeur de l'IPC dépend de l'indice des prix pour chaque type de consommation et de son poids dans la consommation totale.

Notes

Graphique 3-1-2 Pondération des fonctions de consommation dans le panier IPC de 2020, de 2021 et de 2022, en %

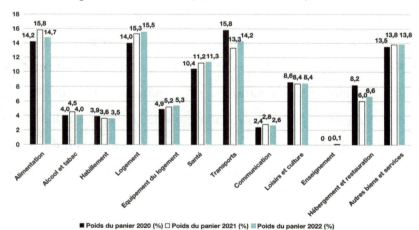

■ Poids du panier 2020 (%) ☐ Poids du panier 2021 (%) ■ Poids du panier 2022 (%)

Champ : France métropolitaine
Source : Insee, comptes trimestriels résultats détaillés T1, T2, T3 2021 et première estimation T4 2021 ; comptes nationaux semi-définitifs 2020
Note de lecture : Le poids de l'alimentation dans le panier IPC passe de 14,2 % en 2020 à 15,8 % en 2021, à 14,7 % en 2022

En Europe, l'institut Eurostat construit un indice des prix à la consommation harmonisé (IPCH) de manière à gommer les écarts de méthode et de contenu des instituts statistiques des différents pays afin de permettre les comparaisons internationales et ainsi d'apprécier le respect du critère de convergence portant sur la stabilité des prix dans le cadre du Traité de l'Union européenne (UE). La différence essentielle avec l'IPC tient dans le traitement de la protection sociale et de l'enseignement : dans l'IPCH, seule la part à la charge du consommateur (après remboursement) est prise en compte.

Texte 2

Évolution de l'inflation française

En France, c'est l'Insee qui surveille l'inflation par Indice des prix à la consommation (IPC). L'**inflation mensuelle** est l'évolution de l'indice du mois considéré par rapport à celui du mois précédent. Pour un mois donné, **inflation en glissement annuel** est l'évolution entre l'indice du mois et celui du même mois de l'année précédente. Quand on parle d'inflation sans précision, c'est de cet indicateur dont il s'agit. Il permet de suivre l'inflation en temps réel (une fois par mois). Il est utilisé pour revaloriser entre autres le taux d'intérêt du **livret A**, le SMIC, les **pensions alimentaires**... Pour obtenir le taux d'inflation moyen d'une année, il faut faire la moyenne de l'inflation en glissement annuel de ses 12 mois. Cette moyenne est utilisée pour **réindexer les loyers**, les retraites, pour le calcul du pouvoir d'achat de la monnaie, etc.

Le graphique suivant met en évidence l'historique de l'inflation française depuis 1970. Nous essayons d'observer ses caractéristiques à chaque période et d'en analyser les causes.

Graphique 3-1-3 Taux d'inflation en France de 1970 à 2022

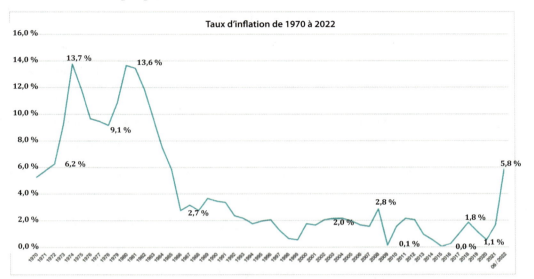

Avant 1974 : une inflation « de croissance »

La période de l'après-guerre est une période marquée par un fort taux de croissance (dû aux investissements pour la reconstruction, au développement du crédit, à une forte demande) qui s'accompagne d'inflation puisque la demande est souvent supérieure à l'offre. C'est la période des « Trente Glorieuses ». L'inflation est alors bénéfique puisqu'elle permet de préserver les bénéfices des entreprises et favorise les investissements. En outre, elle n'entraîne pas de baisse du pouvoir d'achat puisque les salaires augmentent plus que proportionnellement, permettant de créer des débouchés à l'accroissement de la production. Parallèlement, le problème du chômage ne se pose pas encore ; il apparaîtra à partir de 1974.

De 1974 au début des années 1980 : une période d'inflation élevée

Au début des années 1970, de nombreux pays ont connu une hausse importante du niveau général des prix sous l'effet d'un quadruplement du prix du pétrole (de 3 à 12 dollars le baril) en quelques mois à partir de fin 1973 puis d'un triplement (de 13

Leçon 1

à 35 dollars le baril) de 1978 à 1981. Ces chocs accentuent une tendance plus profonde induite par le ralentissement des gains de productivité du travail, la hausse des salaires ou le recours important au crédit bancaire. En France, les sommets du taux d'inflation sont respectivement atteints en 1974 avec 13,7 % et en 1980 avec 13,6 %. Durant cette période, les économies développées connaissent une situation de stagflation : les entreprises doivent augmenter leur prix parce que les coûts de production augmentent (renchérissement du prix du pétrole) ; les consommateurs empruntent car ils espèrent que la hausse des prix diminuera le poids des remboursements[1] ; ils consomment davantage, d'où, une nouvelle hausse des prix (demande supérieure à l'offre) ; les hausses de prix entraînent des hausses de salaires (les salariés vont revendiquer des augmentations afin de préserver leur pouvoir d'achat) : c'est ce que l'on appelle une spirale inflationniste ; la croissance quant à elle stagne ; le chômage se développe.

En mars 1983, François Mitterrand décide le tournant de la rigueur afin de réduire l'écart existant entre les taux d'inflation allemand et français. Le gouvernement décide l'arrêt de l'**indexation des salaires sur les prix**. Une politique monétaire restrictive (hausse des taux d'intérêt qui génère une baisse des crédits demandés) est menée pour lutter contre l'inflation ; elle aboutit au milieu des années 1980 à une désinflation dans la plupart des pays développés.

De 1986 à 2008 : la désinflation

La désindexation des salaires sur les prix a permis de diviser le taux d'inflation par trois en trois ans, de 9,6 % en 1983 à 2,7 %

---

1 Si vous avez un emprunt bancaire à taux fixe, le montant à rembourser chaque mois sera identique mais cela représentera une part moindre dans votre budget.

en 1986. Depuis, le taux d'inflation diminue régulièrement : on est alors dans une situation de relative désinflation. En 1998, la Banque centrale européenne (BCE) a été créée pour maintenir dans la zone euro la stabilité des prix. L'objectif d'une inflation de 2 % offre une marge en cas d'écarts des taux d'inflation entre les pays de la zone euro, qui devraient idéalement s'équilibrer dans le temps. Une inflation trop faible et une inflation trop élevée sont également indésirables. En France, le taux d'inflation est passé de près de 14 % en 1981 à 2,1 % en 2004.

Depuis l'entrée en vigueur de l'euro, le 1er janvier 2002, une partie du grand public tend à penser que l'euro favorise la hausse des prix. Pourtant, l'Insee montre l'inverse : l'article *Une inflation modérée depuis le passage à l'euro*, publié en mai 2017, montre que le coût des produits a seulement augmenté de 1,2 % en moyenne chaque année depuis 2002.

De 2005 à 2020 : une période de très faible inflation

Pendant cette période, les taux d'inflation sont faibles et la crainte de la déflation se fait sentir. C'est aussi une période de forte augmentation des taux de profits en France. Aujourd'hui les taux de profits sont aussi élevés que pendant les Trente Glorieuses et alimentent des distributions non liées au réinvestissement. Autrement dit, les marges bénéficiaires ne signifient pas de nouveaux investissements productifs. Ils créent moins de croissance interne.

L'inflation annuelle en zone euro, mesurée par l'indice des prix à la consommation harmonisé (IPCH), a baissé de 1,1 point en moyenne entre la période 1999–2007 (en mettant entre parenthèses la crise de 2008), et la période 2013–2019, qui l'a suivie. On peut évaluer les contributions à cette baisse de l'inflation par deux déterminants traditionnels : la conjoncture économique et la dynamique des prix des matières premières (surtout le pétrole). Ceci expliquerait la baisse d'au moins un point de l'inflation depuis 2013. Il faut également tenir compte de l'impact de nouvelles mesures de politique monétaire mises en œuvre depuis 2014.

Depuis 2021 : retour à la hausse des prix

Depuis juin 2021, l'inflation progresse chaque mois dans la zone euro. Les prix en décembre 2022 ont augmenté en glissement annuel de 5,9 % et l'inflation moyenne 2022 est finalement de 5,2 %, dépassant nettement l'objectif de 2 % fixé par la Banque centrale européenne (BCE). En moyenne sur les 12 mois de l'année 2022, l'énergie a augmenté de 23,1 %. C'est elle qui a le plus contribué à ce retour de l'inflation en France et dans le monde.

En effet, la reprise économique consécutive à la crise sanitaire du coronavirus s'est traduite par des tensions d'approvisionnement. La demande étant supérieure à l'offre, les prix à la consommation de certains biens sont repartis à la hausse. La reprise s'est également accompagnée d'une très forte demande en énergie au niveau mondial. Résultat : les prix du gaz, du pétrole et de l'électricité s'accroissent. De plus, la guerre entre la Russie et l'Ukraine a complètement déstabilisé le marché mondial des céréales et de l'énergie, pétrole et gaz en tête. Cela induit une forte inflation dans les produits de base et énergétiques dans un premier temps, avec une diffusion à tous les autres produits dans un deuxième temps.

Pour limiter les effets de la hausse des prix sur les ménages, le gouvernement français a mis en œuvre plusieurs mesures d'aides : **prime inflation**, **bouclier tarifaire**, **chèque énergie** pour les particuliers ayant des revenus modestes... Mais le retour à une inflation élevée est très net et entraînera des modifications dans la répartition des revenus entre les différentes couches sociales.

Notions économiques ///

1. **Inflation**

   L'inflation est une hausse durable et auto-entretenue du niveau général des prix.

2. **Spirale inflationniste**

   La spirale inflationniste est un phénomène économique qui provoque une série d'enchaînements de hausses des prix qui affectent les indices de prix et les salaires, générant une spirale dont il est très difficile de sortir. Le processus serait comme suivant. D'une part, il existe un phénomène économique qui provoque une augmentation des prix des matières premières. Cela affecte les prix de vente de ces biens, qui augmentent. D'autre part, les salaires augmentent car ils sont relativement indexés (mais avec retard) sur les prix. L'augmentation de salaires entraîne à son tour l'augmentation de coûts et donc produit des phénomènes de hausses des prix en chaîne.

3. **Déflation**

   La déflation est une baisse durable et auto-entretenue du niveau général des prix.

4. **Désinflation**

   La désinflation est le ralentissement de l'inflation, c'est-à-dire que les prix poursuivent leur augmentation, mais à un rythme moins soutenu (le taux d'inflation diminue mais demeure positif).

5. **Stagflation**

   La stagflation désigne une situation combinant à la fois une faible croissance économique et une inflation élevée.

6. **Indice des prix à la consommation**

   L'indice des prix à la consommation (IPC) mesure l'évolution du niveau moyen des prix des biens et services consommés par les ménages, pondérés par leur part dans la consommation moyenne des ménages.

7. Structure de la consommation des ménages

Selon l'Insee, la structure de consommation désigne « la répartition des dépenses de l'ensemble des ménages ». La consommation fait l'objet d'un classement en postes, aussi nommés « fonctions », regroupant des biens et services de même catégorie.

8. Inflation mensuelle

L'inflation mensuelle est l'évolution de l'indice du mois considéré par rapport à celui du mois précédent.

9. Inflation en glissement annuel

L'inflation en glissement annuel est l'évolution entre l'indice du mois et celui du même mois de l'année précédente.

10. Livret A

Le livret A est un compte d'épargne populaire rémunéré, dont les fonds sont disponibles à tout moment. Ce compte est sans frais et avec des intérêts faibles et dont les intérêts sont exonérés d'impôt sur le revenu et de prélèvements sociaux. C'est l'État qui fixe le taux d'intérêt qui a été remonté à 3 % à partir du 1er février 2023.

11. Pension alimentaire

La pension alimentaire, dans un ménage séparé, est une contribution versée par l'un des parents à l'autre parent pour l'aider à assumer les frais liés à l'entretien et à l'éducation des enfants. Elle est due au parent qui assure la charge des enfants à titre principal.

12. Indexation de loyer

L'indexation de loyer correspond à l'augmentation du loyer chaque année à une date précise, en général à la date d'anniversaire du contrat de bail, et varie selon les cas. La révision annuelle, si elle figure au bail, peut se faire en fonction de l'évolution de l'indice de référence des loyers (IRL) qui est calculé chaque trimestre, par l'Insee, à partir de l'évolution des indices de prix à la consommation sur 12 mois.

13. Indexation des salaires sur les prix

L'indexation des salaires sur les prix est une mesure partiellement appliquée, selon laquelle quand les prix augmentent, les salaires suivent. C'est une mesure destinée à préserver le salaire réel de l'inflation. Ce système a été introduit en France, pour la première fois en juillet 1952. En mars 1983, le gouvernement français a décidé son arrêt et seul le SMIC est revu à la hausse en fonction de l'inflation. En 2022 où le taux d'inflation s'élève à plus de 5 %, l'indexation des salaires sur la hausse des prix redevient une question clé de la politique économique.

14. Prime inflation

La prime inflation est une aide exceptionnelle et individuelle créée par le gouvernement français pour préserver le pouvoir d'achat des consommateurs face à la forte hausse du coût des énergies. Son montant en 2023 est fixé à 100 euros. En 2022, cette prime inflation de 100 euros a été versée à 38 millions de personnes résidant en France.

15. Bouclier tarifaire

Un bouclier tarifaire est une mesure prise par le gouvernement français afin de ralentir la montée des prix de l'électricité et du gaz. Pour l'électricité, ce bouclier tarifaire a bloqué la hausse du tarif réglementé à 4 % pour 2022. Sans cette mise en place du bouclier tarifaire, le prix du tarif réglementé aurait augmenté de 44 % en février 2022. Quant au gaz, le gouvernement a gelé le tarif réglementé du gaz à leur niveau TTC du mois d'octobre 2021. Sans le bouclier tarifaire, au 1er août 2022, le niveau moyen du tarif réglementé de vente du gaz aurait été supérieur de 69 % HT, soit 62 % TTC par rapport au 1er octobre 2021.

16. Chèque énergie

Le chèque énergie est une aide de l'État destinée aux ménages aux revenus modestes. Il les aide à payer leurs factures d'énergie (électricité, gaz naturel, combustibles comme le bois ou le fioul…) ou des travaux de rénovation énergétique. Il est d'un montant moyen de 150 €. En 2021 et 2022, 5,8 millions de ménages ont bénéficié de cette mesure.

Leçon 1

I. Compréhension des notions économiques.

1. La stagflation est synonyme de _____.

   A. la baisse du taux d'inflation

   B. la baisse des prix

   C. la hausse des prix dans un contexte de récession

   D. la récession économique

2. L'inverse de l'inflation est _____.

   A. la déflation   B. l'hyperinflation

   C. la stagflation   D. la désinflation

3. En France, l'inflation n'a pas dépassé 4 % depuis 1985.

   A. Vrai   B. Faux

4. Que se passe-t-il en phase de déflation ?

   A. Les consommateurs reportent leurs achats.

   B. Les recettes de l'État augmentent.

   C. Les marges des entreprises augmentent.

   D. Les prix augmentent.

5. Dans une économie, les prix de tous les biens et services évoluent toujours au même rythme.

   A. Vrai   B. Faux

6. L'inflation désigne _____.

   A. la stabilité des prix

   B. la faillite des entreprises

   C. la hausse des prix

   D. la hausse durable, généralisée et auto-entretenue des prix

7. Qu'entendez-vous par la déflation ?

   A. Augmentation des prix

   B. Baisse des prix

   C. Baisse durable, généralisée et auto-entretenue des prix

   D. Diminution de l'inflation

8. Qu'entendez-vous par la désinflation ?

 A. Diminution de l'inflation

 B. Baisse généralisée des prix

 C. Inflation modérée

 D. Stabilité des prix

9. L'inflation se mesure grâce à l'IPC, indice des prix à la consommation.

 A. Vrai   B. Faux

10. Si l'inflation est de 1,6 % en France, cela signifie _____.

 A. que les prix n'évoluent pas

 B. que les prix baissent de 1,6 %

 C. que les salaires augmentent de 1,6 %

 D. que les prix augmentent, en moyenne, de 1,6 % par rapport à l'année dernière

II. Compréhension des documents.

Document 1

Dépenses de consommation et indice des prix (exemple fictif)

Dépenses	Indice des prix	Part des dépenses dans la consommation totale (en %)
Alimentation, logement	**102**	50
Transport	110	**20**
Autres	105	30
Total	?	100

Note : L'indice 100 correspond aux données de l'année précédente

Questions

1. Que signifient les données en gras ?

2. Calculez l'indice des prix à la ligne « Total ».

Leçon 1

L'exemple de l'hyperinflation allemande dans les années 1920

Quelques années après la fin de la Première Guerre mondiale, l'Allemagne connut une flambée des prix exceptionnelle par son ampleur et unique dans l'histoire des pays industrialisés : en novembre 1923, un dollar valait 4 200 milliards de marks, contre 60 marks en 1921 et 4,2 en 1914. Un reichsmark de 1922 équivalait à 20 milliards de marks fin 1923 et un kilogramme de pain coûtait 600 milliards de marks ! Durant cette période la masse monétaire passa de 81 milliards de marks fin 1920 à 116 000 milliards au milieu de 1923, masse dérisoire à la fin de l'année par rapport à la valeur exorbitante des transactions exprimées en marks.

Les causes de ce phénomène sont diverses : héritage des années de guerre, durant lesquelles l'effort militaire fut financé par l'émission monétaire et par l'endettement de l'État, moyens de financement qui continuèrent à être utilisés ensuite ; poids élevé des réparations de guerre exigées par les Alliés, absorbant 80 % des revenus de l'État, et expliquant que les autorités économiques aient « laissé filer » l'inflation pour montrer que ces réparations étaient insupportables pour l'économie allemande. L'inflation était aussi (tout au moins au début) jugée efficace pour stimuler la croissance en favorisant les « actifs » au détriment des « rentiers ». Enfin, la spéculation contre le mark accentua le phénomène ; elle était liée au fait que les socialistes au pouvoir inquiétaient les possédants, prompts à placer leurs fonds à l'étranger et observant avec satisfaction la faillite du gouvernement.

D'ailleurs, le rétablissement rapide de la situation en 1924 accrédite la thèse d'une hyperinflation largement spéculative, l'économie réelle allemande étant en relative bonne santé, le potentiel industriel du pays n'ayant pas été affecté par la guerre. Ainsi, dès l'annonce d'un rééchelonnement des réparations (plan Dawes) et d'une aide financière internationale, et après le retrait des socialistes

---

1 Bezbakh Pierre, *Inflation et désinflation*, repères, Paris, La Découverte, 2019.

du gouvernement et la création d'une nouvelle monnaie (le rentenmark), gagée fictivement sur la terre et les actifs industriels, les prix cessèrent d'augmenter, et baissèrent même début 1924. En août, le reichsmark gagé sur l'or remplaça le rentenmark, la confiance fut définitivement rétablie et l'inflation disparut. Les années 1924–1929 seront des années de prospérité en Allemagne.

Questions

1. Par combien a été divisée la valeur du Mark exprimée en dollars entre 1921 et novembre 1923 ?

2. Comment l'auteur a-t-il expliqué les causes de l'hyperinflation allemande dans les années 1920 ?

Leçon 2

Les causes de l'inflation

Si l'inflation se définit comme une hausse durable et auto-entretenue du niveau général des prix, quels sont alors les facteurs qui influent sur les prix et les font augmenter dans la durée ?

Le premier texte se concentre sur les quatre facteurs principaux. Lorsque les coûts de production augmentent, les entreprises seront incitées à augmenter préventivement leurs prix pour conserver leurs marges bénéficiaires. Cette première hausse peut être faible, mais il s'en suit une hausse des prix en aval de la production, et un cercle vicieux inflationniste se met en place (inflation par les coûts). À l'inverse, lorsque la demande de produits ou de services s'accroît mais que l'offre n'arrive pas à s'y adapter, les prix sont poussés à la hausse. L'inflation est alors due à un déséquilibre entre l'offre et la demande d'un certain nombre de produits (inflation par la demande). Il peut également exister une inflation importée liée à une augmentation des coûts des produits d'importation (inflation importée). Ceci pour deux causes principales : la dépréciation de la monnaie nationale et la hausse des cours sur le marché mondial. L'inflation apparaît enfin parce que le stock de monnaie circulant dans l'économie est trop important par rapport à la quantité de biens et services offerts (inflation par excès de création monétaire). Selon le type et le contexte des économies concernées, ces facteurs peuvent agir chacune séparément ou en combinaison.

Le deuxième texte examine l'inflation sous l'angle des anticipations des agents et des facteurs structurels des marchés. Dans le premier cas, les anticipations des ménages et des entreprises concernant la variation des prix à venir déterminent leurs dépenses, leurs emprunts et leurs investissements aujourd'hui. Quant aux facteurs structurels, ils concernent le degré de concurrence sur les marchés, les caractéristiques du marché du travail, les modalités de financement de l'économie, qui influent sur le niveau des prix et leur évolution dans le temps.

Les explications principales de l'inflation

On peut expliquer l'inflation de plusieurs approches. Nous retiendrons ici les quatre grands types d'explications économiques du phénomène.

L'inflation par les coûts

L'inflation est d'abord expliquée par une croissance de la **rémunération des facteurs de production** supérieure à celle de leur **productivité**. Celle-ci peut provenir de la croissance des salaires, des charges sociales, de la pression fiscale, de l'épuisement des matières premières, du coût des importations (dont nous parlerons plus tard).

La croissance de la rémunération des facteurs de production conduit les entreprises à augmenter le prix des produits qu'ils vendent :

- à d'autres entreprises qui elles-mêmes élèveront leurs prix ;
- aux consommateurs qui revendiquent alors de nouvelles hausses de rémunération.

Dans le premier cas, si les coûts de production des entreprises augmentent, celles-ci vont répercuter cette hausse sur les prix. Donc si pour une raison ou une autre l'ensemble des entreprises voit le coût de production augmenter, il y aura inflation.

Dans le deuxième cas, si dans un secteur donné, les salariés par l'intermédiaire de leurs syndicats et au moyen de la grève obtiennent une hausse de leur salaire, les salariés des autres branches vont eux aussi revendiquer de meilleurs salaires et le phénomène va se généraliser.

137

Leçon 2

Notes

Graphique 3-2-1 Boucle salaire-prix

Source : « Inflation et déflation », *ABC de l'économie*, Banque de France, sept 2019

L'inflation par la demande

L'inflation peut provenir d'un excès de la demande par rapport à l'offre. Cette analyse a été précisément analysée par J. M. Keynes. L'augmentation de la demande peut provenir de l'accroissement des dépenses publiques ou de l'entrée de revenus supplémentaires sur le territoire (excédent de balance commerciale, entrée de capitaux). Elle peut également être due à l'accroissement des dépenses de consommation des ménages, du fait de l'apparition de nouveaux produits, d'une modification du système de **prix relatif**, d'un enrichissement de certaines catégories sociales leur permettant d'avoir accès à de nouveaux biens, d'un changement dans les anticipations (prix, revenus, rémunération de l'épargne).

La hausse des prix survient dans la mesure où l'appareil de production ne peut répondre à cette augmentation de la demande et lorsque l'ajustement offre/demande ne peut donc se faire par les quantités. Dans ce cas, c'est la hausse des prix et non les quantités qui ajuste offre et demande. La hausse des prix provient dans cette analyse d'une saturation des capacités productives (hommes, capital et matières premières), les stocks et les importations étant insuffisants. Étant définie comme un phénomène durable, l'inflation implique que l'offre ne puisse s'accroître pendant un temps certain.

La hausse de l'inflation à partir de 2021 peut être expliquée par une forte hausse de la demande dans un contexte de reprise lié au ralentissement de l'épidémie de Covid-19.

Il est donc difficile pour les pouvoirs publics de trouver un équilibre entre la nécessité de stimuler la demande en cas de récession et celle d'éviter son excès qui causera l'inflation.

L'inflation importée

L'inflation importée est due à une augmentation des coûts des produits importés. Cette hausse des prix concerne les matières premières, les produits manufacturés, comme l'ensemble des produits ou services importés utilisés par les entreprises d'un pays. Avec de l'inflation importée, les coûts de productions sont plus importants pour les entreprises. Ces dernières répercutent cette hausse sur le prix des biens ou services vendus. Résultat : les prix nationaux augmentent.

D'une part, l'inflation importée peut être provoquée par une **dépréciation de la monnaie** d'un pays. Plus la monnaie nationale se déprécie sur le marché des changes, plus le prix des importations est élevé. En effet, il faut une quantité plus importante de monnaie pour acheter des biens ou services à l'extérieur. Prenons l'exemple d'une entreprise française qui fabrique des vêtements en coton. Pour pouvoir fabriquer ces vêtements, l'entreprise doit acheter du coton de l'étranger, la France n'étant pas un producteur de coton. Elle va donc importer du coton en payant avec des euros. Si la valeur de l'euro baisse par rapport à la monnaie du pays exportateur de coton, elle doit verser plus d'euros pour s'approvisionner. Pour garder ses marges, l'entreprise décide alors d'augmenter le prix de vente de ses vêtements en France. On est alors dans le cas d'une inflation importée,

Notes

139

les prix de vente des vêtements vendus en France ayant augmenté à cause d'une hausse des prix du coton importé.

D'autre part, l'inflation importée peut se produire par une forte hausse des cours des matières premières, des produits énergétiques ou agricoles sur les marchés mondiaux. Ce renchérissement des importations se répercute dans tous les secteurs de l'économie et touche les ménages autant que les entreprises. Les augmentations du prix du pétrole dans les années 1970 constituent un bon exemple : le **cartel des exportateurs de pétrole** a décidé d'augmenter les prix, alors les pays importateurs ont subi par deux fois le renchérissement du prix de la matière première. Chaque hausse de la matière première importée est répercutée sur les prix intérieurs, soit au niveau de la consommation, soit au niveau de la production, ce qui a entraîné des effets d'amplification. Le taux d'inflation atteignait deux chiffres dans les années 1970.

L'inflation par excès de création monétaire

On connaît la formule de Milton Friedman, lauréat du prix Nobel d'économie en 1976 : « L'inflation est toujours et partout un phénomène monétaire. » Il considère que l'inflation apparaît parce que le stock de monnaie circulant dans l'économie est trop important par rapport à la quantité de biens et services offerts. À la base des idées monétaristes, on trouve la théorie quantitative de la monnaie. Sa formalisation la plus courante est l'égalité suivante : $M \times V = P \times T$ où :

- M est la masse monétaire en circulation.
- V est la vitesse de circulation de la monnaie (une même unité monétaire est utilisée plusieurs fois pendant une période donnée pour procéder à des paiements).
- P est le niveau général des prix.
- T est le volume de transactions à assurer.

On a donc une égalité entre la quantité de monnaie en circulation

(M×V) et la valeur globale des échanges (P×T).

À vitesse de circulation de la monnaie constante, toute augmentation de la **masse monétaire** supérieure à celle de la production réelle se traduira par une hausse de l'ensemble des prix. L'inflation est alors due à l'augmentation de la masse monétaire. À l'extrême, ce type d'inflation peut être lié à la **politique de la « planche à billets »**, par exemple lorsqu'un État veut réduire le montant de la dette publique à rembourser. C'est par exemple le cas au Zimbabwe à la fin des années 1990.

Il faut noter que, la banque centrale qui émet des billets n'est pas la seule responsable de l'inflation monétaire, les banques commerciales, ainsi que tous les acteurs qui font du crédit aux entreprises ou aux consommateurs (comme les entreprises automobiles ou les grands magasins) jouent un rôle tout aussi important, parce qu'elles peuvent octroyer trop de crédits aux agents économiques, ménages et entreprises. Ici la politique de régulation monétaire sur ces agents économiques est centrale.

Texte 2 //

D'autres explications de l'inflation

Le rôle des anticipations

Les anticipations par les entreprises et les ménages jouent un rôle important dans la détermination du niveau d'inflation à un moment donné. Imaginons que les agents économiques anticipent à la période T une hausse de prix à venir. Les négociations salariales et les ajustements de prix contractuels (comme le relèvement automatique des loyers) vont intégrer cette anticipation et donc s'adapter en fonction. À la période T+1, lorsque les nouveaux contrats (intégrant les anticipations de T) entrent en vigueur, les prix vont effectivement augmenter. On parle ici d'**effet autoréalisateur** ou de **prophétie autoréalisatrice** : la prise en compte des anticipations d'inflation a effectivement entraîné une hausse des prix.

On peut aussi noter que les entreprises et les ménages ont tendance à fonder leurs anticipations sur le passé récent. Ainsi, l'inflation présente généralement une certaine inertie ; elle s'auto-entretient. Par exemple, dans les épisodes d'hyperinflation, les agents préfèrent réaliser leurs achats aujourd'hui, anticipant la poursuite de la forte hausse des prix demain. L'inflation par la demande est alors accentuée par ce mécanisme.

Les facteurs structurels

Les déterminants de l'inflation peuvent être de nature conjoncturelle mais aussi de nature structurelle. La manière dont les marchés sont organisés, leur structure, peuvent jouer sur les ressorts inflationnistes. Par exemple, le degré de concurrence peut être important. Dans son ouvrage, Thomas Philippon[1] montre que dans nombreux secteurs (par exemple Internet en haut débit), les prix sont plus élevés aux États-Unis qu'en Europe en raison d'un degré de concurrence plus faible générant un pouvoir de marché plus important. Cela est très clair pour lui, « de manière générale, quand on compare deux économies, celle où la concurrence est plus forte affichera des prix plus bas ».

Les caractéristiques du marché du travail (modalités de négociation des salaires, rôle des syndicats...) pèsent sur le degré de rigidité des coûts salariaux et rend plus ou moins importante la

---

1 PHILIPPON Thomas, *Les gagnants de la concurrence : quand la France fait mieux que les États-Unis*, Trad. Charlotte Matoussowsky, Paris, Seuil, 2022.

probabilité d'entrer dans une spirale inflationniste.

Un autre exemple de facteur structurel pesant sur l'inflation peut être trouvé dans les modalités de financement de l'économie : une part plus importante de financement par le crédit (créateur de monnaie) aura pour conséquence, toutes choses égales par ailleurs, de favoriser l'inflation.

La question du passage d'une inflation de nature conjoncturelle à une inflation structurelle a animé les débats entre économistes dans la première moitié de l'année 2022. Nombreux sont ceux qui pensaient que l'inflation générée dans un premier temps par la hausse de la demande dans un contexte de reprise avec une offre contrainte puis alimentée par la guerre Russie/Ukraine allait se transformer en inflation durable en raison de facteurs structurels.

Vincent BAROU (Professeur de SES Académie de Versailles)

Leçon 2

1. Rémunération des facteurs de production

Les facteurs de production regroupent les moyens de production durables qui contribuent à la production : le travail, le capital, la terre et les matières premières. Dans l'analyse classique, le salaire rémunère le travail ; la rente rémunère la propriété foncière (la terre) ; l'intérêt rémunère l'apport des capitaux et le profit rémunère la mise en œuvre de ces capitaux.

2. Productivité

La productivité est le rapport entre une production de biens ou de services et les moyens qui ont été nécessaires pour sa réalisation (humains, énergie, machines, matières premières, capital, etc.). Elle mesure l'efficacité avec laquelle une économie ou une entreprise utilise les ressources dont elle dispose pour fabriquer des biens ou offrir des services. La productivité du capital est le rapport entre la valeur ajoutée et le capital fixe utilisé. La productivité du travail est le rapport entre la quantité ou la valeur ajoutée de la production et le nombre d'heures nécessaires pour la réaliser.

3. Prix relatif

Le prix relatif désigne le prix d'un bien par rapport au prix d'un autre. Par exemple, si une table coûte 30 € et qu'une chaise coûte 10 €, le prix relatif d'une table par rapport à une chaise est de 3 (1 table coûte 3 chaises).

4. Dépréciation de la monnaie

La dépréciation d'une monnaie représente la baisse de la valeur d'une devise par rapport à une autre.

5. Cartel des exportateurs de pétrole

Le cartel est une entente de plusieurs entreprises en vue de réaliser une concentration dans un domaine économique donné. Le cartel des exportateurs de pétrole renvoie à l'Organisation des pays exportateurs de pétrole (OPEP), une organisation intergouvernementale de 13 pays qui vise à garantir les intérêts des pays exportateurs de pétrole et à assurer la stabilité et l'approvisionnement des marchés pétroliers. Les cartels sont juridiquement interdits dans la plupart des pays industrialisés, mais gardent une puissante réalité.

6. Masse monétaire

La masse monétaire est une mesure de la quantité de monnaie dans un pays ou une zone économique. Il s'agit de l'ensemble des valeurs susceptibles d'être converties en liquidités, ainsi que l'agrégat de la monnaie fiduciaire (billets et pièces), des dépôts bancaires et des titres de créances négociables, tous susceptibles d'être immédiatement utilisables comme moyen de paiement. Elle est suivie par les banques centrales et publiée, offrant aux acteurs économiques une précieuse indication sur la possible évolution des prix selon la théorie quantitative de la monnaie.

7. Politique de la « planche à billets »

La politique de la « planche à billets » signifie qu'un État ou une banque centrale crée de la monnaie afin de financer son fonctionnement ou d'injecter des liquidités dans le circuit économique.

8. Effet autoréalisateur (prophétie autoréalisatrice)

Un effet auto-réalisateur se produit lorsque les agents économiques (par exemple les consommateurs, les traders...) adaptent leur comportement en fonction de l'anticipation qu'ils font d'un événement, souvent négatif (comme une inflation), et de ce fait provoquent le phénomène redouté.

Galerie des économistes //

Milton Friedman (1912–2006) est un économiste américain, considéré comme l'un des plus influents du XXe siècle de L'école de Chicago. Ardent défenseur du libéralisme, il obtient le prix Nobel d'économie en 1976 pour ses travaux sur « l'analyse de la consommation, l'histoire monétaire et la démonstration de la complexité des politiques de stabilisation ».

Leçon 2

Friedman est le père du courant « monétariste » et a notamment réactivé la théorie quantitative de la monnaie. Selon celle-ci, c'est l'augmentation de la masse monétaire qui est la cause unique de la hausse des prix : « L'inflation est toujours et partout un phénomène monétaire en ce sens qu'elle est et qu'elle ne peut être générée que par une augmentation de la quantité de monnaie plus rapide que celle de la production », écrit-il en 1970.

Son analyse s'inscrit alors dans le contexte de cette époque marquée par une forte inflation dans les pays occidentaux. Surtout Friedman permet d'expliquer le phénomène de « stagflation » auquel sont confrontés les pays occidentaux dans les années 1970, notamment suite aux chocs pétroliers de 1973 et 1979. Il ne suffit pas d'abaisser les taux d'intérêt (ce qui augmente en retour l'inflation) pour relancer l'investissement et la croissance. Dès lors, Friedman recommande en premier lieu de lutter contre l'inflation, phénomène qu'il juge dangereux et sans aucun bienfait à terme pour le fonctionnement de l'économie, en réduisant la masse monétaire et en augmentant les taux d'intérêt. C'est cette politique qui sera menée par Paul Volcker, à la tête de la FED à partir de 1979 et qui parvient à diminuer l'inflation de 13,5 % (en 1981) à 3,2 % en 1983. Ses travaux inspireront les politiques économiques néo-libérales de Margaret Thatcher et de Ronald Reagan au début des années 1980.

Exercices

I. Compréhension des notions économiques.

1. Selon la théorie monétariste, l'inflation est due _____.

    A. à une demande de biens trop forte de la part des ménages

    B. à des coûts de production des entreprises en hausse

    C. à une masse monétaire qui augmente trop vite

    D. à une production des entreprises trop faible

2. Si les taux d'intérêt augmentent, le coût du crédit est susceptible _____ et la demande est susceptible _____.

    A. d'augmenter ; d'augmenter

    B. de baisser ; d'augmenter

    C. de baisser ; de baisser

    D. d'augmenter ; de baisser

3. Si la production croît au taux de 2 %, l'inflation apparaîtra lorsque la croissance de la masse monétaire nominale _____.

    A. sera inférieure à 2 %

    B. atteindra 2 %

    C. dépassera 2 %

    D. arrivera à 2 %

4. Parmi les phénomènes suivants, indiquez celui qui est caractéristique d'une inflation par la demande.

    A. Les banques décident d'accorder davantage de crédits.

    B. Les pays producteurs de pétrole se mettent d'accord pour augmenter leurs prix.

    C. Le progrès technique permet l'augmentation de la production.

    D. Le gouvernement augmente l'investissement public afin de relancer l'économie.

5. Quel économiste attribue l'inflation à la monnaie ?

    A. John Maynard Keynes

    B. Milton Friedman

    C. William Phillips

    D. Aucun des trois

6. Selon Thomas Philippon, la concurrence favorise l'inflation.

    A. Vrai

    B. Faux

7. Quel élément ne pourrait pas favoriser l'inflation ?

    A. Le monopole

    B. L'indexation des salaires sur les prix

    C. L'économie financée dans une très grande mesure par le crédit

    D. Le pouvoir faible des syndicats

8. La monnaie peut occasionner une inflation si _____.

    A. elle prend de la valeur par rapport aux devises étrangères

    B. la masse monétaire en circulation est trop importante

    C. les ménages consomment

    D. le taux d'intérêt augmente

9. L'offre des fruits et des légumes baisse en raison des intempéries, leur prix est donc en hausse, c'est _____.

A. une inflation par les coûts

B. une inflation par la demande supérieure à l'offre

C. une inflation importée

D. une inflation par excès de création monétaire

10. L'augmentation des carburants entraîne une augmentation des prix des fruits, c'est _____.

A. une inflation par les coûts

B. une inflation par la demande

C. une inflation importée

D. une inflation par excès de création monétaire

II. Choisissez un terme pour caractériser le type d'inflation.

inflation par la demande	inflation par l'offre
inflation par les coûts	inflation importée
inflation monétaire	hyperinflation

1. À cause de la hausse du prix de l'énergie, les fabricants doivent augmenter leurs prix.

2. Au début de son premier septennat, Mitterrand augmente les pensions, les allocations, les salaires. Par conséquent, les prix augmentent.

3. En 1921, en Allemagne, une baguette de pain a fini par coûter 250 milliards de marks.

4. L'OPEP réduit l'exportation du pétrole vers l'Occident.

5. Le pétrole est en grande quantité, mais le prix payé en dollar aux producteurs est très élevé pour les importateurs européens.

6. Kabila fait tourner la « planche à billets » pour payer ses soldats.

III. Compréhension du document.

L'inflation se normalise rapidement dans la zone euro

Les prix n'ont grimpé que de 2,4 % dans la zone euro en mars 2024, contre 2,6 % le mois précédent. Le ralentissement de l'inflation devrait pousser la Banque centrale européenne (BCE) à baisser ses taux dans les prochains mois.

On y est presque. L'inflation dans la zone euro se rapproche un peu plus chaque mois de l'objectif de la Banque centrale européenne, fixé à 2 %. En mars, elle est revenue à 2,4 % sur un an, soit 0,2 point de moins qu'en février, a annoncé Eurostat ce mercredi matin.

L'inflation continue de baisser dans la zone euro

Glissement annuel, en %

SOURCE : EUROSTAT   *ESTIMATION

Les prix de l'énergie se sont repliés mais de moins en moins vite. Ceux de l'alimentation ont freiné ainsi que ceux des biens industriels. Mais dans les services, les prix progressent encore de 4 %.

Pression sur la BCE

Les grandes économies de la zone euro connaissent le même phénomène, ce qui est aussi encourageant. En Allemagne, les prix à la consommation n'ont grimpé que de 2,3 % sur un an au mois de mars. Et certains économistes anticipent que la hausse des prix pourrait s'élever à 2 % en avril. En France aussi, le reflux est en bonne marche.

Toute la question est désormais de savoir quelle va être l'attitude de la BCE lors de la réunion de son comité de politique monétaire, le 11 avril prochain. Va-t-elle commencer à baisser ses taux d'intérêt pour redonner un peu d'oxygène à l'économie ? En se rapprochant de la cible de l'institution monétaire de Francfort, soit 2 %, l'inflation semble bien être sous contrôle. Jusqu'ici, les membres de la BCE avaient des doutes, notamment en raison des hausses de salaires, encore jugées élevées. Seuls les prix des services, qui ne baissent pas, plaident encore pour le statu quo monétaire. En effet, les salaires sont la principale composante du prix des services.

Questions

1. Quel est le taux d'inflation en mars 2024 ? Selon ce texte, quels sont les secteurs qui contribuent au ralentissement de l'augmentation des prix ? Quel secteur n'y contribue pas ? Pourquoi ?
2. Comment l'auteur anticipe-t-il la réaction de la BCE ?
3. Comment comprenez-vous « redonner un peu d'oxygène à l'économie » ?

Leçon 3

Les conséquences de l'inflation

Antoine Pinay, ministre des Finances du général de Gaulle, a dit : « Tous les remèdes sont des poisons, tous les poisons sont des remèdes, l'inflation comme les autres. » Cette citation répond aux étiquettes mises par les économistes à l'inflation comme « mal nécessaire » ou « meilleure ennemie ». Ces idées contradictoires s'expliquent par les conséquences positives et négatives du phénomène comme les deux faces d'une même pièce.

Le premier texte fournit une analyse théorique sur les inconvénients et les avantages de l'inflation. D'une manière générale, elle est défavorable pour les créanciers, les épargnants, les exportateurs, et enfin les retraités ou salariés dont les revenus ne sont pas indexés sur la hausse des prix. Pourtant, elle peut être bénéfique pour les débiteurs et les importateurs, ou neutre pour les salariés bénéficiant de l'indexation sur la hausse des prix. En bref, une relative stabilité caractérisée par une hausse la plus modérée possible et surtout régulière du niveau général des prix est l'objectif principal des politiques monétaires. À ce titre, la Banque centrale européenne fixe le taux annuel d'inflation de l'ordre de 2 % comme une cible optimale.

D'une approche plus empirique, le deuxième texte souligne l'impact hétérogène de l'inflation sur les ménages. En effet, le taux d'inflation constitue une moyenne et masque des disparités pouvant être fortes entre les différentes catégories sociales. Quantité de facteurs peuvent intervenir dans l'évaluation de l'impact : âge, catégorie sociale professionnelle, lieu de résidence, niveau de vie... On trouve parmi les ménages les plus touchés par l'inflation actuelle les ménages modestes et ceux vivant dans une commune rurale. Il en résulte que les effets de l'inflation sont toujours à la fois économiques et sociaux.

Les inconvénients et les avantages de l'inflation

L'inflation a des conséquences négatives certaines, surtout lorsqu'elle prend des proportions importantes. Pourtant, on lui accorde également quelques qualités, d'autant plus que le phénomène inverse, la déflation (baisse des prix) est considérée comme aussi nocive que l'inflation.

Les principaux inconvénients de l'inflation sont les suivants.

Premièrement, elle pénalise les personnes qui n'ont pas de moyens de pression pour demander une augmentation de leur revenu en fonction de l'inflation (catégories non protégées par des conventions collectives). Ces personnes voient, au fil du temps, leur pouvoir d'achat baisser constamment, sans pouvoir l'ajuster. Ce phénomène est décrit par la phrase « les prix prennent l'ascenseur, tandis que les salaires prennent l'escalier ». Ceci aura un effet défavorable sur la consommation qui est un moteur de l'économie.

Deuxièmement, l'inflation est néfaste à l'épargne. Lorsque les prix augmentent fortement, il est moins intéressant d'épargner puisque les intérêts qui seront perçus peuvent être inférieurs à la hausse des prix. Dans ce cas, le pouvoir d'achat de l'argent épargné diminue, au lieu d'augmenter. L'inflation pénalise aussi les créanciers car le taux d'intérêt réel de leurs crédits diminue. Ils vont se faire rembourser le montant de leur créance avec une monnaie qui aura moins de valeur qu'au moment où le prêt a été effectué.

Troisièmement, l'inflation est néfaste parce qu'elle gêne le calcul économique des agents. Comme les prix changent tout le temps, il est difficile de connaître la perspective économique. C'est particulièrement gênant pour ceux dont le comportement aujourd'hui est fonction de ce qui va se passer demain, comme les entrepreneurs : difficile de procéder à un investissement si on ne peut pas anticiper le niveau futur des coûts de production, et des prix de vente. Ceci défavorise l'investissement qui est un autre moteur de l'économie.

Quatrièmement, l'inflation entraîne une dégradation de la **compétitivité prix** des produits nationaux par rapport aux produits importés. Les produits nationaux sont alors trop chers pour les étrangers. Une inflation nationale plus forte qu'à l'étranger, réduit la compétitivité de l'économie et conduit à procéder à des réajustements monétaires, par exemple à la dévaluation de la monnaie. Elle détériore donc les échanges extérieurs et aggrave le déficit commercial. En effet, si les prix des produits domestiques deviennent plus élevés que les produits importés pour une qualité comparable, la demande étrangère risque de diminuer (baisse des exportations) alors que la demande interne pour les produits étrangers risque d'augmenter (hausse des importations). Il en résulte une baisse de l'activité pour les entreprises domestiques, qui pourrait entraîner une progression du chômage.

Pourtant, l'inflation n'est pas un phénomène entièrement négatif. Une inflation modérée peut être bénéfique pour l'économie. Une hausse régulière mais modérée du niveau général des prix est le premier objectif des politiques monétaires. À ce titre, la Banque centrale européenne fixe le taux annuel d'inflation de l'ordre de 2 % comme une cible optimale.

En effet, plusieurs avantages sont associés à un niveau modéré d'inflation.

Premièrement, en période d'inflation modérée, les ménages anticipant les hausses futures de prix consomment plus, puisqu'ils savent que les biens et services coûteront plus cher demain. Les entreprises se trouvent aussi stimulées par les perspectives de gains et incitées à investir. Une inflation prévisible favorise les prises de décisions en matière d'investissement car elle réduit les incertitudes liées à la **rentabilité** future. L'inflation peut donc soutenir temporairement la demande et induira une augmentation de la production et de l'emploi.

Deuxièmement, l'inflation allège le poids de la dette. Si vous avez un emprunt bancaire à taux fixe, le montant à rembourser chaque mois sera identique mais cela représentera une part moindre dans votre budget. C'est donc le **taux d'intérêt réel** qui reflète le coût réel de l'endettement. Celui-ci correspond à la différence entre le **taux d'intérêt nominal** et le taux d'inflation. L'inflation fait diminuer le taux d'intérêt réel. Cela est favorable aux ménages et aux entreprises qui pourront emprunter à des conditions attractives. De même, la dette publique de l'État deviendra moins coûteuse grâce à l'inflation car le taux d'intérêt réel de l'emprunt diminue.

En résumé, une inflation trop forte peut avoir des effets néfastes sur l'économie. Pourtant, une inflation modérée peut être bénéfique. C'est pourquoi elle est souvent qualifiée par les économistes du « mal nécessaire » ou de la « meilleure ennemie ».

Texte 2 //

Quel est l'impact de l'inflation sur les ménages ?

L'inflation à laquelle fait face la France depuis 2021 a de nombreuses conséquences pour les ménages. La hausse des prix pèse globalement sur leur pouvoir d'achat, mais elle impacte de manière hétérogène la population.

Leçon 3

L'inflation pèse sur le pouvoir d'achat des ménages

Selon les données publiées par l'Insee, l'indice des prix à la consommation – principale mesure de l'inflation – a progressé de 5,2 % en mai en rythme annuel. En raison de son mix énergétique favorable et des différentes mesures composant le « bouclier tarifaire », le taux d'inflation reste, en France, parmi les plus faibles de la zone euro. Il n'en demeure pas moins qu'il faut remonter au début des années 1980 pour retrouver de tels niveaux d'inflation.

Ce retour de l'inflation a de nombreuses conséquences en matière économique. Il pèse notamment sur le pouvoir d'achat, c'est-à-dire sur la capacité, pour les ménages, d'acheter des biens et des services avec leurs revenus. En effet, dès lors que les prix augmentent plus rapidement que les revenus, le pouvoir d'achat recule : chaque ménage peut se procurer moins de biens et de services avec son revenu total.

Selon les calculs de l'Observatoire français des conjonctures économiques (OFCE), le pouvoir d'achat devrait, en France, reculer de 0,8 % en moyenne au cours de l'année 2022. Si cette prévision était effectivement réalisée, il s'agirait de la première baisse du pouvoir d'achat des ménages enregistrée depuis 2013.

L'inflation a un impact différencié sur les ménages

Le fait est connu de longue date des économistes – et les travaux de Xavier Jaravel, lauréat du prix du meilleur jeune économiste en 2021, l'ont récemment rappelé : l'inflation n'impacte pas l'ensemble des ménages de manière homogène.

En effet, l'inflation est appréhendée à partir de l'évolution du prix d'un « panier moyen de consommation ». Le taux d'inflation, omniprésent dans l'actualité, constitue donc une moyenne et masque des disparités pouvant être fortes entre les différents ménages.

L'Insee met à la disposition sur son site internet un simulateur d'indices des prix personnalisé[1]. Il permet à chacun de calculer précisément l'inflation à laquelle il fait face en renseignant ses habitudes de consommation.

Notes

Ménages les plus touchés par l'inflation

On trouve parmi les ménages les plus touchés par l'inflation actuelle les **ménages modestes** et ceux vivant dans une commune rurale. L'Insee estime en effet que les ménages figurant dans le bas de la distribution des niveaux de vie font face à une inflation supérieure de 0,4 point de pourcentage à l'inflation moyenne, tandis que les ménages composant les 10 % les plus aisés connaissent une inflation inférieure de 0,1 point à l'indice des prix à la consommation. De même, pour les ménages vivant dans une commune rurale, l'inflation est supérieure de 1 point de pourcentage à la hausse des prix enregistrée en moyenne.

Graphique 3-3-1 Écarts d'inflation en fonction des caractéristiques des ménages (en point de pourcentage)

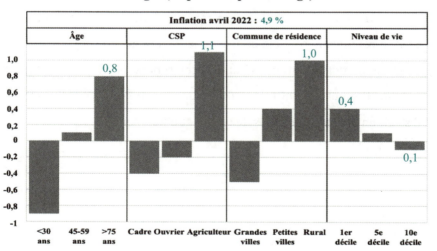

Source : Insee

---

1 En février 2007, l'Insee a mis en ligne un simulateur d'indices des prix person- nalisé sur le modèle de l'Allemagne et l'Angleterre. Cet outil permet à chacun de calculer son propre indice de prix en fonction de son mode de consomma- tion. Selon l'Insee, « L'indice des prix à la consommation est une moyenne des indices élémentaires des prix de 1000 familles de produits suivis tous les mois [...] Mais le consommateur "moyen" n'existe pas. Chaque ménage a sa propre structure de consommation. »

Leçon 3

D'une manière générale, l'impact différencié de l'inflation sur les ménages s'explique, à l'heure actuelle, principalement par l'énergie. Alors que les prix de l'énergie progressent à une vitesse considérable – 28 % d'augmentation en rythme annuel en mai 2022 –, les ménages les plus touchés par l'inflation sont ceux qui ne peuvent pas réduire, à court terme, leur consommation. C'est par exemple le cas des ménages contraints d'utiliser un moyen de transport individuel dans leur vie quotidienne.

Inflation : obligation d'arbitrage de la consommation des ménages

Le retour de l'inflation se traduit par une perte de pouvoir d'achat pour les ménages. Face à ce phénomène, on observe deux types de comportements. Le premier, c'est la recherche de **substituts**, c'est-à-dire des biens moins chers pour un usage comparable. Cela concerne notamment les biens de première nécessité, comme certains produits alimentaires. Le deuxième comportement d'adaptation des ménages, c'est le renoncement. Cela concerne ici des biens considérés comme moins essentiels, dont les ménages préfèrent se priver à court terme ou pour lesquels ils ont la possibilité de reporter leur consommation. Il s'agit en priorité des biens de loisirs et d'habillement.

Notions économiques //

1. Compétitivité prix

La compétitivité prix est la capacité à produire des biens et des services à des prix inférieurs à ceux des concurrents pour une qualité équivalente.

2. Rentabilité

La rentabilité représente le rapport entre les revenus d'une société et les sommes qu'elle a mobilisées pour les obtenir. Elle constitue un élément privilégié pour évaluer la performance des entreprises.

3. Taux d'intérêt réel

Le taux d'intérêt réel est le taux d'intérêt nominal corrigé de l'inflation, c'est-à-dire de l'augmentation des prix. Pour le calculer on déduit le taux d'inflation du taux d'intérêt nominal. Dans le cas d'un taux d'inflation plus élevé que le taux d'intérêt nominal, on obtient un taux d'intérêt réel négatif et donc un niveau de remboursement inférieur au prêt initial.

4. Taux d'intérêt nominal

Le taux d'intérêt nominal est le taux d'intérêt décidé entre l'emprunteur et l'investisseur lors du prêt initial. Il est donc payé par l'emprunteur au préteur.

5. Ménage modeste

Les ménages dont le niveau de vie est compris entre 60 % et 90 % du niveau de vie médian sont dits modestes (soit entre 1 028 et 1 542 euros en 2020 par unité de consommation et par mois selon l'Insee).

6. Effet de substitution

L'effet de substitution correspond à la situation dans laquelle une variation du prix d'un bien incite l'acheteur potentiel à lui préférer un autre bien. L'effet de substitution se produit parce que lorsque le prix d'un bien change, les prix relatifs des biens inclus dans le panier du consommateur changent. Le consommateur cherchera alors à remplacer les produits relativement plus chers par des produits relativement moins chers. Ainsi, si le prix du bien A augmente alors que les prix des autres biens restent constants, le consommateur aura tendance à réduire sa demande de bien A et vice versa.

Leçon 3

I. Compréhension des notions économiques.

1. Quel phénomène peut être causé par l'inflation ?

   A. La monnaie perd de sa valeur.

   B. Les produits nationaux sont moins chers.

   C. Le pouvoir d'achat augmente.

   D. Les ménages épargnent davantage.

2. L'inflation allège la dette publique.

   A. Vrai   B. Faux

3. Quelle personne est plutôt favorisée par l'inflation ?

   A. Jeanne qui possède plusieurs propriétés valant 750 000 dollars.

   B. Amine qui a un compte d'épargne valant 750 000 dollars.

   C. Jacques qui a prêté de l'argent à ses amis.

   D. Paul dont le salaire n'est pas indexé sur les prix.

4. Le taux d'intérêt réel est le taux d'intérêt nominal moins le taux d'inflation.

   A. Vrai   B. Faux

5. La stabilité des prix est un objectif fixé par la Banque centrale européenne, cela signifie que _____.

   A. le taux d'inflation doit être égal à 0 %

   B. le taux d'inflation ne doit pas dépasser 2 %

   C. le taux d'inflation doit dépasser 2 %

   D. le taux d'inflation ne doit pas dépasser le taux de croissance

6. Selon le deuxième texte, quelle catégorie de population est plus touchée par l'inflation ?

   A. Les jeunes

   B. Les cadres

   C. Les Parisiens

   D. Les ménages modestes

7. Si le taux d'intérêt nominal est de 8 % et l'inflation anticipée de 3 %, le taux d'intérêt réel est d'environ _____.

   A. 3 %   B. 5 %   C. 8 %   D. 11 %

8. Une inflation modérée peut être bénéfique pour l'économie.

   A. Vrai   B. Faux

9. Quels sont les comportements des ménages face à l'inflation ? (Plusieurs réponses possibles)

   A. Pour les biens de première nécessité, ils recherchent des biens moins chers.

   B. Ils renoncent les biens moins essentiels, par exemple les biens de loisirs.

   C. Ils épargnent pour maintenir leur pouvoir d'achat.

   D. Ils consomment de la même manière qu'avant.

10. Parmi les expressions suivantes, laquelle est fausse ?

    A. L'inflation favorise l'emprunteur.

    B. L'inflation provoque un déficit de la balance commerciale.

    C. L'inflation favorise l'épargnant.

    D. L'inflation défavorise le créancier.

II. Compréhension du document.

Lisez le Graphique 3-3-1 dans le deuxième texte et interprétez les chiffres en bleu.

Leçon 4

Les politiques de lutte contre l'inflation

Les effets néfastes d'une inflation trop forte nous obligent à le contrôler en deçà du seuil dangereux.

Le premier texte nous présente les mesures de politiques possibles contre l'inflation. Chaque solution correspond à la cause déjà mise en évidence dans la leçon précédente. La politique budgétaire restrictive est destinée à l'inflation par la demande en augmentant les impôts, en baissant les dépenses publiques et en réduisant les salaires, voire les emplois dans le secteur public. La politique de revenus, incluant des mesures de désindexation et du contrôle des revenus de transferts, est consacrée à l'inflation par les coûts. La politique monétaire, par une augmentation des taux d'intérêt directeurs ou des taux de réserves obligatoires, ou encore les opérations d'open market, vise à combattre l'inflation monétaire.

Le deuxième texte se focalise sur la politique monétaire de la zone euro où une monnaie commune, l'euro, a été mise en circulation. L'Eurosystème, qui regroupe le directoire de la Banque centrale européenne et les gouverneurs des banques centrales de la zone euro, définit une politique monétaire unique, mais cette dernière peut avoir des conséquences différentes sur la croissance économique selon les pays membres.

Les solutions à l'inflation

L'inflation peut être expliquée par plusieurs causes : l'inflation par les coûts, l'inflation par la demande, l'inflation importée et l'inflation monétaire. À chaque cause, correspond une mesure de **politique économique**.

Si l'inflation est due à un excès de la demande, un gouvernement peut poursuivre une **politique budgétaire restrictive** en augmentant les impôts, en baissant les dépenses publiques et en réduisant les salaires ou les emplois dans le secteur public. L'objectif est de réduire le revenu disponible à la consommation et donc de rétablir l'équilibre entre l'offre et la demande. Si la politique budgétaire restrictive permet de contrôler l'inflation, elle conduit automatiquement à restreindre la croissance économique, et donc provoque l'augmentation du taux de chômage. C'est pourquoi la politique budgétaire restrictive ne peut perdurer trop longtemps. Une fois que la stabilisation économique a été effectuée, elle doit être remplacée par une politique budgétaire plus expansionniste.

Si l'inflation est due à l'augmentation des coûts, la **politique des revenus** est un instrument à employer. Le gouvernement peut inciter les entreprises à modérer la hausse des prix ; il peut surveiller ou même bloquer certains revenus pendant une durée déterminée (visant à ne pas indexer les salaires sur le taux d'inflation ; contrôle de la redistribution des revenus de transferts). En mars 1983, le gouvernement français a décidé l'arrêt de l'indexation des salaires sur les prix. Cette politique a permis de diviser le taux d'inflation par trois en trois ans, de 9,6 % en 1983 à 2,7 % en 1986. Depuis 1983, seul le SMIC est revu à la hausse en fonction de l'inflation.

Leçon 4

Si l'inflation est d'origine monétaire, une **politique monétaire restrictive** sera mise en place par la banque centrale. Elle se caractérise par une augmentation des taux d'intérêt directeurs ou des taux de réserves obligatoires, favorisant la contraction des crédits accordés par les banques commerciales. Une autre mesure consiste dans les **opérations d'open market**. La banque centrale, mettant en vente des titres sur le marché monétaire, « pompe » des liquidités sur le marché. Donc, les liquidités deviennent plus rares et forcément, plus chères, c'est-à-dire leur prix, soit le taux d'intérêt, s'élève. Par conséquent, la masse monétaire stagne, voire se réduit. Le risque de ce type de politique est de freiner l'activité économique (investissements et consommations à crédits plus chers) et donc de provoquer une récession qui générera du chômage. Tout l'enjeu d'une politique monétaire restrictive est donc de trouver le bon dosage pour à la fois stopper la croissance de l'inflation mais sans trop affecter le niveau de l'activité économique.

Pour lutter contre l'inflation, différents outils de régulation sont disponibles. Toutes ces mesures doivent être mises en œuvre de manière cohérente et coordonnée. L'enjeu est de contrôler l'inflation tout en évitant des effets pervers.

La politique monétaire de la zone euro

Notes

Une politique monétaire européenne unique mais...

- Pour les 20 pays ayant adopté l'euro comme monnaie unique, la politique monétaire est unique et elle est mise en œuvre par la Banque centrale européenne (BCE). Les Banques centrales nationales mettent en application les décisions de la BCE.

- Les statuts de la BCE stipulent que son objectif principal est la stabilité des prix, c'est-à-dire, un niveau d'inflation avoisinant les 2 %. Pour atteindre cet objectif, la BCE fixe les taux d'intérêt directeurs auxquels les banques se refinancent auprès de la BCE. Ces taux d'intérêt s'appliquent à tous les pays de la zone euro quelle que soit la situation de leur conjoncture économique.

... aux impacts différents

- Une politique monétaire commune peut avoir des conséquences différentes sur la croissance économique selon les pays de la zone euro. Si le taux d'inflation moyen au sein de la zone euro est trop élevé, la BCE peut augmenter ses taux d'intérêt, provoquant ainsi un ralentissement de la croissance dans les pays où elle est déjà faible.

- Par exemple, dans les années 2000, l'Espagne avait un taux de croissance et une inflation élevée alors que l'Allemagne et la France avaient une croissance faible. Des taux d'intérêt trop hauts freinaient la croissance des pays les moins dynamiques ; trop bas, ils favorisaient l'inflation déjà élevée des pays à croissance forte.

---

1 Source : Banque de France

Leçon 4

1. **Politique économique**

   La politique économique regroupe l'ensemble des décisions prises par les pouvoirs publics en vue d'atteindre des objectifs économiques concernant l'ensemble de l'économie, en mobilisant divers instruments règlementaires, monétaires ou budgétaires. Elle peut avoir de nombreux objectifs : corriger les défaillances du marché, relancer l'économie en période de difficultés, lutter contre l'inflation, améliorer la compétitivité des entreprises ou encore promouvoir un développement durable.

2. **Politique budgétaire restrictive**

   La politique budgétaire restrictive (appelée également politique budgétaire de rigueur ou politique d'austérité) est une politique économique qui vise à augmenter la fiscalité applicable et à baisser les dépenses publiques afin de réduire le déficit public. Le but de cette politique est d'éviter l'accumulation des déficits publics, de freiner l'inflation et de limiter le surinvestissement.

3. **Politique des revenus**

   La politique des revenus est l'un des instruments politiques avec lesquels le gouvernement peut gérer la formation et l'évolution des différents types de revenus des agents économiques, soit d'une manière contraignante, soit par incitation. Elle s'applique essentiellement aujourd'hui aux revenus salariaux dans un contexte où l'essentiel des salaires est régi par des accords patronat-syndicats en dehors de toute intervention étatique. Cet instrument n'a plus de caractère dirigiste et concerne davantage l'orientation des négociations que des directives d'application.

4. **Politique monétaire restrictive**

   Une politique monétaire restrictive consiste pour une banque centrale à augmenter les taux d'intérêts ou les taux de réserves afin d'éviter une surchauffe de l'économie, qui entraînerait l'inflation.

5. **Opération d'open market**

Il s'agit des interventions de la banque centrale sur le marché monétaire consistant à fournir ou retirer des liquidités aux établissements financiers via des achats ou des ventes de titres et ainsi influencer à la baisse ou à la hausse le taux d'intérêt sur le marché financier.

Exercices //

I. Compréhension des notions économiques.

1. Quels instruments font partie des politiques monétaires ? (Plusieurs réponses possibles)

   A. Les taux d'intérêt directeurs

   B. Les impôts

   C. Les réserves obligatoires

   D. Les opérations d'open market

2. Complétez ce mécanisme : hausse des taux directeurs → hausse du coût du refinancement → _____.

   A. hausse des taux d'intérêt → baisse des crédits accordés → baisse de la masse monétaire → baisse de l'inflation

   B. hausse des taux d'intérêt → baisse des crédits accordés → hausse de la masse monétaire → hausse de l'inflation

   C. hausse des taux d'intérêt → hausse des crédits accordés → baisse de la masse monétaire → hausse de l'inflation

   D. baisse des taux d'intérêt → hausse des crédits accordés → hausse de la masse monétaire → hausse de l'inflation

3. En général, quand la banque centrale décide d'augmenter ses taux directeurs, _____.

    A. les banques commerciales réduisent leurs taux d'intérêt

    B. les banques commerciales augmentent leurs taux d'intérêt

    C. les banques commerciales ne changent pas leurs taux d'intérêt

    D. les banques commerciales n'accordent plus de crédits

4. Une politique monétaire restrictive vise à _____.

    A. une baisse du chômage

    B. une augmentation de la demande globale

    C. une baisse de l'inflation

    D. une augmentation de la croissance économique

5. En zone euro, la politique monétaire est unique et elle est mise en œuvre par la Banque centrale européenne.

    A. Vrai

    B. Faux

6. Comment lutter contre l'inflation ?

    A. Diminuer les taux de réserves obligatoires

    B. Diminuer la masse monétaire en circulation

    C. Augmenter la masse monétaire

    D. Diminuer les taux d'intérêt

7. Le premier objectif de la Banque centrale européenne est _____.

    A. la stabilisation des prix

    B. le solde budgétaire

    C. de réduire le chômage

    D. de stimuler la croissance économique

8. Quel intérêt principal une politique budgétaire de rigueur présente-t-elle ?

    A. Elle augmente les dépenses publiques.

    B. Elle diminue le chômage.

    C. Elle réduit les déficits publics et l'inflation.

    D. Elle relance l'emploi.

9. Quel est le risque d'une politique budgétaire de rigueur ?

    A. Augmenter le niveau général des prix

    B. Faire baisser le taux de chômage

    C. Augmenter la dette publique

    D. Diminuer la production donc la croissance économique

10. Si la banque centrale augmentait les taux de réserves obligatoires, la conséquence serait _____.

    A. une augmentation de la masse monétaire

    B. un ralentissement de l'inflation

    C. une hausse de l'inflation

    D. une baisse du chômage

II. Compréhension du document.

L'évolution de l'action des banques centrales

Depuis les années 1990, crises après crises, les banques centrales ont mené des politiques monétaires de plus en plus expansionnistes et de plus en plus non conventionnelles. À chaque difficulté, elles franchissent une étape dans l'élargissement de leur Champ d'action. [...]

L'évolution de l'action des banques centrales et des instruments de la politique monétaire est la suivante.

Initialement, à partir du début des années 1980, les banques centrales sont indépendantes et ont un objectif de stabilité des prix. Il s'agit d'une réaction contre le niveau élevé d'inflation de la fin des années 1970 et au début des années 1980, et contre le laxisme des banques centrales à cette époque. L'objectif des banques centrales est alors de maintenir l'inflation à un niveau faible, leur instrument est le maniement des taux d'intérêt à court terme et la politique monétaire ne doit pas interagir avec les autres politiques économiques.

À partir de la seconde moitié des années 1980, les banques centrales passent une première étape qui est le rejet du « Leaning Against the Wind », c'est-à-dire le rejet du passage à une politique monétaire plus restrictive dans les périodes de croissance. On voit alors, à partir de cette époque, que les taux d'intérêt, à court terme et à long terme deviennent chroniquement inférieurs au taux de croissance, ce qui soutient l'endettement, public et privé, les cours boursiers, les prix de l'immobilier...

À partir de la crise des subprimes (2008–2009), les taux d'intérêt à court terme devenant très bas, les banques centrales passent au Quantitative Easing, c'est-à-dire à une politique de création monétaire en échange de l'achat de dettes, essentiellement de dettes publiques. La monétisation des dettes publiques devient l'instrument de la politique monétaire lorsque les taux d'intérêt nominaux ont baissé jusqu'à 0 %.

Les banques centrales commencent ensuite à acheter des dettes des entreprises (obligations, Commercial Paper et même prêts), et cette politique a été renforcée par la crise Covid, pendant laquelle de plus en plus les banques centrales financent les entreprises.

On voit alors les banques centrales passer à une politique de contrôle, à un niveau très bas, des taux d'intérêt à long terme (ce qu'on appelle le Yield Curve Control). Cette politique est utilisée explicitement au Japon, implicitement aux États-Unis et en Europe. Elle assure la solvabilité des emprunteurs publics et privés.

Enfin, l'étape suivante est le passage à des achats d'actions par les banques centrales, ce qui n'est pour l'instant fait qu'au Japon et en Suisse, et permet de réduire le coût du capital pour les entreprises et de déclencher un effet de richesse favorable.

Cette évolution des politiques monétaires conduit à ce que les banques centrales achètent un nombre croissant d'actifs (titres à court terme, obligations publiques et des entreprises, parfois actions...) et, en échange, créent une quantité croissante de monnaie.

Questions

1. Quel était l'objectif prioritaire des banques centrales au début des années 1980 ?

2. Dans quel sens une banque centrale doit-elle faire évoluer les taux d'intérêt pour limiter l'inflation ?

3. Complétez ce schéma avec les termes « hausse » ou « baisse ».

    Hausse du taux d'intérêt directeur → _____ du coût de refinancement pour les banques de second rang → _____ du taux d'intérêt sur les crédits accordés aux ménages et aux entreprises et _____ du nombre de crédits accordés par les banques de second rang → _____ de la consommation et de l'investissement → _____ de l'activité économique → _____ des prix.

4. Comment peut-on qualifier le niveau des taux d'intérêt à partir de la deuxième moitié des années 1980 ?

Prisme interculturel

La Chine adopte de multiples mesures
pour maintenir la stabilité des prix

La Chine s'efforcera d'assurer l'approvisionnement en produits de base et de maintenir la stabilité des prix afin de garantir une performance économique régulière, selon une décision prise le 19 mai 2021 lors d'une réunion exécutive du Conseil des Affaires d'État, présidée par le Premier ministre Li Keqiang.

Depuis le début de cette année, en raison de multiples facteurs, dont la transmission de la hausse des prix mondiaux en particulier, certaines marchandises ont connu une hausse prolongée des prix, ceux de certaines variétés ayant battu de nouveaux records.

Le gouvernement doit prendre très au sérieux l'impact négatif causé par cette hausse des prix et adopter des mesures à la fois globales et ciblées en fonction de la dynamique du marché pour procéder à une régulation précise afin d'assurer l'approvisionnement des marchandises et freiner la hausse déraisonnable des prix, ainsi qu'empêcher la transmission aux prix à la consommation, selon la réunion.

« Nous devons analyser minutieusement les raisons de cette série de croissance rapide des prix des produits de base et se focaliser sur le nœud du problème pour adopter des mesures avec une approche ciblée et holistique », a souligné M. Li.

Une série de mesures a été décidée pour renforcer l'ajustement bidirectionnel de l'offre et de la demande, dont l'augmentation des droits de douane sur les exportations de certains produits sidérurgiques, l'exemption temporaire des droits de douane sur les importations de fonte brute et de ferraille, ainsi que la suppression de la réduction de la taxe à l'exportation de certains produits sidérurgiques afin d'augmenter l'offre sur le marché intérieur. Des efforts spécifiques seront déployés pour faire avancer les ajustements structurels et décourager les projets à forte consommation d'énergie.

« Alors que le marché continue de jouer un rôle décisif dans la distribution des ressources pour assurer l'approvisionnement en produits de base et maintenir la stabilité de leurs prix, le gouvernement doit mieux assumer sa responsabilité. Toutes formes de monopoles et d'accaparement seront réprimandées conformément à la loi afin de renforcer la régulation du marché », a noté le Premier ministre.

I. Trouvez la bonne traduction des termes suivants dans le texte.

大宗商品保供 ＿＿＿＿＿＿＿＿＿＿＿＿＿＿＿＿＿＿＿

防止向居民消费价格传导 ＿＿＿＿＿＿＿＿＿＿＿＿＿＿

供需双向调节 ＿＿＿＿＿＿＿＿＿＿＿＿＿＿＿＿＿＿＿

提高出口关税 ＿＿＿＿＿＿＿＿＿＿＿＿＿＿＿＿＿＿＿

零进口暂定税率 ＿＿＿＿＿＿＿＿＿＿＿＿＿＿＿＿＿＿

取消部分钢铁产品出口退税 ＿＿＿＿＿＿＿＿＿＿＿＿

结构性调整 ＿＿＿＿＿＿＿＿＿＿＿＿＿＿＿＿＿＿＿＿

各种形式的囤积居奇 ＿＿＿＿＿＿＿＿＿＿＿＿＿＿＿＿

II. Répondez aux questions suivantes.

1. Depuis début 2021, comment les prix des produits de base varient-ils ? Quelle est la raison essentielle de cette variation ?

2. Quelles mesures la Chine adopte-t-elle pour maintenir la stabilité des prix selon le texte ?

171

Carte mentale

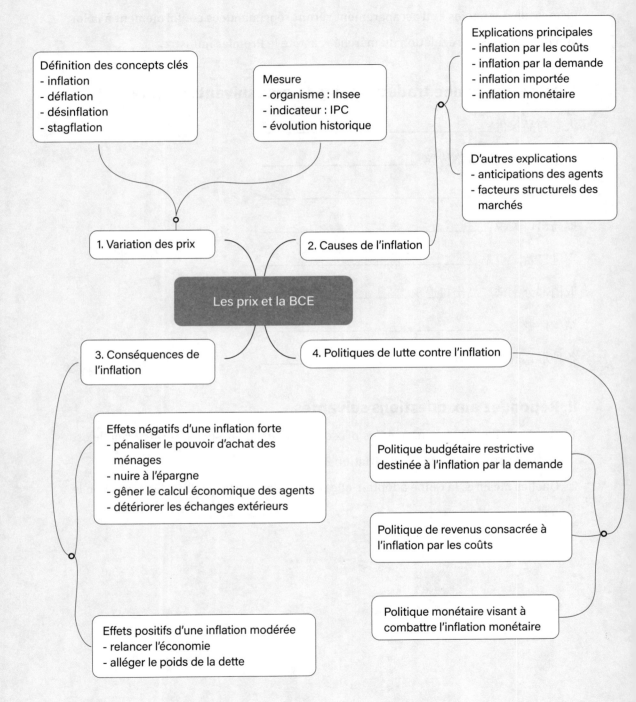

Définition des concepts clés
- inflation
- déflation
- désinflation
- stagflation

Mesure
- organisme : Insee
- indicateur : IPC
- évolution historique

Explications principales
- inflation par les coûts
- inflation par la demande
- inflation importée
- inflation monétaire

D'autres explications
- anticipations des agents
- facteurs structurels des marchés

1. Variation des prix

2. Causes de l'inflation

Les prix et la BCE

3. Conséquences de l'inflation

4. Politiques de lutte contre l'inflation

Effets négatifs d'une inflation forte
- pénaliser le pouvoir d'achat des ménages
- nuire à l'épargne
- gêner le calcul économique des agents
- détériorer les échanges extérieurs

Politique budgétaire restrictive destinée à l'inflation par la demande

Politique de revenus consacrée à l'inflation par les coûts

Politique monétaire visant à combattre l'inflation monétaire

Effets positifs d'une inflation modérée
- relancer l'économie
- alléger le poids de la dette

Unité 4

Revenu, consommation et épargne

Le but de l'économie n'est pas le travail,
mais la consommation.

—*Alfred Sauvy*

Leçon 1

Les revenus primaires

En 2021, la France est la 7e puissance économique du monde, mesurée par son PIB, alors que les Français sont classés au 28e rang mondial pour le PIB par habitant. Économiquement parlant, la France est un pays relativement riche. Dans cette unité, notre perspective passe de la production à la distribution des richesses. Nous nous intéressons à l'ensemble des ménages : leurs revenus, leurs comportements de consommation et leurs niveaux d'épargne.

Commençons par les revenus, sources de la consommation et de l'épargne. Deux types de revenus sont ici à distinguer : revenus primaires et revenus de transfert, sujets respectifs des deux premières leçons.

Dans cette leçon, le premier texte divise les revenus primaires selon les facteurs de production (travail, capital) qui contribuent à la création de richesses. Les revenus d'activité ou revenus du travail (essentiellement les salaires) rémunèrent le travail réalisé et les revenus de la propriété ou revenus du capital (dividendes sur actions, loyers, intérêts sur obligations...) rémunèrent le capital investi. La distribution de ces revenus constitue la répartition primaire. Celle-ci reflète les différentes situations d'inégalité, notamment pour les salaires.

Le deuxième texte parle des déterminants des salaires : d'abord, la performance des individus, qui est mesurée ici par la productivité, en grande partie liée au niveau de formation et de qualification ; ensuite, les caractéristiques de l'organisation telles que la branche d'activité, la taille et la localisation de l'entreprise ; enfin les profils démographiques des salariés comme l'âge et le genre. L'inégalité de la répartition primaire nécessite une répartition secondaire socialement plus juste.

Les différents types de revenus

Les revenus des agents économiques sont issus de deux répartitions. La **répartition primaire** est la répartition de la valeur ajoutée réalisée à travers le marché et elle donne naissance aux revenus primaires. La **répartition secondaire**, le plus généralement opérée par l'État ou sous son égide, appelée également la redistribution, conduit à la formation des revenus de transferts.

Les **revenus primaires** sont ceux qui sont perçus en contrepartie d'une contribution directe à la production. On compte deux types de revenus primaires : les **revenus d'activité** ou **revenus du travail** et les **revenus de la propriété** ou **revenus du capital**.

Les revenus d'activité (revenus du travail) sont de deux types : les revenus salariaux et les autres revenus du travail. Le **salaire** est la rémunération versée par un employeur à un salarié en contrepartie du travail, fourni conformément au contrat de travail qui les lie.

Les non-salariés qui travaillent pour leur propre compte ne disposent pas d'un revenu aussi régulier que les salariés. Dans cette catégorie de revenus, on distingue principalement : les bénéfices qui sont tirés des activités artisanales, agricoles, industrielles ou commerciales et les honoraires que sont les revenus des professions libérales comme médecins, avocats, notaires et architectes...

Pour un agent économique, la propriété est formée par l'ensemble des biens mobiliers et immobiliers et des créances. Appelée capital ou patrimoine, la propriété peut apporter à son détenteur des revenus. On distingue généralement deux types de revenus de la propriété :

- Les revenus fonciers ou revenus immobiliers : il s'agit du loyer perçu par le propriétaire d'un bien immobilier (logement, local professionnel). Le propriétaire peut aussi percevoir une

Notes

rente, qui rémunère les facteurs naturels (rente pétrolière) ou un fermage qui est versé pour la location d'une terre.

- Les revenus mobiliers comme les dividendes (revenus des actions) perçus par les actionnaires ou les intérêts (revenus des obligations) perçus par les épargnants.

Certains revenus sont mixtes car ils rémunèrent à la fois le travail et la propriété du capital : c'est le cas, par exemple, des revenus de l'entreprise agricole.

Les déterminants multiples du niveau de salaire

Le niveau de salaire dépend du niveau de formation...

Le niveau de formation d'un salarié est un déterminant de son niveau de salaire, c'est-à-dire que plus le niveau de formation est élevé, plus le salaire est élevé. Lorsque la formation est effectuée avant l'entrée dans la vie active, on l'appelle formation initiale, et elle débouche sur l'obtention d'un diplôme. Mais un individu peut aussi se former tout au long de sa vie active, on parle alors de formation continue, qui débouche ou non sur un diplôme. Ces formations initiale et continue augmentent le niveau de connaissances et de compétences du salarié, autrement dit son niveau de qualification. Ce dernier augmente également avec l'expérience. Ce sont ces qualifications élevées, ainsi que l'expérience accumulée qui sont généralement rémunérées par un salaire plus élevé. On constate ainsi que les emplois qualifiés sont mieux rémunérés. Toutefois, des disparités de salaires à même niveau de diplôme existent, selon le domaine disciplinaire de ce diplôme.

Tableau 4-1-1 Salaire net mensuel moyen en 2015

	Salaire net mensuel moyen (en €)
Cadres	4141
Professions intermédiaires	2271
Employés	1637
Ouvriers	1717
Hommes	**2438**
Femmes	**1986**
Construction	2062
Industrie	2494
Tertiaire	2209
Ensemble y c. contrats aidés	2250
Ensemble hors contrats aidés	2277

Champ : France, salariés en équivalent temps plein du privé et des entreprises publiques
Source : Insee, Insee Première n°1669, octobre 2017

Tableau 4-1-2 Salaire net mensuel médian des emplois à temps plein pour les diplômés de master en 2015, 18 mois après l'obtention de leur diplôme

Domaines disciplinaires	Salaire net médian (en euros)
Droit-Économie-Gestion	**1900**
Lettres-Langues-Arts	1500
Sciences humaines et sociales	1600
Science-Technologie-Santé	1900
Total Master	1800

Source : Ministère de l'enseignement supérieur, de la recherche et de l'innovation

... mais aussi des caractéristiques de l'organisation qui emploie les salariés...

Le **salaire moyen** n'est pas le même dans tous les secteurs d'activité. Par exemple, le salaire moyen dans l'industrie est supérieur à celui du secteur tertiaire. Si on affine la comparaison des salaires par branche d'activité, on remarque aussi des inégalités. Certaines branches offrent des salaires moyens supérieurs à la moyenne (recherche et développement, activités financières et d'assurance, production et distribution d'énergie et industrie pharmaceutique), tandis que d'autres ont des salaires moyens inférieurs à la moyenne (hébergement médico-social, action sociale, hébergement, restauration, services administratifs et de soutien). Ces inégalités s'expliquent, en partie, par la présence plus ou moins grande d'emplois qualifiés dans ces secteurs.

La **taille de l'entreprise** est aussi un déterminant du niveau de salaire : plus l'entreprise est grande, plus le niveau de salaire moyen est élevé.

Enfin, il existe des écarts de salaires selon les départements. Toutefois, ces écarts peuvent être trompeurs car il faut aussi tenir compte du niveau des prix dans chaque département, qui détermine le pouvoir d'achat permis par ces salaires.

... et du genre des salariés

Malgré l'existence de normes juridiques imposant l'égalité entre hommes et femmes dans le milieu professionnel, il existe toujours aujourd'hui des inégalités de salaires selon le sexe. Le principe de l'égalité entre les femmes et les hommes dans tous les domaines figure dans le préambule de la Constitution française depuis 1946 et a été renforcé en 2008. Ce principe a donné lieu à de nombreuses lois : certaines agissent directement sur les inégalités salariales en imposant une rémunération égale à travail égal, et d'autres visent à favoriser l'accès des femmes à des postes à responsabilité, ce qui permet d'augmenter leur rémunération moyenne.

Malgré cela, en 2014, un homme salarié du secteur privé gagne en moyenne 14,4 % de plus par heure qu'une femme salariée. Si on s'intéresse au **salaire net** mensuel en équivalent temps plein, les hommes gagnent 22,8 % de plus que les femmes en 2015. Ces écarts s'expliquent en partie par des écarts de structure : le salaire moyen des femmes est plus faible que celui des hommes car, en moyenne, elles occupent des postes moins qualifiés, travaillent dans des secteurs d'activité où la rémunération est plus basse, sont plus souvent à temps partiel... Cependant, l'écart est essentiellement classé comme « inexpliqué ». Ainsi, l'expérience et les compétences professionnelles des femmes sont moins valorisées que celles des hommes.

Notes

Leçon 1

Notions économiques //

1. Répartition primaire

La répartition primaire, qui donne naissance aux revenus primaires, est la répartition de la valeur ajoutée réalisée à travers le marché.

2. Répartition secondaire (redistribution)

La répartition secondaire (redistribution) est généralement opérée par l'État ou des organismes de protection sociale pour réduire les inégalités, conduisant à la formation des revenus de transfert. En France, les allocations chômage, le revenu de solidarité active (RSA), le minimum retraite, ou la caisse d'allocations familiales (CAF) sont des exemples de revenus de transfert.

3. Revenu primaire

Le revenu primaire est l'ensemble des revenus perçus en contrepartie d'une contribution directe à la production.

4. Revenu d'activité (revenu du travail)

Le revenu d'activité (revenu du travail) désigne le montant que les personnes employées gagnent en travaillant.

5. Revenu de la propriété (revenu du capital)

Le revenu de la propriété (revenu du capital) désigne l'ensemble des revenus issus de la détention d'un patrimoine : dividende, loyer perçu, intérêt financier, etc.

6. Salaire

Le salaire est une somme d'argent versée à un salarié en contrepartie du travail qu'il effectue pour un employeur.

7. Salaire médian

Le salaire médian est le niveau de rémunération qui sépare un effectif de salariés en deux moitiés comportant le même nombre de personnes : l'une gagne moins et l'autre gagne plus. En d'autres termes, 50 % de la population perçoit moins et 50 % perçoit plus que le salaire médian.

8. Salaire moyen

Le salaire moyen est la moyenne par personne de l'ensemble des salaires de l'échantillon de salariés considéré. Pour le calculer, il faut effectuer une division : on prend la somme de tous les salaires versés par les employeurs (numérateur) que l'on divise par le nombre total de salariés qui sont dénombrés (dénominateur).

9. Taille de l'entreprise

La taille de l'entreprise est définie par le chiffre des effectifs. En France, les petites et moyennes entreprises (PME) emploient moins de 250 salariés. Les entreprises de taille intermédiaire (ETI) occupent entre 250 et 5000 personnes et les grandes entreprises emploient au moins 5000 salariés.

10. Salaire net

En France, le salaire net est le salaire que perçoit effectivement le salarié avant prélèvement de l'impôt sur le revenu. Il s'obtient en retranchant du salaire brut les cotisations sociales salariales, la contribution sociale généralisée (CSG) et la contribution au remboursement de la dette sociale (CRDS).

Galerie des économistes //

Richard Musgrave (1910–2007) est un économiste américain d'origine allemande, spécialiste en économie publique. Il est considéré comme une référence dans le domaine de l'économie publique notamment en définissant les trois fonctions de l'État dans son ouvrage *Théorie des finances publiques* (1959).

La fonction d'allocation des ressources consiste à rétablir un usage des ressources optimal au sens de Pareto à chaque fois que le jeu spontané des échanges et des marchés s'écarte de cet optimum.

Leçon 1

La fonction de distribution (ou de répartition), qui est en fait une fonction de redistribution, vise à corriger la répartition spontanée des revenus et des richesses en vue d'instaurer ce que la société considère comme une juste répartition.

La fonction de stabilisation correspond à deux objectifs de l'État dans la régulation de l'économie : le plein emploi des facteurs de production (et en particulier du travail) et la stabilité des prix. La façon dont Richard Musgrave définit les contours de cette fonction est conforme à la vision keynésienne alors dominante : il s'agit de stimuler ou, au contraire, de freiner la demande globale selon que le problème dominant est le chômage ou l'inflation.

Exercices

I. Compréhension des notions économiques.

1. Parmi les propositions suivantes, lesquelles correspondent à un revenu ? (Plusieurs réponses possibles)

   A. Le salaire d'un professeur

   B. Le bénéfice d'un agriculteur

   C. Les allocations chômage

   D. Les intérêts d'un épargnant

2. Le salaire reçu après déduction des cotisations sociales salariales, de la CSG, de la CRDS s'appelle _____.

   A. le salaire brut   B. le salaire net

   C. le salaire nominal   D. le salaire réel

3. Le revenu d'un médecin libéral (à son compte) est considéré comme _____.

   A. des honoraires   B. un revenu salarial

   C. un revenu du capital   D. un revenu de transfert

4. Trouvez les affirmations correctes au sujet des revenus primaires. (Plusieurs réponses possibles)

    A. Ce sont les revenus issus de la redistribution.

    B. Ce sont les revenus issus de l'activité productive.

    C. Ils sont composés des revenus du travail et des revenus du capital.

    D. Ils sont composés des revenus du travail et des aides sociales.

5. Quelle affirmation est correcte pour caractériser l'inégalité de salaire en France ?

    A. Les femmes gagnent moins que les hommes.

    B. Les employés gagnent plus que les cadres.

    C. Le salaire du secteur tertiaire est supérieur à celui du secteur industriel.

    D. Le salaire n'est pas sensible au niveau d'études.

6. Qu'est-ce que le revenu primaire ?

    A. Premier revenu perçu par les ménages

    B. Revenu provenant de la possession d'un patrimoine financier

    C. Revenu provenant de la redistribution des revenus par l'État

    D. Revenu perçu par les ménages du fait de sa contribution à la production

7. L'État effectue la redistribution des revenus _____.

    A. pour être mieux considéré par la population

    B. pour gagner en notoriété à l'international

    C. pour financer le compte public

    D. pour réduire les inégalités

8. La détention des actions permet de recevoir _____.

    A. des intérêts   B. des dividendes

    C. des loyers   D. des bénéfices

9. Le niveau de salaire est déterminé par _____. (Plusieurs réponses possibles)

    A. le niveau de formation

    B. la taille de l'entreprise

    C. le domaine disciplinaire

    D. l'expérience professionnelle

10. Le loyer est _____.

    A. un revenu mixte   B. un revenu du travail

    C. un revenu de la propriété   D. un revenu de transfert

II. Compréhension du document.

Le salaire moyen des Français en 2022

Selon les chiffres de l'Institut national de la statistique et des études économiques (Insee), le salaire moyen en France en 2022 est de 2 340 € net par mois, soit 39 300 € brut par an.

Le salaire en France en 2022 est donc en hausse car l'Insee indiquait qu'un salarié percevait en moyenne 2 238 € net mensuels en 2016, selon leur étude publiée fin avril 2019, soit un total brut annuel de 35 856 €.

Toutefois, il est important de noter que le salaire moyen en France varie en fonction de plusieurs facteurs comme la taille de l'entreprise dans laquelle on travaille. En effet, le salaire moyen brut atteint 2 439 € par mois en 2015 pour les entreprises qui comptent moins de dix salariés contre 3 376 € pour les entreprises de 500 salariés.

Questions

1. Expliquez « Le salaire moyen en France en 2022 est de 2 340 € net par mois. »
2. Le salaire net mensuel a-t-il augmenté en passant de 2016 à 2022 ? Si oui, dans quelle proportion ?

Les revenus de transfert

En France, la moitié de la richesse nationale créée chaque année est redistribuée par l'État en vue de réduire l'inégalité des revenus primaires. Les revenus de transferts constituent donc une part non négligeable des ménages français. Ces revenus provenant de la protection sociale permettent aux individus de faire face aux risques sociaux.

En effet, la protection sociale française est née dès le début du XIXᵉ siècle. Mais, c'est depuis 1945 qu'elle s'est considérablement accrue et accompagne la montée de l'État-providence. Le premier texte nous présente les organismes qui assurent la protection sociale en France : la Sécurité sociale qui fournit la couverture de base ; les organismes chargés des régimes complémentaires qui fournissent une couverture supplémentaire comme les mutuelles de santé et les régimes complémentaires de retraite ; et l'Unédic (Union nationale interprofessionnelle pour l'emploi dans l'industrie et le commerce) qui gère l'assurance chômage.

Le deuxième texte commence par les deux logiques fondamentales de la protection sociale française : la logique « bismarckienne » de l'assurance et la logique « beveridgienne » de l'assistance. Dans le premier cas, on cotise pour se protéger contre certains risques sociaux et lorsque le risque se produit, on reçoit une allocation ou une pension. Dans ce système, il faut un équilibre entre les ressources (cotisations sociales) et les dépenses (allocations, retraites). Dans le deuxième cas, on insiste sur la solidarité (entre les générations ou entre les plus riches et les moins riches). Ce système est mis en place pour tous ceux qui ne peuvent pas, ou plus, bénéficier du système d'assurance. Nous nous interrogerons ensuite sur l'efficacité de la redistribution française. Selon la France Stratégie, la redistribution réduit les inégalités de 25 % en France, soit près de 10 % de plus qu'en médiane européenne. La protection sociale joue un rôle essentiel dans la lutte contre l'exclusion, sur le plan de la cohésion sociale. En même temps elle joue un rôle économique non négligeable en contribuant à développer la demande des ménages modestes, ce qui va stimuler la croissance économique.

Leçon 2

La protection sociale en France

Les **revenus de transfert** (revenus sociaux) sont des revenus qui proviennent des opérations de redistribution décidées, et souvent réalisées, par les pouvoirs publics, qu'il s'agisse de l'État proprement dit ou des organismes de protection sociale. Ils se réalisent par la **protection sociale** qui correspond à l'ensemble des mécanismes qui permettent aux individus de faire face aux « **risques sociaux** » comme la maladie, les accidents du travail, la maternité, la vieillesse ou le chômage, susceptibles de provoquer une baisse de leurs ressources ou une hausse de leurs dépenses.

La protection sociale est assurée par plusieurs organismes :

- La **Sécurité sociale** : elle fournit aux individus la couverture de base pour les risques maladies, accidents du travail/ maladies professionnelles, famille et vieillesse.

- Les organismes chargés des **régimes complémentaires** : ils fournissent une couverture supplémentaire à ces risques, comme les mutuelles de santé et les régimes complémentaires de retraite.

- L'Union nationale interprofessionnelle pour l'emploi dans l'industrie et le commerce (Unédic) qui gère l'assurance chômage.

Les sources de financement de la protection sociale proviennent essentiellement :

- Des **cotisations sociales** : ce sont des prélèvements effectués sur les salaires, dont une partie est payée par l'employeur et l'autre par le salarié.

- Afin de ne pas faire reposer le financement de la protection sociale uniquement sur les cotisations sociales, des impôts, comme la **contribution sociale généralisée** (CSG) ont été créés. La CSG concerne non seulement les salaires, mais aussi d'autres types de revenus, comme les pensions de retraite, les allocations chômage, le **revenu de solidarité active** (RSA), ou encore les placements financiers.

- Enfin, des contributions publiques de l'État financent des dépenses de solidarité, comme le RSA.

Cependant, l'équilibre financier de la protection sociale est très fragile et sa pérennité constitue un enjeu crucial pour la société française.

Texte 2

La redistribution en France

La redistribution des revenus est une politique qui vise à réduire les inégalités de revenus à travers des mécanismes de transferts sociaux (prestation, allocation...). Son objectif est de réduire les écarts de revenu entre les ménages d'une même société.

Le système français est organisé selon deux logiques : la logique bismarckienne de l'assurance et la logique beveridgienne de l'assistance.

L'assurance fonctionne selon le principe de la mutualisation des risques. Les assurés sociaux cotisent au préalable sur leurs revenus du travail essentiellement, et ce sont leurs cotisations, ainsi que celles de leurs employeurs, qui ouvrent leurs droits à recevoir des prestations, c'est-à-dire à percevoir des revenus de transfert en cas de réalisation des risques sociaux.

L'assistance, elle, repose sur le besoin, sur la pauvreté. Les prestations ne sont pas contributives, elles sont financées par les impôts et versées sans contrepartie préalable des bénéficiaires. Tous

Leçon 2

Notes

ceux qui répondent aux critères d'éligibilité recevront des aides, comme le RSA qui est le minimum social le plus connu et qui permet la satisfaction basique des besoins vitaux. En France, l'**État-providence** couvre quasiment toutes les situations sociales.

Quel est l'impact de la redistribution en France ?

Pour mesurer l'effet des prélèvements directs et des **prestations sociales** sur la répartition des richesses, le revenu des ménages est comparé avant et après redistribution monétaire.

En 2017, avant redistribution, le **niveau de vie** moyen des 20 % de personnes les plus aisées est 8,4 fois supérieur au niveau de vie moyen des 20 % de personnes les plus modestes. Après redistribution, ce rapport est de 3,9 : le niveau de vie moyen des 20 % de personnes les plus modestes a augmenté de 72 % et celui des 20 % les plus aisées a diminué de 20 %. Les prestations sociales réduisent le nombre de personnes pauvres en France de 13,7 à 8,7 millions de personnes. Sans elles, 22 % de la population vivraient sous le **seuil de pauvreté**, contre 14 % après redistribution.

Comment ça fonctionne concrètement ?

Avant de payer ses impôts et de recevoir des prestations sociales, c'est-à-dire avant la redistribution, les 10 % des Français les plus pauvres gagnent 281 euros par mois. Un versement net de 5 euros par mois, du fait de la prime pour l'emploi, compense à peu près la taxe d'habitation (-4 euros en moyenne). Les allocations familiales et les aides au logement apportent respectivement 164 et 172 euros à leur budget mensuel. Le RSA et les autres minima sociaux (minimum vieillesse, allocation aux adultes handicapés) complètent leur revenu pour 217 euros en moyenne. Au total, les prestations sociales procurent 553 euros mensuels à cette tranche de la population, soit les deux tiers de leurs ressources après redistribution, ce qui amène leur niveau de vie à 835 euros par mois.

Notions économiques //

1. Revenu de transfert

Les revenus de transfert sont les revenus issus des mécanismes de redistribution : ils sont souvent versés par l'État ou des organismes de protection sociale pour réduire les inégalités. Les allocations chômage, le revenu de solidarité active (RSA), le minimum retraite, ou la caisse d'allocations familiales (CAF) sont des exemples de revenus de transfert.

2. Protection sociale

La protection sociale est l'ensemble des dispositifs mis en place pour assurer et aider les individus devant les risques majeurs de l'existence (chômage, maladie, vieillesse, famille).

3. Risque social

Les risques sociaux sont des événements pouvant survenir à tout individu et provoquant pour lui soit des dépenses importantes, soit une diminution sensible de ses revenus habituels, et nécessitant donc une prise en charge collective. Concrètement, on peut classer les événements suivants parmi les risques sociaux : maladie, maternité, invalidité, vieillesse, accident du travail, maladie professionnelle, décès, charges de famille et chômage.

4. Sécurité sociale

En tant que système, la Sécurité sociale est un instrument clé de l'État-providence dans une société. C'est la plus grande et la plus importante plateforme d'aide sociale offerte par l'État à ses citoyens. Son existence repose sur les cotisations que les contribuables (employeurs et salariés) versent, à titre obligatoire, en proportion de leur salaire.

En tant qu'organisme, la Sécurité sociale en France a été créée par ordonnance en 1945 suite à la Seconde Guerre mondiale. Il s'agit d'un service public, d'une institution officielle, composée de différentes branches et de différents régimes. Au sein de chaque caisse, la gestion quotidienne est assurée par un conseil d'administration, composé de représentants des salariés (désignés par les organisations syndicales) et de représentants des employeurs (désignés par les organisations patronales).

5. Régime complémentaire

Les régimes complémentaires peuvent fournir une couverture supplémentaire aux risques pris en charge par la Sécurité sociale. Certains sont obligatoires (régimes complémentaires de retraite des salariés du secteur privé) et d'autres facultatifs (mutuelles de santé, sociétés d'assurance, institutions de prévoyance).

6. Cotisations sociales

Les cotisations sociales sont des prélèvements obligatoires sur les revenus d'activité destinés à indemniser les risques sociaux (chômage, maladie, retraite...) et à financer la protection sociale.

7. Contribution sociale généralisée

La contribution sociale généralisée (CSG) est un impôt destiné à participer au financement de la protection sociale. Créée par la loi de finances pour 1991, la CSG est un impôt assis sur l'ensemble des revenus des personnes résidant en France. Le taux est actuellement fixé à 9,2 % sur les revenus d'activité et assimilés et sur les revenus du patrimoine et de placement (rentes viagères, plus-values...).

8. Revenu de solidarité active

Le revenu de solidarité active (RSA) est une prestation sociale, qui complète les ressources d'une personne démunie ou aux ressources faibles, afin de lui garantir un revenu minimal. En contrepartie, dans certaines situations, ses bénéficiaires (plus de 2 millions en 2020) ont obligation de chercher un emploi ou de définir et suivre un projet professionnel visant à améliorer leur situation financière, améliorer leur insertion professionnelle ou sociale. Le montant du RSA pour une personne seule est d'environ 600 euros en 2022.

9. État-providence

L'État-providence désigne l'extension de l'intervention de l'État dans le domaine économique et social. L'État est responsable de la croissance économique qu'il doit réguler (politique conjoncturelle) et du bien-être social qu'il doit assurer (assurances sociales). Dans un sens plus restreint, cette expression désigne uniquement l'intervention de l'État dans le domaine de la protection sociale (l'État intervient pour protéger les individus contre les risques liés à l'emploi, à la vieillesse, à la santé et à la famille). On oppose souvent la notion d'État-providence à celle d'État gendarme, terme qui désigne un État qui n'assure que la sécurité (police, armée, justice), le fonctionnement des administrations et la prise en charge des infrastructures non rentables (les routes ou les ponts, par exemple, etc.).

10. Prestation sociale

Les prestations sociales (transferts sociaux) sont des transferts versés (en espèces ou en nature) à des individus ou à des familles afin de réduire la charge financière que représente la protection contre divers risques.

11. Niveau de vie

Le niveau de vie est égal au revenu disponible du ménage divisé par le nombre d'unités de consommation (UC) : 1 UC pour le premier adulte du ménage, 0,5 UC pour les autres personnes de 14 ans ou plus, 0,3 UC pour les enfants de moins de 14 ans. Le niveau de vie est considéré le même pour tous les individus d'un même ménage.

12. Seuil de pauvreté

Le seuil de pauvreté peut être défini de manière absolue (en fonction d'un panier de consommation minimale, avec ou sans référence monétaire) ou relative (en pourcentage du revenu médian ou moyen). Dans les pays européens, le seuil de pauvreté est fixé à 60 % du niveau de vie médian. En 2021, le seuil de pauvreté en France correspond à un revenu net inférieur à 1 063 € par mois.

Leçon 2

William Beveridge (1879–1963) est un économiste et homme politique anglais du XXe siècle. La mise en place de la Sécurité sociale d'après-guerre dans beaucoup de pays européens lui est attribuée. Pendant son passage au ministère du Travail sous Winston Churchill, et en pleine Seconde Guerre mondiale, il rend un rapport sur les systèmes d'assurances sociales.

William Beveridge préconise une cotisation hebdomadaire pour chaque personne en âge de travailler qui permettrait au souscripteur d'obtenir une aide en cas de maladie, de chômage ou de retraite. Son modèle de Sécurité sociale met fin selon lui à la pauvreté, l'insalubrité, la maladie, l'ignorance et au chômage, les cinq « maux de la société ».

Son modèle est plus tard marqué par les travaux de Keynes. Sous son influence, William Beveridge publie d'ailleurs un « deuxième rapport Beveridge », approfondi, où il requiert le plein-emploi pour le fonctionnement parfait de son système.

Exercices //

I. Compréhension des notions économiques.

1. Quels sont les instruments de la redistribution des revenus en France ? (Plusieurs réponses possibles)

   A. La fiscalité

   B. Les transferts sociaux

   C. La Sécurité sociale

   D. Les cotisations sociales

2. L'État français cherche à corriger les inégalités de revenus primaires grâce à la redistribution.

   A. Vrai

   B. Faux

3. Quels sont les objectifs de la redistribution ? (Plusieurs réponses possibles)

   A. Équité

   B. Parité

   C. Intégration

   D. Stimuler la croissance

4. Les cotisations sociales servent à _____.

   A. payer les fonctionnaires

   B. financer la Sécurité sociale

   C. financer l'ensemble des services publics

   D. payer les travaux publics

5. Le revenu de transfert est _____. (Plusieurs réponses possibles)

   A. un moyen pour l'État de réduire les inégalités sociales

   B. un moyen de placer de l'argent sur un compte

   C. une donation de l'État à ses citoyens

   D. une partie non négligeable des revenus des Français

6. Qu'est-ce que le revenu de transfert ?

   A. Revenu issu de l'activité des employés

   B. Revenu provenant de la redistribution des richesses par l'État

   C. Deuxième revenu perçu par les ménages

   D. Deuxième source de revenu pour l'État

7. Qui assure le risque chômage en France ?

   A. Insee

   B. Apu

   C. Unédic

   D. Sécurité sociale

8. Les pensions de retraite sont _____.

    A. des revenus primaires

    B. des revenus de transfert

    C. des revenus du travail

    D. des revenus mixtes

9. La Sécurité sociale française s'appuie sur _____.

    A. la logique bismarckienne de l'assurance

    B. la logique beveridgienne de l'assistance

    C. la combinaison des logiques bismarckienne et beveridgienne

    D. aucune logique

10. Les prestations sociales permettent de réduire le nombre de personnes pauvres en France.

    A. Vrai

    B. Faux

II. Répondez aux questions.

1. Quelles sont les situations couvertes par la protection sociale ?

2. Pourquoi ces situations sont-elles qualifiées de « risques sociaux » ?

3. Qu'est-ce qui distingue une logique d'assurance d'une logique d'assistance ?

4. Identifiez la logique à laquelle obéissent les prestations suivantes : minimum vieillesse, indemnités chômage, pension de retraite, RSA, indemnités congé de maternité, allocation adulte handicapé.

5. Quels sont les différents organismes de protection sociale ?

6. Quelle est la principale source de financement de la protection sociale ? Quels sont les autres modes de financement ?

7. En quoi la CSG (contribution sociale généralisée) se différencie-t-elle des cotisations sociales ?

La consommation

Le revenu disponible est calculé à partir du revenu primaire augmenté du revenu de transfert, diminué des prélèvements obligatoires (impôts, taxes et cotisations sociales). Il représente le pouvoir d'achat à la disposition des ménages pour consommer et épargner. La consommation représente en France 60 % du PIB, elle apparaît donc comme une fonction économique fondamentale.

Le premier texte vise à expliquer les déterminants éco-sociaux de la consommation. Du point de vue économique, nous pouvons observer le comportement des consommateurs grâce à des indicateurs comme le coefficient budgétaire et la propension moyenne à consommer. De plus, l'élasticité-prix nous emmène à voir comment la consommation d'un produit varie lorsque son prix augmente ou baisse. Et l'élasticité-revenu montre la variation de la consommation en fonction de l'augmentation ou de la baisse du revenu. L'intensité des élasticités permet de classer les biens en différentes catégories, ce qui révèle la diversité des comportements de consommation. Il est à noter que la consommation n'est pas seulement un acte économique, mais aussi un acte social : elle permet aux individus et aux ménages de manifester leur appartenance à un groupe social ou leur volonté d'accéder à un groupe social.

Le deuxième texte s'appuie sur les données de l'Insee pour tracer l'évolution de la consommation des ménages français depuis 60 ans (entre 1959 et 2019). Nous observons que le volume annuel de consommation par personne est multiplié par quatre et que la part des services dans la consommation totale a augmenté. Plus précisément, les parts affectées à l'alimentation et à l'habillement se sont réduites, et que celles du logement, des transports, de la santé, de la communication et des loisirs ont augmenté. Cette évolution fait preuve des mutations de la société française.

Les déterminants éco-sociaux de la consommation

La consommation correspond à la satisfaction d'un besoin à travers l'utilisation et/ou la destruction d'un bien ou d'un service. On appelle **consommation finale** la consommation des ménages, car les biens et les services utilisés sortent définitivement du circuit productif, contrairement à ceux utilisés par les entreprises ou les administrations qui appartiennent à la chaîne de production. Dans ce dernier cas, on parle de consommations intermédiaires.

Pour analyser la consommation des ménages, on dispose de plusieurs indicateurs. La **structure de consommation** désigne la répartition des dépenses par catégories ou postes, appelés également fonctions : alimentation, habillement, logement, équipement du logement, santé, hygiène, transports... Cette structure et son évolution peuvent être analysées à partir des **coefficients budgétaires**. Un coefficient budgétaire représente la part (en %) d'un poste dans le total des consommations. Un autre indicateur permettant de décrire et de comparer les différentes consommations est le taux d'équipement des ménages pour un certain type de biens durables. Par exemple sur 100 ménages, combien ont un réfrigérateur ?

La **propension moyenne à consommer** désigne la part du revenu qui est consacrée à la consommation. On peut rechercher comment évolue la consommation quand le revenu ou le prix varie. On définit alors une élasticité de la demande par rapport au revenu ou par rapport au prix. L'élasticité de la demande décrit la façon dont varie la demande quand le prix (élasticité-prix) ou le revenu (élasticité-revenu) varie.

- **Élasticité-prix de la demande** : quand le prix augmente de 1 %, la demande augmente/diminue de X %.

- **Élasticité-revenu de la demande** : quand le revenu augmente de 1 %, la demande augmente/diminue de X %.

L'élasticité-prix mesure la sensibilité de la consommation aux variations de prix. Pour les biens normaux, l'élasticité-prix de la demande est négative puisqu'il y a une relation inverse entre le prix et la demande : si le prix augmente, la demande baisse ; si le prix baisse, la demande augmente.

Au contraire, si l'élasticité-prix de la demande d'un bien est positive, cela signifie que la demande augmente avec le prix. Dans ce cas, il conviendrait de distinguer deux catégories : les biens de première nécessité que l'on appelle les **biens de Giffen**, du nom de l'économiste écossais Robert Giffen (1837–1910) et les biens de luxe, appelés **biens de Veblen**, du nom de l'économiste américain Thorstein Veblen (1857–1929). Les biens de Giffen renvoient aux produits de base dont le prix, en augmentant, réduit le pouvoir d'achat des consommateurs qui en ont déjà peu, si bien que ces derniers doivent consommer davantage de ces produits de base, faute de pouvoir diversifier leur consommation. Quant aux biens de Veblen, c'est par effet de snobisme que les gens achètent ces produits, par exemple les voitures, les parfums ou les montres de luxe.

L'élasticité-revenu de la demande permet de mesurer la sensibilité des consommateurs aux variations de revenus. De même, ce concept permet de classer les biens économiques et donc de mieux prévoir le comportement du consommateur. Pour les biens normaux, l'élasticité-revenu est positive ; pour les biens de luxe, l'élasticité-revenu maintient des valeurs supérieures à un, c'est-à-dire que la demande augmente proportionnellement plus que le revenu ; pour les biens inférieurs, l'élasticité-revenu a des valeurs négatives ; et pour

Leçon 3

les biens de nécessités de base, l'élasticité-revenu est positive, mais inférieure à un : la demande augmente proportionnellement moins que le revenu.

La consommation obéit non seulement à des déterminants économiques, mais aussi à des considérations sociales. Désir d'imitation, souci de distinction seraient des moteurs essentiels de la consommation. La mode n'est pas une affaire de goût pour les sociologues, mais un moyen de se distinguer des autres classes sociales ou de s'intégrer dans une classe sociale choisie comme référence.

La consommation résulte aussi de différents critères démographiques (âge, sexe, génération) et socio-culturels (diplôme, catégorie socio-professionnelle) ou géographiques (lieu de résidence). On peut schématiquement opposer la consommation des jeunes à celle des personnes âgées. Par exemple les consommations musicales sont fortement influencées par l'âge et la génération à laquelle on appartient. Les valeurs masculines (performance, compétition) s'opposent aux valeurs féminines (élégance, grâce). Les différentes catégories socio-professionnelles (CSP) possèdent des caractères distinctifs : comportements, mentalités, aspirations, prestige, qui ont des répercussions sur leurs choix de consommation et leurs modes de vie. Ainsi, à dépenses totales très voisines, des CSP peuvent avoir des structures de consommation fort différentes. Visiter un musée, aller au théâtre ou assister à une conférence sont autant de consommations très dépendantes du niveau de diplôme. Selon les lieux de résidence, les pratiques de consommation ne sont pas similaires. On observe par exemple que le taux de départ en vacances est beaucoup plus important pour Paris et son agglomération que pour le reste de la France.

Texte 2 //

L'évolution de la consommation des ménages français

À partir des données de l'Insee, nous pouvons retracer l'évolution de la consommation des Français depuis les années 1950. On constate notamment une hausse de la part des services dans la consommation totale.

Entre 1959 et 2019, la consommation des Français a augmenté chaque année sauf en 1993 et en 2012. De ce fait, le volume annuel de consommation par personne (en monnaie constante) est maintenant quatre fois plus élevé qu'en 1960. L'augmentation n'a pas été continuellement la même. Pendant les Trente Glorieuses, de l'après-guerre au premier choc pétrolier de 1973, l'augmentation annuelle moyenne de la consommation a été de 4,1 % au niveau individuel. Depuis, la croissance a été beaucoup moins dynamique à environ 1,9 % par an, ce qui représente néanmoins une multiplication par un peu plus de deux du volume de consommation depuis 1975.

La progression globale recouvre de profonds changements dans la répartition du budget des ménages entre les différents postes de dépenses. Les statistiques de l'Insee montrent que les parts affectées à l'alimentation et à l'habillement se sont réduites, et que celles du logement, des transports, de la santé, de la communication et des loisirs ont augmenté.

Leçon 3

Tableau 4-3-1 Les coefficients budgétaires des Français de 1960 à 2019

	1960	1975	1990	2007	2019
Alimentation	29	23	21	17	17
Logement, eau, gaz, ameublement…	24	30	31	32	31
Transport	11	15	17	15	14
Habillement	8	7	6	5	4
Santé	1	1	3	4	4
Communication, loisirs et culture	3	4	5	10	10
Divers	23	19	18	19	21
Total	100	100	100	100	100

Source : Insee

Part des dépenses d'alimentation

La part en valeur des dépenses d'alimentation (y compris le tabac), est passée de 29 % du budget de consommation en 1960 à 17 % en 2019. Par habitant, le montant consacré à la dépense alimentaire a certes progressé, de 1 322 euros en 1960 à 3 195 euros en 2019 (en euros constants de 2014), mais cette hausse est plus faible que pour les autres postes de consommation.

Le poids de l'alimentation est d'autant plus élevé que le niveau de vie des ménages est faible. Preuve de la fameuse **loi d'Engel** : selon les données en 2009, les 10 % des ménages français qui ont le niveau de vie le plus faible consacrent environ 18 % de leur budget à l'alimentation à domicile, alors que pour les 10 % qui ont le niveau de vie le plus élevé, cette part est d'environ 14 %. Depuis le début du siècle, si les écarts entre riches et pauvres se réduisent pour les dépenses d'alimentation à domicile, ils se maintiennent, voire s'accentuent pour les repas à l'extérieur.

Part des dépenses de logement

La part budgétaire consacrée au logement (y compris l'énergie et l'ameublement) a progressé sensiblement entre 1960 (24 %) et 1975 (30 %). Elle a, depuis, continué à très légèrement augmenter (31 % en 2019), mais cette plus faible progression traduit en réalité la croissance du nombre de ménages propriétaires : leur part dans le nombre total de ménages a augmenté tout particulièrement entre 1973 (45 %) et 1988 (54 %).

Part des dépenses de transport

Le poids du poste de transport dans le budget des ménages a fortement progressé entre 1960 (11 %) et 1990 (17 %), puis a légèrement baissé (14 % en 2019). L'essor de l'automobile est le principal facteur de la hausse de la part des transports. Le taux d'équipement des ménages en automobiles était de 30 % en 1960. En 2006, plus de 80 % des ménages possèdent au moins une voiture, et un tiers en possède deux ou plus.

Il en résulte une part croissante des dépenses d'utilisation des véhicules personnels dans le budget des ménages, d'autant plus forte que la hausse de leurs prix a été très forte par rapport à l'inflation (prix des dépenses d'entretien et de réparation et prix des carburants).

Part des dépenses d'habillement

Leur part budgétaire a baissé, de 8 % en 1960 à 4 % en 2019. Ce recul de la part budgétaire semble illustrer l'effet de la hausse du niveau de vie moyen sur la part des dépenses nécessaires : au-delà d'un certain seuil de revenu, le budget en habillement des ménages ne progresse pas dans les mêmes proportions que leur revenu. Il faut cependant nuancer ce jugement, la dépense d'habillement relevant moins de la nécessité mais plus de la mode.

Leçon 3

Part des dépenses de santé

Les dépenses de santé prises en compte ici correspondent à la part directement supportée par les ménages. Alors qu'en 2019, la santé représentait près de 10 % du PIB français, les dépenses de santé prises en charge directement par les ménages ne représentent que 4 % de leur budget. En effet, la plupart des dépenses de santé ne sont pas payées directement par les patients mais sont prises en charge par la Sécurité sociale et les mutuelles.

Le poids de ces dépenses dans le budget des ménages a cependant quadruplé en 60 ans du fait de la croissance très rapide des dépenses globales de santé (liées entre autres au vieillissement de la population) et de la lente régression de la part des dépenses de santé prises en charge par la collectivité.

Part des dépenses de communication, de loisirs et de culture

Le poste regroupant les dépenses de communication, de loisirs et de culture est passé de 3 % du budget de consommation en 1960 à 10 % en 2019. Dans cet ensemble, la consommation de communication est celle qui a augmenté le plus vite, notamment depuis le milieu de la décennie 1990 avec le téléphone mobile et Internet. Ces produits et ces services sont devenus de plus en plus accessibles, et même indispensables.

Notions économiques //

1. Consommation finale

La consommation finale correspond aux dépenses effectivement réalisées par les ménages résidents pour acquérir des biens et des services destinés à la satisfaction de leurs besoins.

2. Structure de consommation

La structure de consommation reflète la répartition des dépenses en fonction de postes (alimentation, habillement, logement, santé, transports, communication, loisirs et culture...).

3. Coefficient budgétaire

Un coefficient budgétaire est la part de la dépense consacrée à un poste ou à une catégorie de biens ou services (par exemple l'alimentation, le logement...) dans la dépense totale.

4. Propension moyenne à consommer

La propension moyenne à consommer est la part du revenu des ménages consacrée à la consommation. Elle se calcule donc en divisant la valeur de la consommation finale des ménages par leur revenu disponible brut.

5. Élasticité-prix de la demande

L'élasticité-prix de la demande est une mesure de la sensibilité de la demande ou de la consommation d'un bien ou d'un service par rapport à son prix. C'est un indicateur de la réaction de la demande à la suite d'une variation du prix de 1 %.

6. Élasticité-revenu de la demande

L'élasticité-revenu de la demande est une mesure de la sensibilité de la demande ou de la consommation d'un bien ou d'un service par rapport au revenu. Elle est obtenue en divisant la variation en pourcentage de la quantité demandée d'un bien par la variation en pourcentage du revenu.

7. Bien de Giffen

Le bien de Giffen désigne un bien dont la demande augmente avec la hausse de prix. Lorsque son prix augmente, les agents économiques diminuent la part de leur revenu attribuée à d'autres biens pour consacrer une plus large part de leur budget à ce bien essentiel. Il porte le nom de l'économiste écossais Robert Giffen (1837–1910) qui découvrit ce type de bien en étudiant le comportement d'Irlandais à la suite d'une hausse du prix des pommes de terre durant la Grande famine irlandaise (entre 1845 et 1852). Les individus étant contraints de se nourrir en grande majorité de pommes de terre, une augmentation de leur prix les contraignait à allouer une part plus importante de leur revenu à cette consommation. Le terme d'effet Giffen s'applique à des produits qui doivent remplir ces conditions :

- être de première nécessité ;
- ne pas pouvoir être substitué par un bien équivalent ;
- représenter un pourcentage important du revenu de l'acheteur.

8. Bien de Veblen

L'effet Veblen, ou effet de snobisme, a été mis en évidence par l'économiste et sociologue Thorstein Veblen, dans son ouvrage *Théorie de la classe de loisir* (1899). Pour les biens de Veblan, la baisse de prix se traduit par une baisse de l'intérêt qu'ils présentent aux yeux de leurs acheteurs potentiels. De manière inverse, la hausse du prix de ces biens peut les rendre davantage désirables et les faire entrer dans la catégorie des biens dont la possession traduit un rang social élevé.

9. Loi d'Engel

Selon la loi d'Engel, la part du revenu allouée aux dépenses alimentaires diminue lorsque le revenu augmente. La loi d'Engel a été avancée en 1857 par le statisticien allemand Ernst Engel (1821–1896).

Galerie des économistes //

Ernst Engel (1821–1896) est un statisticien et économiste allemand connu pour la loi qui procéda aux premières mesures de consommation et de revenu des ménages. Il y a en fait trois lois d'Engel, toutes basées à partir de la même constatation faite après étude du budget des ouvriers.

- La part des dépenses affectées aux besoins alimentaires est d'autant plus faible que le revenu est grand. C'est ce qu'Engel appellera les biens inférieurs (élasticité-revenu négative).

- La part consacrée aux dépenses de vêtements, à l'habitation, au chauffage et à l'éclairage est à peu près constante quelle que soit l'importance du revenu. Ce sont les biens normaux (élasticité-revenu comprise entre 0 et 1).

- La part des besoins « superflus » (besoins d'éducation, de santé et de voyage) augmente au fur et à mesure que le revenu augmente. Ce sont les biens supérieurs (élasticité-revenu supérieure à 1).

Exercices //

I. Compréhension des notions économiques.

1. L'élasticité-revenu de la demande est négative pour les biens inférieurs.

   A. Vrai   B. Faux

2. L'élasticité-prix de la demande est négative pour tous les biens.

   A. Vrai   B. Faux

3. L'élasticité-revenu de la demande est positive pour tous les biens.

   A. Vrai   B. Faux

4. La consommation peut être influencée par des facteurs géographiques.

   A. Vrai   B. Faux

5. La consommation ne dépend que de facteurs économiques.

   A. Vrai   B. Faux

6. Quels sont les déterminants de la consommation ? (Plusieurs réponses possibles)

   A. Le niveau d'éducation

   B. Le revenu disponible des ménages

   C. Le niveau général des prix

   D. La mode

7. Lorsque le revenu augmente, comment évolue la consommation en général ?

   A. On consomme les mêmes produits, mais en plus grande quantité.

   B. On peut consommer plus, et on bénéfice d'une plus grande liberté de choix.

   C. La consommation reste constante car on épargne davantage.

   D. La consommation ne change pas.

8. La consommation finale est essentiellement réalisée par les _____.

   A. ménages

   B. entreprises

   C. institutions financières

   D. gouvernements

9. _____ signifie que la demande d'un bien augmente en même temps que son prix.

   A. La loi d'Engel   B. L'effet Veblen

   C. L'élasticité-revenu   D. L'élasticité-prix

10. Lorsque le revenu augmente, les dépenses alimentaires occupent une part décroissante dans l'ensemble des dépenses du ménage. Il s'agit de _____.

    A. la loi d'Engel

    B. l'effet Veblen

    C. l'élasticité-revenu

    D. l'élasticité-prix

II. Compréhension du document.

Dépenses moyennes par personne et par an dans une économie fictive

Fonction de consommation	Dépenses (en euros)	Coefficients budgétaires (en %)
Alimentation	505	
Habitation	286	
Habillement	148	
Hygiène et soins	133	
Transport et télécommunication	129	
Enseignement, culture et loisirs	115	
Autres dépenses	13	
Total	1329	100,0

Questions

1. Calculez les coefficients budgétaires.

2. Interprétez la structure de consommation des ménages.

Leçon 4

L'épargne

Le revenu disponible des ménages est pour une part consommée, pour l'autre part épargnée. L'épargne se définit donc comme la part non consommée du revenu disponible. Malgré cette définition plutôt passive, le choix des épargnants est en effet rationnel. Cette rationalité est expliquée, dans le premier texte, par trois motifs : motif de précaution, motif de transaction, motif d'accumulation de capital ou de spéculation. L'épargnant fait face à deux formes d'épargne, financière et non-financière, et il arbitre en fonction de paramètres tels que la liquidité, la sécurité ou la rentabilité. Le taux d'épargne est le rapport entre l'épargne des ménages et leur revenu brut disponible. Calculé par l'Insee, le taux d'épargne est utilisé pour analyser ou prévoir le comportement des particuliers. Plusieurs facteurs participent à sa détermination : le revenu disponible, le taux d'intérêt, l'inflation et la protection sociale.

Le deuxième texte est de nature empirique, basé sur un sondage effectué par le journal *Les Échos* et l'APECI (Association Professionnelle des Entreprises de Conseil en Investissement). Le résultat permet de connaître le comportement d'épargne des Français. De façon générale, les Français investissent peu en bourse. Ils sont friands d'actifs peu risqués et de formules d'épargne « contractuelles » telles que l'assurance-vie et le plan d'épargne logement (PEL), etc. Traditionnellement, le taux d'épargne des ménages français est l'un des plus élevés d'Europe. Depuis l'an 2000, ce taux n'est jamais descendu au-dessous de 14 %, nettement supérieur à celui constaté en moyenne dans l'Union européenne (10 %). Les Français sont donc plutôt « fourmis ».

L'épargne des ménages

On distingue classiquement deux formes d'épargne, financière et non financière.

L'épargne financière comprend :

- Les liquidités monétaires « inactives » (qui ne rapportent rien) : c'est la **thésaurisation** sous forme de « tirelire » ou « bas de laine » d'autrefois, le plus souvent maintenant, les sommes déposées sur des comptes courants bancaires ou postaux ;

- L'**épargne liquide**, c'est-à-dire l'argent placé à terme comme les livrets d'épargne bancaires. Tous ces comptes sont rémunérés selon les taux d'intérêt en vigueur ;

- Les titres (actions et obligations) achetés sur le marché financier ;

- La souscription de contrat d'assurance-vie.

L'épargne non financière ou investie comprend les achats de logements pour les ménages, et les achats de biens de production pour les entreprises. Les achats effectués sont ici considérés comme des investissements et non des consommations. Il s'agit de valeurs durables qui sont susceptibles de créer de nouvelles valeurs ou d'accroître leur propre valeur avec le temps. Ces investissements nécessitent des sommes importantes au moment de l'acquisition.

L'épargnant arbitre entre ces différentes formes d'épargne en fonction de paramètres tels que la liquidité, la sécurité ou la rentabilité. Plusieurs motifs sont mis en évidence.

Premièrement, motif de précaution. La majorité des ménages épargnent dans le but de se prémunir contre certains risques : maladie, retraite, chômage, vol ou toute autre dépense imprévue.

Deuxièmement, motif de transaction. Les ménages épargnent pour réaliser un projet important et diffèrent une consommation dans le futur : vacances, achat d'une automobile, achat d'un appartement par exemple.

Troisièmement, motif d'accumulation de capital ou de spéculation. Certains ménages mettent de l'argent de côté afin de constituer une réserve pour la vieillesse ou la retraite (motif d'avenir). Certains épargnent pour transmettre le capital constitué aux enfants ou petits-enfants (motif du legs). D'autres encore épargnent dans l'immobilier ou dans des actions cotées en bourse pour les revendre à la hausse et obtenir une plus-value (motif de spéculation).

Selon l'enquête de Statista réalisée en août 2020, environ 36 % des personnes interrogées indiquaient qu'elles épargnaient afin de disposer d'une épargne de sécurité pour faire face aux petits imprévus du quotidien, tandis qu'un peu plus d'un quart avaient répondu que c'était pour réaliser un projet à court terme (achat d'une voiture, voyage, etc.) ou à long terme (achat immobilier, financement des études, etc.).

Le **taux d'épargne**, qui est le rapport entre l'épargne et le revenu disponible brut des ménages, se détermine par différents critères : le revenu disponible, le taux d'intérêt, l'inflation et la protection sociale.

Le revenu disponible exerce un effet significatif sur l'épargne. Plus le revenu disponible augmente, plus la part consacrée à l'épargne aura tendance à augmenter ; inversement, plus le revenu aura tendance à stagner ou à baisser, plus le taux d'épargne diminuera.

Les économistes ont longtemps considéré que la consommation et l'épargne dépendaient du taux d'intérêt réel et du niveau général des prix. Selon les auteurs classiques, la **propension moyenne à épargner** (épargne/revenu) serait une fonction croissante du taux d'intérêt réel : un fort taux d'intérêt, correspondant à une forte rémunération de l'épargne, incite à diminuer sa consommation présente au profit de l'épargne.

En général, l'anticipation de l'inflation par les agents économiques peut les conduire à acheter dès maintenant ce qu'ils paieront plus cher plus tard : on parle alors de fuite devant la monnaie. Par conséquent, l'épargne baisse.

Enfin, la protection sociale a un impact important sur le niveau d'épargne dans la mesure où elle permet de limiter l'épargne de précaution car l'État prend à sa charge certains risques qui pourraient survenir.

Notes

 **Texte 2**

Combien les Français épargnent-ils par mois ?

Chaque année, *Les Échos* et l'APECI (Association Professionnelle des Entreprises de Conseil en Investissement) publient les résultats de leur sondage sur l'épargne.

Le taux d'épargne des Français toujours très élevé

Sur les trois dernières années, le taux d'épargne des Français reste stable, mais élevé. En 2019, ce taux d'épargne s'élevait à 15 % en moyenne. Dans les détails, 31 % des Français parviennent à mettre de côté 10 à 19 % de leurs revenus mensuels. Certains arrivent même à épargner plus de 20 % de leurs revenus mensuels. En revanche, 29 % de Français n'arrivent pas à épargner sur le mois. Cette difficulté est liée au niveau de revenu du foyer et à la catégorie sociale. 26 % des ouvriers ont par exemple des difficultés à épargner, à l'inverse des cadres qui ne sont que 11 %.

Leçon 4

L'épargne des Français selon leurs revenus

Le taux d'épargne varie selon le niveau de vie. D'un côté, pour un ménage ayant un revenu disponible brut de 21 919 €, les dépenses de consommation représentent 21 258 €, soit une épargne brute disponible de 661 €. De l'autre côté, un ménage dont le revenu disponible brut atteint 82 846 €, les dépenses de consommation s'élèvent à 58 134 €, soit une épargne brute de 24 712 €. Le taux d'épargne mensuel pour les ménages ordinaires varie ainsi de 3,01 % à 29,83 %, pour les cinq quintiles de niveau de vie.

Tableau 4-4-1 Le taux d'épargne des Français selon leur revenu (en 2011)

Montant moyen annuel par ménage (en euros)	21 919	31 406	39 822	50 424	82 846
Taux d'épargne	3,01 %	5,84 %	11,83 %	13,40 %	29,83 %

L'épargne des Français selon leur classe socio-professionnelle

Les niveaux de revenu et de consommation dépendent largement de la classe socio-professionnelle. Le taux d'épargne des ménages de cadres est naturellement supérieur à celui des ménages ouvriers. Les actifs affichent ainsi un taux d'épargne allant de 10,90 % pour les employés à 36,17 % pour les artisans, commerçants, chefs d'entreprises et autres professions libérales. Une fois à la retraite, les revenus baissent nettement. Dans la catégorie des retraités, le taux d'épargne se retrouve alors entre 0,54 % et 15,39 %.

Tableau 4-4-2 Le taux d'épargne des Français selon la CSP (en 2011)

	Agriculteurs	Artisans, commerçants, chefs d'entreprises et professions libérales	Cadres	Professions intermédiaires	Employés	Ouvriers	Ensemble actifs
Revenu disponible brut mensuel	4 203	7 236	6 315	4 343	3 161	3 425	4 519
Épargne brute mensuelle	922,6	2617,1	1368,1	616,3	344,4	590,8	904,7
Taux d'épargne	21,95 %	36,17 %	21,67 %	14,19 %	10,90 %	17,25 %	20,02 %

Leçon 4

Du point de vue de la comparaison internationale, la France est traditionnellement l'un des pays européens les plus épargnants. Selon les données 2018 de l'Eurostat, son taux d'épargne (14,2 %) est derrière l'Allemagne (17,9 %), la Suède (17,6 %), les Pays-Bas (15,4 %), mais nettement supérieur à celui constaté en moyenne dans l'Union européenne (10 %). Les Français sont donc plutôt « fourmis ».

Graphique 4-4-1 Comparaisons internationales : taux d'épargne (en % du Revenu disponible brut, en 2018)

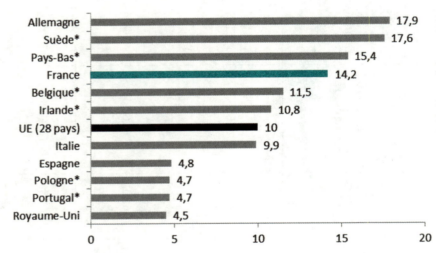

Source : Eurostat et Banque de France. Données 2017

Notions économiques

1. Thésaurisation

En économie, la thésaurisation est le fait de conserver des richesses en dehors du circuit économique. Il peut s'agir de monnaie fiduciaire (billets de banque ou pièces) mais également de tout objet ayant de la valeur (or, œuvre d'art, bijoux...). Ces liquidités sont improductives, elles ne participent pas à l'activité économique. Thésauriser, c'est d'accumuler des richesses sans avoir la volonté de les dépenser ou de réaliser des investissements.

2. Épargne liquide

On parle d'épargne liquide lorsqu'elle est disponible immédiatement (Livret A).

3. Taux d'épargne

Le taux d'épargne est le rapport entre l'épargne des ménages et leur revenu disponible brut.

4. Propension moyenne à épargner

La propension moyenne à épargner mesure la part du revenu qui n'est pas utilisée pour financer une dépense de consommation. Dans la perspective keynésienne, cette propension à épargner joue un rôle de frein dans la dynamique économique, puisque les revenus qui circulent sont transmis de l'un à l'autre via la dépense. Ne pas dépenser la totalité de ses revenus, c'est donc comprimer les revenus de ceux qui vivent de cette dépense.

Leçon 4

Exercices

I. Compréhension des notions économiques.

1. La famille Zabi a un revenu disponible de 3 000 € par mois. Elle épargne 255 € par mois. Quel est son taux d'épargne ?

   A. 5,5 %   B. 12,5 %   C. 8,5 %   D. 15,5 %

2. Les ménages français ont tendance à épargner davantage qu'ils consomment.

   A. Vrai   B. Faux

3. Qu'est-ce que la thésaurisation ?

   A. C'est l'acquisition des actions.

   B. C'est l'épargne non investie.

   C. C'est l'acquisition des obligations.

   D. C'est un investissement immobilier.

4. Acheter une œuvre d'art en pensant la revendre quand elle aura pris de la valeur, c'est de l'épargne non financière.

   A. Vrai   B. Faux

5. Dans quel cas, un ménage pense à se constituer une épargne de précaution ?

   A. Se prémunir contre le chômage

   B. Acheter un nouvel appartement

   C. Préparer les études de son fils

   D. Léguer de l'argent aux enfants

6. Le taux d'épargne des ménages correspond _____.

   A. au rapport entre l'épargne des ménages et leur revenu disponible

   B. au rapport entre l'épargne des ménages et leur consommation

   C. à l'épargne des ménages moins leur consommation

   D. au rapport entre l'épargne des ménages et leur salaire

7. Si je mets mon argent de côté pour acheter un appartement l'année prochaine, il s'agit _____.

   A. d'une épargne de précaution   B. d'une épargne de liquidité

   C. d'une épargne de transaction   D. d'une épargne de legs

8. Le revenu disponible est utilisé pour _____.

    A. consommer   B. épargner

    C. consommer et épargner   D. aucune réponse

9. Quel pays est le plus épargnant selon les données 2018 de l'Eurostat ?

    A. L'Allemagne   B. La France

    C. La Suède   D. Les Pays-Bas

10. Dans quelle classe socio-professionnelle le taux d'épargne est-il le plus élevé selon l'enquête réalisée par *Les Échos* et l'APECI ?

    A. Les ouvriers   B. Les professions libérales

    C. Les employés   D. Les agriculteurs

II. Classez les formes d'épargne suivantes dans le tableau ci-dessous :

- 200 euros dans une tirelire
- achat d'une résidence secondaire
- contrat d'assurance-vie
- achat d'un logement
- achat de tableaux
- des actions
- collection de timbres
- des obligations
- achat d'un nouveau four pour un boulanger à son compte
- 1 000 euros sur un plan épargne logement
- achat de la dernière tenue de scène de Michael Jackson
- 500 euros sur un livret jeune
- 2 000 euros sur le livret A

Épargne financière	Épargne non financière

Leçon 4

III. Compréhension du document.

Interprétez le tableau suivant en mettant en évidence le partage du revenu disponible entre consommation et épargne pour les trois ménages A, B et C pendant les trois périodes.

	A	B	C
Période 1			
Revenu disponible	100	200	400
Consommation	90	160	280
Épargne	10	40	120
Taux d'épargne	10 %	20 %	30 %
Intérêt reçu avec un taux d'intérêt à 2 %	0,2	0,8	2,4
Période 2			
Revenu disponible	110	240	600
Consommation	93,5	180	360
Épargne	16,5	60	240
Taux d'épargne	15 %	25 %	40 %
Intérêt reçu avec un taux d'intérêt à 2 %	0,33	1,2	4,8
Période 3			
Revenu disponible	110	240	600
Taux d'intérêt (10 %)	10 %	10 %	10 %
Consommation	93,5	168	300
Épargne	16,5	72	300
Taux d'épargne	15 %	30 %	50 %
Intérêt reçu avec un taux d'intérêt à 10 %	1,65	7,2	30

Prisme interculturel

Les éléments décisifs pour réduire la pauvreté[1]

[...]

Plusieurs générations de dirigeants engagés dans la lutte contre la pauvreté

Depuis la fondation de la Chine nouvelle, les dirigeants successifs du PCC et de l'État ont attaché une vive importance à la lutte contre la pauvreté. Ils ont réfléchi intensément à la manière de mieux gérer la pauvreté, d'améliorer la vie de la population et de parvenir à une prospérité commune. Petit à petit, la Chine a trouvé sa voie, appropriée à sa situation nationale.

En 1955, Mao Zedong a émis l'idée de « prospérité commune », puis a défini des objectifs en 1957 : soulager en quelques années le petit nombre de foyers ruraux peinant à se nourrir ; faire en sorte que les ménages génèrent une production vivrière excédentaire à leurs besoins ou à tout le moins suffisante ; permettre aux paysans pauvres d'accéder à un niveau de vie équivalent ou supérieur à celui des paysans moyens.

Par la suite, Deng Xiaoping, concepteur en chef de la réforme et de l'ouverture à l'initiative de la modernisation de la Chine socialiste, a affirmé : « Pour instaurer le socialisme, il faut accroître la productivité, car la pauvreté n'a pas sa place dans le socialisme. Nous persévérons dans le socialisme afin de bâtir un socialisme surclassant le capitalisme. Dans cette optique, nous devons, en premier lieu, nous débarrasser de la pauvreté. » Les deux équipes dirigeantes suivantes, avec respectivement Jiang Zemin et Hu Jintao en leur centre, ont enrichi les théories et renforcé les actions dans ce sens.

Depuis 2012, le Comité central du PCC rassemblé autour de Xi Jinping, a élevé l'élimination de la pauvreté au rang de tâche fondamentale. Xi Jinping a supervisé les opérations, et en 2013, a avancé l'idée capitale de lutter contre la pauvreté de

---

1 TAN Weiping, « Les éléments décisifs pour réduire la pauvreté », *La Chine au présent*, 2020/6, p. 56-58.

manière ciblée. Chaque année depuis six ans, il effectue une tournée d'inspection des actions nationales de réduction de la pauvreté lors de la Fête du Printemps. À l'occasion de la Journée mondiale de lutte contre la pauvreté (le 17 octobre), il annonce des directives ou préside des événements. En outre, il tient une réunion spéciale annuelle sur l'éradication de la pauvreté. Un système d'organisation d'aide aux démunis, impliquant les secrétaires du comité du Parti à tous les niveaux, a été mis en place pour fournir une garantie politique solide à cet objectif.

Fondation d'un organisme spécifique

En 1986, la Chine a fondé un organisme dédié à l'aide aux démunis, le Groupe dirigeant du Conseil des affaires d'État chargé du développement économique des régions pauvres. Celui-ci a fixé le seuil de pauvreté, délimité les zones défavorisées, identifié les districts pauvres, créé des fonds spéciaux de lutte contre la pauvreté et planifié des activités à grande échelle pour le développement en milieu rural. En 1993, il a été renommé Groupe dirigeant du Conseil des affaires d'État pour l'aide aux démunis par le développement, et un Bureau a été placé sous sa responsabilité. Les gouvernements des provinces (ou régions autonomes et municipalités relevant de l'autorité centrale), des villes et des districts ont établi des institutions connexes, qui se concentrent sur l'aide aux démunis par le développement et élaborent des programmes locaux tout en se référant au plan national.

Intégration au plan stratégique de développement national

L'expérience chinoise montre que la lutte contre la pauvreté doit adhérer à la direction du PCC et à l'orientation du gouvernement, et doit être incluse dans la stratégie globale de développement du pays. Il faut concilier les efforts de tous pour déployer des actions à grande échelle, tout en concevant des plans qui ciblent les groupes les plus sujets à la misère, notamment les femmes, les enfants, les handicapés et les citoyens issus de minorités ethniques.

Entre la fondation de la République populaire de Chine et le lancement de la réforme et de l'ouverture (1949–1977), l'aide aux démunis prenait la forme d'une stratégie de secours, qui visait à couvrir les besoins fondamentaux de la population pour supprimer la pauvreté dans les zones rurales. Elle privilégiait l'assistance aux habitants des régions reculées et arriérées, aux victimes de catastrophes naturelles et aux invalides de guerre. Le gouvernement a formulé des politiques encourageant la réforme agraire et le progrès technologique dans l'agriculture. Ainsi, la *Loi sur la réforme agraire de la République populaire de Chine* a enthousiasmé les agriculteurs, atténué la faim dans les campagnes et augmenté le rendement agricole. Un système éducatif et un système médical inclusifs ont été mis en place à l'échelle nationale. Le nombre d'illettrés a fortement diminué suite à des campagnes d'alphabétisation, tandis que la santé et l'espérance de vie se sont améliorées, grâce à des mesures telles que la mise en application du système communautaire des « cinq garanties » (nourriture, habillement, chauffage, soins médicaux et obsèques) et la politique de secours s'adressant aux ruraux les plus nécessiteux.

Avec le lancement de la politique de réforme et d'ouverture en 1978, l'État a mis en œuvre le « système de responsabilité forfaitaire à base familiale ». En 1982, le *Plan de construction agricole des trois régions de l'Ouest* (Hexi et Dingxi au Gansu, et Xihaigu au Ningxia), impliquant à sa création 47 districts (villes et régions) puis 57 en 1992, a marqué l'entrée dans une stratégie planifiée à grande échelle. D'autre part, l'aide aux démunis a été incluse dans le plan de développement global du pays. Le gouvernement chinois a exécuté le *Plan septennal pour faire sortir de la pauvreté 80 millions d'habitants ruraux (1994–2000)*, axé sur l'agriculture et l'élevage distribuant des aides aux villages et aux foyers. L'État a introduit des programmes clairs pour accélérer le développement économique dans les régions du Centre et de l'Ouest du pays. En outre, il a établi un mécanisme de coopération entre l'Est et l'Ouest pour aider les démunis. En 2000, les besoins élémentaires (nourriture et habillement) des ruraux pauvres étaient essentiellement couverts. Le *Programme d'aide aux démunis par le développement dans les régions rurales (2001–2010)* a identifié 592 districts prioritaires au niveau national dans les régions du Centre et de l'Ouest, et défini une stratégie de réduction de la pauvreté au niveau local. En 2007, l'année où le système de garantie du revenu minimum de subsistance pour la population rurale a été pleinement appliqué, la Chine est entrée dans une phase de lutte contre la pauvreté à « deux moteurs », alliant politique pour la lutte contre la pauvreté et système du revenu minimum de subsistance. Par la suite, le *Programme d'aide aux démunis par le développement dans les régions rurales (2011–2020)* a répertorié 14 zones vivant dans une extrême pauvreté.

Depuis 2012, la stratégie d'assistance ciblée aux démunis et d'éradication précise de la pauvreté s'est renouvelée. La Chine a établi un système de responsabilité où chacun s'engage à assumer ses fonctions et devoirs respectifs ; un système politique avec une interaction entre le pouvoir central et la base ainsi qu'une coordination unifiée ; un système d'investissement qui assure les fonds et consolide les ressources humaines ; un système d'assistance en ligne avec les conditions locales et adaptés à ses bénéficiaires (villages, ménages ou individus) ; un système de mobilisation sociale favorisant une large participation ; un système de supervision multicanal ; ainsi qu'un système d'évaluation rigoureux.

Voici les caractéristiques de la nouvelle stratégie de lutte contre la pauvreté :

1. la définition d'un nouvel objectif de l'aide aux démunis : « d'ici 2020, faire sortir de la pauvreté tous les ruraux vivant sous le seuil de pauvreté actuel, faire disparaître tous les districts pauvres et éliminer la pauvreté globale régionale » ;

2. la mise en œuvre de la stratégie d'assistance ciblée aux démunis et d'éradication précise de la pauvreté ;

3. la mise sur pied d'un modèle de gestion de la pauvreté impliquant les secrétaires du comité du Parti à cinq niveaux (province, ville, district, canton et village) ;

4. la mobilisation de toutes les forces sociales pour que toute la société participe à cette lutte selon des méthodes souples et diversifiées ;

5. l'introduction de mécanismes innovants comme l'enregistrement des habitants et villages pauvres et l'envoi de premiers secrétaires et de groupes de travail dans les villages défavorisés ;

6. l'association de l'assistance aux démunis avec le changement de mentalité et le renforcement de l'éducation afin de cultiver la force endogène des populations pauvres.

[…]

La Chine éradique complètement la pauvreté absolue en 2020

L'ÉRADICATION DE LA PAUVRETÉ DANS LES DIFFÉRENTES RÉGIONS

Depuis la fin 2019, les 22 provinces, régions autonomes et municipalités relevant directement de l'autorité centrale qui comptaient un total de 832 districts pauvres ont réussi successivement à éradiquer la pauvreté.

23 DÉCEMBRE 2019 : TIBET	**22** FÉVRIER 2020 : CHONGQING	**26** FÉVRIER 2020 : HEILONGJIANG	**27** FÉVRIER 2020 : SHAANXI	**28** FÉVRIER 2020 : HENAN
29 FÉVRIER 2020 : HAINAN ET HEBEI	**2** MARS 2020 : HUNAN	**5** MARS 2020 : MONGOLIE INTÉRIEURE	**6** MARS 2020 : SHANXI	**11** AVRIL 2020 : JILIN
21 AVRIL 2020 : QINGHAI	**26** AVRIL 2020 : JIANGXI	**29** AVRIL 2020 : ANHUI	**14** SEPTEMBRE 2020 : HUBEI	**14** NOVEMBRE 2020 : XINJIANG ET YUNNAN
16 NOVEMBRE 2020 : NINGXIA	**17** NOVEMBRE 2020 : SICHUAN	**20** NOVEMBRE 2020 : GUANGXI	**21** NOVEMBRE 2020 : GANSU	**23** NOVEMBRE 2020 : GUIZHOU

NOMBRE DE DÉMUNIS SORTIS ET À SORTIR DE LA PAUVRETÉ DE 2013 À 2020 (en millions)

Nombre de démunis sortis de la pauvreté		Nombre de démunis à sortir de la pauvreté
	2013	
16,5		82,49
	2014	
12,32		70,17
	2015	
14,42		55,75
	2016	
12,4		43,35
	2017	
12,89		30,46
	2018	
13,86		16,6
	2019	
11,09		5,51
	2020	

Éradication complète de la pauvreté

L'ASSISTANCE CIBLÉE AUX DÉMUNIS

6 CIBLAGES

5 MODALITÉS

Ciblage des bénéficiaires

Par l'industrie

Ciblage des projets

Par la réinstallation

Ciblage des financements

Par la compensation écologique

Ciblage des applications

Par l'éducation

Ciblage des envoyés

Par la protection sociale

Ciblage des résultats

BUDGET CENTRAL ALLOUÉ À LA RÉDUCTION DE LA PAUVRETÉ DE 2013 À 2020

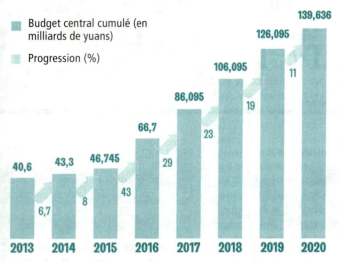

- Budget central cumulé (en milliards de yuans)
- Progression (%)

2013	2014	2015	2016	2017	2018	2019	2020
40,6	43,3	46,745	66,7	86,095	106,095	126,095	139,636
6,7	8	43	29	23	19	11	

Note : Outre les fonds spéciaux du gouvernement central pour la réduction de la pauvreté, les fonds de lutte contre la pauvreté proviennent de sources variées. Les autorités locales, les entreprises, les organisations sociales et les particuliers ont tous contribué à la réduction de la pauvreté par différents canaux.

AUGMENTATION DU REVENU DISPONIBLE PAR RÉSIDENT RURAL ENTRE 2013 ET 2019

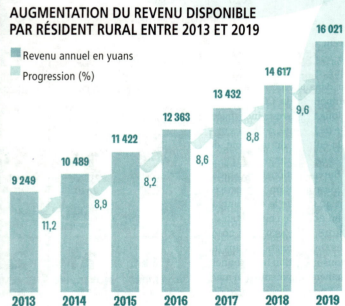

- Revenu annuel en yuans
- Progression (%)

2013	2014	2015	2016	2017	2018	2019
9 249	10 489	11 422	12 363	13 432	14 617	16 021
11,2	8,9	8,2	8,6	8,8	9,6	

I. Trouvez la bonne traduction des termes suivants dans le texte.

共同富裕 _____

脱贫 _____

精准脱贫 _____

减贫 _____

国务院扶贫开发领导小组 _____

贫困线 _____

特困群体 _____

"五保" 制度 _____

家庭联产承包责任制 _____

农村居民最低生活保障制度 _____

精准扶贫 _____

II. Répondez aux questions suivantes.

1. Quelle est l'autorité compétente qui s'occupe de la lutte contre la pauvreté en Chine ? Quelles sont ses missions et comment organise-t-elle son travail ?

2. Quelles mesures la Chine a-t-elle adoptées afin de mener à bien la stratégie d'assistance ciblée aux démunis et d'éradication précise de la pauvreté ?

3. Selon l'auteur, en quoi consistent les caractéristiques de la nouvelle stratégie de lutte contre la pauvreté ?

Carte mentale

Revenus du travail
- salaires
- autres revenus du travail (bénéfices, honoraires...)

Qualification
- formation initiale (durée d'études et discipline)
- formation continue
- expériences professionnelles

Profils démographiques des salariés
- âge
- genre

Revenus du capital
- revenus immobiliers (loyer, rente, fermage...)
- revenus mobiliers (dividendes, intérêts...)

Organisation d'embauche
- secteur ou branche
- taille
- localisation

Logiques de la protection sociale française
- logique bismarckienne de l'assurance
- logique beveridgienne de l'assistance

Types de revenus primaires

Déterminants des salaires

Organismes de la protection sociale
- Sécurité sociale
- organismes des régimes complémentaires
- Unédic (chômage)

1. Revenus primaires

2. Revenus de transfert

Revenu Consommation Épargne

Financements de la protection sociale
- cotisations sociales (patronales et salariales)
- impôts comme CSG
- contributions publiques de l'État (RSA)

3. Consommation

4. Épargne

Efficacité de la redistribution française
- réduire l'écart entre riches et pauvres
- lutter contre l'exclusion

Déterminants économiques
- prix (élasticité-prix de la demande)
- revenu (élasticité-revenu de la demande)

Déterminants sociaux
- critères démographiques (âge, sexe, génération)
- critères socio-culturels (diplôme, CSP)
- critères géographiques (lieu de résidence)

Formes de l'épargne
- financière
- non financière

Motifs de l'épargne
- motif de précaution
- motif de transaction
- motif d'accumulation de capital

Évolution de la consommation des Français (1959-2019)
- tendance à augmenter, mais pas au même rythme
- changement de la structure de consommation

Épargne des Français
- premier motif (précaution)
- premier critère de choix (sécurité)
- taux d'épargne élevé

Unité 5

Les finances publiques

La consolidation budgétaire et la croissance économique
sont les deux faces d'une même pièce.

——*Angela Merkel*

Leçon 1

Le budget de l'État

La gestion d'un pays conduit l'État à prendre en charge des activités d'intérêt général, appelées services publics. Historiquement, ces activités se sont d'abord concentrées sur des domaines considérés comme du ressort exclusif de l'État (fonctions régaliennes) : armée, justice, sécurité... Avec le développement des sociétés, ces services se sont étendus à d'autres domaines tels que l'éducation, la santé, les infrastructures (routes, ponts, canaux, etc.) et surtout l'environnement économique général. C'est ce qu'on appelle l'État-providence. Aujourd'hui s'y ajoutent les mesures et dépenses liées à l'équilibre de la planète dans le futur, non seulement en matière d'énergie, mais aussi d'environnement. L'État assure donc des services très variés qui entraînent d'importantes dépenses et un budget croissant : paie des agents, interventions éco-sociales, investissements, etc. Ces interventions nécessitent des processus de décisions très complexes, variés et souvent contradictoires qui font partie de l'analyse politique autant qu'économique. Pour faire face à ces responsabilités et aux dépenses correspondantes, l'État dispose d'un budget, alimenté par des recettes fiscales et non fiscales.

Le premier texte parle de la fonction économique assumée par le budget de l'État. En effet, l'État utilise son budget (recettes/dépenses) comme instrument de régulation. Il peut agir sur le niveau des dépenses d'investissement, sur le niveau des traitements des fonctionnaires, sur l'emploi privé (création d'emplois aidés), sur les recettes (variation à la hausse ou à la baisse des impôts qui aura un impact sur la consommation et l'investissement), etc. L'État peut également aider les entreprises par le biais de subventions, d'aides à la recherche, de dégrèvements fiscaux (remises d'impôts qui réduisent le montant versé), etc. Les recettes et les dépenses publiques exercent spontanément une action contracyclique sur l'activité économique, autrement dit, une atténuation des aléas de la conjoncture économique.

Le deuxième texte porte sur la définition et la composition du budget de l'État français, ainsi que la procédure et les principaux acteurs de son élaboration. En France, le budget de l'État répertorie les dépenses et les recettes prévues et votées tous les ans par le Parlement dans une loi de finances : le gouvernement propose les projets de lois de finances ; le Parlement en débat et vote les lois de finances (initiales, rectificatives, et de règlement définitif). La mise en œuvre du budget de l'État peut être suivie dans un compte avec, d'un côté, les recettes budgétaires (principalement les impôts) ; d'un autre côté, des dépenses budgétaires : dépenses de fonctionnement, dépenses d'intervention, dépenses d'investissement et dépenses liées aux intérêts pour les pays endettés. Le gouvernement national et les services déconcentrés (régions, communes, ou Sécurité sociale) apparaissent alors comme de « gros agents » macroéconomiques et financiers.

Le budget de l'État : un instrument de la politique économique

Notes

La politique budgétaire constitue, avec la politique monétaire, l'un des principaux leviers de la politique économique de l'État. Elle consiste à utiliser certains instruments budgétaires (**dépenses publiques**, **endettement public**, **prélèvements fiscaux** et autres recettes) pour influer sur la conjoncture économique.

Jusqu'à la crise des années 1930, la gestion des finances publiques a eu pour principal objectif d'assurer le financement des **services publics**. Le volume des dépenses de l'État n'était alors pas considéré comme une variable susceptible d'influencer le niveau d'activité de l'économie.

L'analyse de l'économiste britannique John Maynard Keynes a modifié cette conception en soulignant l'impact de la politique budgétaire sur le niveau d'activité économique d'un pays. Par conséquent, la plupart des pays développés ont mené depuis les années 1930 des politiques budgétaires de relance lors des périodes de récession ou de moindre croissance.

Les stabilisateurs budgétaires automatiques

Les recettes et les dépenses publiques exercent spontanément une action stable sur le long terme, et de ce fait, contracyclique, sur l'activité économique, c'est-à-dire d'atténuation des aléas de la conjoncture économique. En effet, si une grande partie des dépenses publiques sont indépendantes des variations à court terme de l'activité économique (par exemple les dépenses de rémunération et de retraite des fonctionnaires), certaines d'entre elles sont, en revanche, mécaniquement liées à la conjoncture. C'est notamment le cas des dépenses d'indemnisation du chômage ou des prestations sociales versées sous condition de ressources, qui augmentent quand l'activité économique se dégrade. On considère ainsi que l'élasticité des dépenses publiques à la conjoncture est comprise entre 0,1 et 0,3, autrement dit, les dépenses publiques ont tendance à augmenter spontanément de 0,1 à 0,3 point lorsque la croissance ralentit d'un point. Lorsque l'activité économique ralentit, les dépenses publiques ont tendance à s'accélérer tandis que les entrées de recettes ralentissent mécaniquement, ce qui provoque une détérioration du solde budgétaire. La dégradation de l'activité économique provoque alors un transfert de revenus des administrations publiques vers les ménages et les entreprises, ce qui atténue mécaniquement l'effet du ralentissement économique sur les revenus de ces derniers. À l'inverse, en période de forte expansion économique, les **prélèvements fiscaux et sociaux** augmentent mécaniquement, tandis que les dépenses diminuent, ce qui a tendance à freiner la croissance de la demande intérieure. Par conséquent, les recettes et les dépenses publiques fonctionnent comme des « stabilisateurs automatiques » puisqu'elles contribuent à amortir les variations conjoncturelles de l'activité économique.

Les politiques budgétaires

Toute dépense de l'État a un effet direct et indirect majeur sur l'économie ; l'État est donc le premier des acteurs économiques nationaux. Si on s'en tient au niveau d'une nation, en cas de forte dégradation de la conjoncture économique, les gouvernements mènent généralement des politiques budgétaires volontaristes. De telles politiques consistent à soutenir l'activité économique à court terme, en produisant un « effet de multiplicateur », permettant de compenser la faiblesse des dépenses privées par un accroissement des dépenses publiques. En effet, une augmentation des dépenses publiques engendre des revenus supplémentaires directs et indirects en chaîne, qui sont pour partie consommés, pour partie épargnés, et pour partie récupérés par les administrations publiques sous la forme d'impôts et de cotisations sociales. Or, la partie de ces revenus supplémentaires qui est consommée vient nourrir la demande intérieure adressée aux entreprises. Ces dernières peuvent dès lors augmenter leurs investissements, leurs emplois, et distribuer des revenus supplémentaires.

Les gouvernements peuvent également soutenir l'activité en réduisant les charges fiscales et donc en augmentant le revenu des personnes privées. Cette politique stimule l'activité économique, mais dans une moindre proportion que la dépense publique, car une partie de ce revenu supplémentaire est immédiatement épargnée par les ménages et les entreprises.

Notes

Texte 2 ///

Le budget de l'État : définition, composition et élaboration

Le **budget de l'État** est un document annuel, établi par le gouvernement, amendé et voté par le Parlement qui prévoit et définit les dépenses et les recettes que l'État a le droit d'engager et de percevoir pour l'année à venir.

Comment est adopté le budget de l'État ?

Tous les ans, les services du ministère de l'Économie et des Finances préparent un « projet de loi de finances » (l'autre nom du budget) qui est soumis à l'Assemblée nationale puis au Sénat en automne pour être appliqué l'année suivante. Le Parlement peut alors proposer des modifications avant d'adopter une « loi de finances initiale » qui sera signée par le président de la République et publiée dans le journal officiel avant la fin de l'année. Cette loi peut être révisée au cours de l'exercice par une loi rectificative.

Budget : prévisionnel, initial, révisé ou exécuté ?

Lors de la présentation du projet de loi de finances, le budget est « prévisionnel ». Le budget adopté en fin d'année pour l'année suivante est appelé « loi de finances initiale » (LFI).

Au cours de l'année, le budget peut être modifié par une loi de finance rectificative pour rendre compte des changements de perspectives pour l'année en cas d'événement imprévu ou pour modifier la politique budgétaire de l'État sans attendre l'année suivante[1]. On parle alors de budget « révisé ».

Enfin, lorsque l'année est écoulée, le budget est qualifié « d'exécuté » car les chiffres réels des dépenses et des recettes ont été rassemblés.

Les recettes de l'État

Le budget de l'État est constitué par les recettes et les dépenses.

Les **recettes de l'État** proviennent de deux sources : fiscales et non fiscales. Les recettes fiscales, qui forment environ 95 % des recettes totales, sont composées de deux types d'impôt : les **impôts directs** et les **impôts indirects**. Les recettes non fiscales proviennent d'origines très variées : les revenus du patrimoine de l'État, les revenus des activités industrielles et commerciales de l'État et des rémunérations des services rendus, les produits des jeux (Française des jeux, casinos, PMU), les produits des amendes et des condamnations pécuniaires, les dons et legs, les fonds de concours, etc.

En 2022, les recettes de l'État français s'élèvent à 311 milliards d'euros. Du point de vue de la répartition, on confirme la part prédominante des recettes fiscales (93,9 %). 31,3 % des recettes proviennent de la TVA, un recul important par rapport aux années précédentes. L'impôt sur le revenu contribue aux recettes à 26,5 % et l'impôt sur les sociétés en occupe 12,7 %.

---

1 Devant l'ampleur et la durée de la crise sanitaire inédite, le gouvernement français a dû demander au Parlement d'adopter quatre lois de finances rectificatives afin d'ajuster le budget 2020.

Graphique 5-1-1 Répartition des recettes nettes de l'État français en 2022

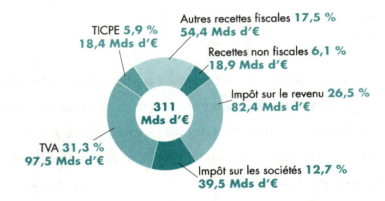

RÉPARTITION DES RECETTES NETTES DE L'ÉTAT
EN 2022

*TICPE : taxe intérieure de consommation sur les produits énergétiques

Les dépenses de l'État

Auparavant, les dépenses de l'État étaient classées par « fonctions » :

- les dépenses de personnel et de fonctionnement ;

- les dépenses d'intervention dans le domaine social et économique mais aussi international ;

- les dépenses d'équipement et d'investissement ;

- les dépenses liées aux intérêts pour les pays endettés.

En 2006, la loi organique relative aux lois de finance modifie ce classement et commence à classer la répartition des dépenses de l'État par « missions ». Dans la loi de finances 2022, 34 missions figurent au budget général de l'État. Le graphique suivant retrace la répartition des dépenses de l'État par mission, comme prévu par le budget 2022.

Graphique 5-1-2 Dépenses par missions de l'État français en 2022

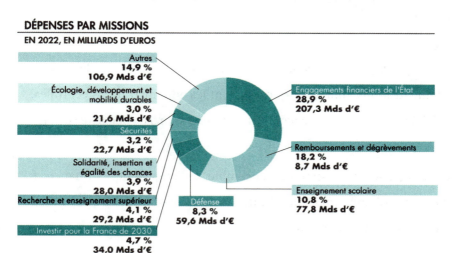

DÉPENSES PAR MISSIONS

EN 2022, EN MILLIARDS D'EUROS

Autres
14,9 %
106,9 Mds d'€

Écologie, développement et
mobilité durables
3,0 %
21,6 Mds d'€

Sécurités
3,2 %
22,7 Mds d'€

Solidarité, insertion et
égalité des chances
3,9 %
28,0 Mds d'€

Recherche et enseignement supérieur
4,1 %
29,2 Mds d'€

Investir pour la France de 2030
4,7 %
34,0 Mds d'€

Défense
8,3 %
59,6 Mds d'€

Engagements financiers de l'État
28,9 %
207,3 Mds d'€

Remboursements et dégrèvements
18,2 %
8,7 Mds d'€

Enseignement scolaire
10,8 %
77,8 Mds d'€

* Seuls les postes les plus importants sont ici représentés mais vous pouvez les trouver dans leur intégralité dans la loi de finances 2022.

En 2022, la mission la plus coûteuse est celle liée aux engagements financiers de l'État. Cette mission comprend la charge de la dette de l'État (38,7 milliards d'euros), mais aussi et surtout l'amortissement de la dette publique liée à la Covid-19 (165 milliards d'euros). Ensuite, outre les remboursements et dégrèvements, les missions les plus importantes en termes de montants concernent l'enseignement scolaire et la défense.

Les dépenses de l'État représentent la manière dont on utilise les recettes fiscales et non fiscales. Si les dépenses sont supérieures aux recettes, existe un **déficit budgétaire**.

Leçon 1

1. Dépenses publiques

Les dépenses publiques correspondent à l'ensemble des sommes dépensées par les administrations publiques, que ce soient les administrations centrales, les collectivités territoriales ou encore les administrations de Sécurité sociale.

2. Endettement public

L'endettement public correspond à l'ensemble des engagements financiers pris sous forme d'emprunts par l'État, les collectivités publiques et les organismes qui en dépendent directement.

3. Prélèvements fiscaux

Les prélèvements fiscaux sont des impôts et taxes versés par les particuliers ou les entreprises à l'État ou aux administrations publiques dans l'objectif de financer les dépenses publiques.

4. Service public

Un service public est une activité exercée directement par l'autorité publique (État, collectivités territoriales) ou sous son contrôle, dans le but de satisfaire un besoin d'intérêt général.

5. Prélèvements sociaux

Les prélèvements sociaux sont des taxes sur les gains (revenus et plus-values) perçus par les personnes physiques domiciliées en France. Ils sont de plusieurs formes dont, principalement, la contribution sociale généralisée (CSG), et la contribution au remboursement de la dette sociale (CRDS). Ces prélèvements servent à financer une partie de la Sécurité sociale, des retraites et du revenu de solidarité active (RSA).

6. Budget de l'État

Le budget de l'État est un document établi par le gouvernement et voté par le Parlement qui prévoit et définit les dépenses et les recettes que l'État a le droit d'engager et de percevoir pour l'année à venir.

7. **Recettes de l'État**

   Les recettes de l'État sont l'ensemble des ressources à sa disposition pour la mise en œuvre des politiques publiques. Elles se composent de deux grandes catégories : recettes fiscales et recettes non fiscales.

8. **Dépenses de l'État**

   Les dépenses de l'État représentent la manière dont l'État utilise ses recettes. Elles comprennent des dépenses de personnel, de fonctionnement, d'intervention, d'investissement, ainsi que le remboursement des intérêts de la dette.

9. **Impôt direct**

   Les impôts directs correspondent aux impôts pour lesquels la personne (physique ou morale) qui supporte l'impôt (le contribuable) est la même que celle qui le verse à l'État (le redevable). La liste ci-dessous regroupe les principaux impôts directs qui sont actuellement appliqués :
   - Impôt sur le revenu des personnes physiques (IRPP);
   - Impôt sur les sociétés (IS);
   - Impôt sur la fortune immobilière (IFI) (anciennement Impôt de solidarité sur la fortune).

10. **Impôt indirect**

    Les impôts indirects sont les impôts qui sont incorporés dans le prix des biens et services. Le contribuable est donc dans ce cas-là le consommateur final. Ils sont généralement versés à l'État par les entreprises. Il existe deux catégories d'impôts indirects :
    - Taxe sur la valeur ajoutée (TVA);
    - Contributions indirectes (taxe intérieure sur les produits pétroliers, taxe sur les tabacs, droits d'enregistrement, etc.).

11. **Déficit budgétaire**

    Le déficit budgétaire est la situation dans laquelle les recettes de l'État sont inférieures à ses dépenses au cours d'une année. C'est donc un solde négatif.

Leçon 1

Il se différencie du déficit public, car il n'englobe pas le solde des recettes et des dépenses des autres administrations publiques (collectivités territoriales et organismes de Sécurité sociale notamment). Selon les économistes, le déficit budgétaire peut jouer différents rôles. Pour Keynes, il peut stimuler la croissance et l'emploi dans une économie en récession, notamment lorsqu'il sert à des investissements structurels productifs ou à créer une demande additionnelle. En revanche, les libéraux insistent sur les effets néfastes de l'accroissement de la dette publique.

Exercices //

I. Compréhension des notions économiques.

1. Le versement du salaire des fonctionnaires d'État est conclu dans _____.

   A. les dépenses de personnel

   B. les dépenses d'intervention

   C. les dépenses d'investissement

   D. les dépenses liées aux intérêts

2. Quel type de recette est le plus essentiel dans les ressources de l'État ?

   A. Les recettes non fiscales

   B. Les recettes fiscales

   C. Les impôts sur le revenu

   D. Les recettes des entreprises d'État

3. Les frais dépensés par l'État pour construire un aéroport sont classés dans

   _____.

   A. les dépenses de personnel

   B. les dépenses d'intervention

   C. les dépenses d'investissement

   D. les dépenses liées aux intérêts

4. Parmi les recettes fiscales, laquelle est la plus importante ?

   A. L'impôt sur les sociétés

   B. L'impôt sur le revenu

   C. La Taxe sur les salaires

   D. La TVA

5. Les intérêts payés par l'État à ses créanciers représentent _____.

   A. une recette   B. une dépense   C. un déficit   D. une dette

6. Le budget de l'État englobe _____.

   A. uniquement les recettes de l'État

   B. uniquement les dépenses de l'État

   C. les recettes et les dépenses de l'État

   D. les impôts et les investissements de l'État

7. Les prélèvements obligatoires versés par les agents économiques sont des dépenses pour l'État.

   A. Vrai   B. Faux

8. Le budget de l'État est une loi votée chaque année par le Parlement appelée « Loi de finances ».

   A. Vrai   B. Faux

9. La production de services publics tels que l'enseignement et la défense conduit à une dépense pour l'État.

   A. Vrai   B. Faux

10. Il y a déficit budgétaire quand les dépenses de l'État sont supérieures à ses recettes.

    A. Vrai   B. Faux

II. Compréhension du document.

Une incidence majeure de la crise sanitaire sur le budget de l'État

Après le déclenchement de la crise sanitaire, le gouvernement français a pris un ensemble de mesures visant à limiter les interactions sociales pour freiner l'extension de la pandémie. Ces mesures ont ralenti l'activité économique, notamment pendant les périodes de confinement. Afin d'en pallier les effets sur les ménages et les entreprises, le gouvernement a mis en place plusieurs dispositifs de soutiens financiers, adoptés et renforcés par quatre lois de finances rectificatives successives.

Les principaux dispositifs ont été portés par une nouvelle mission budgétaire, intitulée « Plan d'urgence face à la crise sanitaire », qui rassemble quatre interventions de l'État :

- la prise en charge du dispositif exceptionnel d'activité partielle[1] ;
- les aides du fonds de solidarité en faveur des entreprises[2] (à l'origine les plus petites d'entre elles) ;
- le renforcement de prises de participations de l'État dans des entreprises en difficulté du fait de la crise ;
- la compensation à la Sécurité sociale d'un nouveau dispositif d'exonération et d'aide au paiement des prélèvements sociaux.

D'autres mesures en faveur des ménages ont été décidées comme des aides exceptionnelles de solidarité versées aux bénéficiaires du revenu de solidarité active (RSA) et de l'allocation de solidarité spécifique (ASS)[3], ainsi qu'aux bénéficiaires des

---

1 Le programme « Prise en charge du dispositif exceptionnel d'activité partielle » a été créé par la loi n° 2020-289 du 23 mars 2020 de finances rectificative pour 2020. Ce programme temporaire a pour vocation d'inciter toutes les entreprises qui connaissent une réduction, voire une suspension temporaire de leur activité dans le contexte sanitaire et économique résultant de la Covid-19, à recourir à l'activité partielle (dit « chômage partiel ») via la mise en place d'un nouveau dispositif de soutien exceptionnel de l'État.

2 C'est un fonds créé par l'État et les régions pour prévenir la cessation d'activité des très petites entreprises (TPE), micro-entrepreneurs, indépendants et professions libérales, particulièrement touchées par les conséquences économiques de la Covid-19.

3 L'allocation de solidarité spécifique (ASS) est un revenu de remplacement qui remplace l'allocation de retour à l'emploi (ARE) lorsque les droits du bénéficiaire sont épuisés. Les ressources mensuelles ne doivent pas dépasser un plafond d'un montant net de 1 253 € pour les célibataires ou de 1 969 € pour ceux qui vivent en couple : mariage, Pacs ou concubinage (union libre). L'ASS est versée sous conditions qui se concentrent autour de trois modalités :
- être demandeur d'emploi ;
- l'activité antérieure du demandeur ;
- les plafonds des ressources pris en compte.

aides personnelles au logement et aux jeunes de moins de 25 ans. Les actions en faveur de l'hébergement d'urgence[1] ont aussi été renforcées.

S'agissant des aides aux entreprises, l'État est également intervenu en apportant sa garantie à des prêts accordés par des établissements de crédits à des entreprises immatriculées en France, avec un plafond d'encours maximum de plus de 300 Md€. Des plans de soutien sectoriels ont été mis en place (tourisme, automobile, aéronautique, culture).

Enfin, l'État a apporté des aides financières aux collectivités territoriales, afin de compenser leurs pertes de recettes fiscales. Il a également contribué – et bénéficié – du plan de soutien mis en place par l'Union européenne.

Selon l'évaluation que la Cour des Comptes a pu réaliser, l'incidence de la crise sur le solde budgétaire en 2020 s'élèverait à 92,7 Md€. Même si ce chiffre est entouré d'une marge d'incertitude, il rend compte de l'ampleur du coût de la crise et des mesures prises par l'État pour y répondre. Plus de la moitié de ce coût résulte de dépenses supplémentaires liées à la crise, qui sont évaluées à 49,7 Md€. Ce montant inclut principalement les dépenses de la mission « Plan d'urgence face à la crise sanitaire », à hauteur de 41,8 Md€. Il comprend également un surcroît de dépenses de 7,9 Md€ sur d'autres missions budgétaires, résultant de 12,2 Md€ de dépenses supplémentaires, en partie compensées par des économies spontanées de 4,3 Md€ liées au contexte sanitaire, du fait du report de certaines dépenses ou de la réduction du coût de certains dispositifs.

---

1 Ces dernières années, l'État français a créé des places d'hébergement d'urgence chaque hiver pour les plus précaires, avant de les refermer le printemps venu, avec la fin de la trêve hivernale. Avec la crise sanitaire, le ministère du Logement a rompu avec cette « gestion au thermomètre », annonçant le 21 mai qu'il gardait les 43 000 places d'hébergement d'urgence créées depuis le premier confinement (mars 2020) ouvertes jusqu'à fin mars 2022 au moins. Au total, plus de 200 000 sans-domicile-fixe sont actuellement hébergés dans des centres d'hébergement ou des hôtels.

Incidence de la crise sanitaire sur le budget de l'État français en 2020 (Md€)

Dépenses du budget général	+ 49,7
Recettes du budget général	- 37,3
Solde du budget général	- 87,0
Solde des budgets annexes	0,0
Solde des comptes spéciaux	- 5,7
Solde du budget de l'État	- 92,7

Source : Cour des comptes

S'agissant des recettes, la crise a conduit à une baisse de 37,3 Md€, dont l'essentiel porte sur les recettes fiscales (32,3 Md€). C'est principalement le ralentissement de l'économie qui explique cette baisse, les recettes fiscales ayant connu une évolution spontanée (c'est-à-dire hors mesures nouvelles) négative en 2020 (- 8,2 %), en lien avec la baisse du PIB (- 6,1 % en valeur). Cet effet est toutefois plus ou moins marqué suivant les impôts : le rendement de l'impôt sur les sociétés a été significativement amoindri par le ralentissement économique, celui de la TVA a diminué en ligne avec la baisse du PIB ; l'impôt sur le revenu, en revanche, a été assez peu affecté, en raison des mesures de soutien aux revenus des ménages, de même que les impôts assis sur le capital.

Question

Explicitez l'impact de la crise liée à la Covid-19 sur le budget de l'État français en 2020 en vous appuyant sur ce texte.

Le déficit public

Les administrations publiques françaises regroupent l'État, les collectivités territoriales (communes, départements, régions, et collectivités d'outre-mer) et les organismes de Sécurité sociale. Elles assurent des services très variés tels que les salaires des fonctionnaires, les interventions, les investissements et les prestations sociales, etc., et se répartissent des responsabilités spécifiques comme les écoles maternelles et primaires pour les mairies, secondaires pour les régions, nationales pour les universités. Pour financer ces dépenses, les administrations publiques disposent d'un budget, alimenté par les impôts et les cotisations sociales dont l'ensemble constitue les « prélèvements obligatoires ». Si, au cours d'une année, les dépenses sont supérieures aux recettes, il y a un déficit public.

Le premier texte nous montre le niveau du déficit public français, celui-ci se mesure soit en valeur monétaire, soit en pourcentage du produit intérieur brut. Il est à noter que le déficit effectif (constaté) est la somme du déficit structurel, du déficit conjoncturel et des mesures ponctuelles. Il est donc intéressant d'observer le poids de chaque déterminant, approche similaire à la distinction entre le chômage conjoncturel et le chômage structurel. Si les crises alourdissent fortement les déficits publics comme nous l'avons constaté lors de la crise économique 2008 et de la crise liée à la Covid-19, la France n'a pas pu échapper au déficit depuis 1975, sous la gauche comme sous la droite, preuve de son déficit structurel continu.

Le deuxième texte parle des règles budgétaires au niveau européen. En effet, l'Union européenne (UE) a mis en place une surveillance et des critères en matière de finances publiques afin d'éviter que des évolutions dans un pays membre aient des répercussions négatives pour la stabilité de l'ensemble de la zone et des autres pays membres. Avec l'adoption du traité de Maastricht en 1992, l'UE s'est dotée d'un ensemble de règles concernant les finances publiques : plafonds de 3 % du PIB pour le déficit public et de 60 % du PIB pour la dette publique. Le Pacte de stabilité et de croissance adopté en 1997 avec le traité d'Amsterdam consiste à prolonger l'obligation de respecter ces critères pour les pays ayant adopté l'euro. Ces règles budgétaires souffrent de beaucoup d'exceptions, mais elles contribuent à assurer une certaine coordination des politiques économiques menées dans l'UE, et plus particulièrement en zone euro.

Leçon 2

Le déficit public de la France

On définit le **déficit public** comme un solde annuel négatif du budget des administrations publiques : l'État, les **collectivités territoriales** et la Sécurité sociale. Les dépenses sont alors supérieures aux recettes. À l'inverse, si les recettes sont supérieures aux dépenses, on parle d'**excédent public**.

Le déficit imputable à la conjoncture porte le nom du **déficit conjoncturel**. Lorsque la croissance est faible ou négative, certaines dépenses publiques augmentent plus vite, par exemple les dépenses liées au chômage. Et les recettes baissent du fait de la diminution des impôts et des cotisations sociales. Le graphique suivant illustre le déficit public français de 2002 à 2022. La crise de 2008 a conduit au creusement du déficit en 2009 (-7,2 %) et en 2010 (-6,9 %). La crise liée à la pandémie de Covid-19 a encore provoqué un fort accroissement du déficit public. Le déficit s'élevait à 209 milliards d'euros en 2020 (-9,2 %) et pourrait atteindre, selon les estimations de la loi de finances 2022, 198 et 154 milliards d'euros respectivement en 2021(-8,2 %) et 2022(-5 %).

Graphique 5-2-1 Déficit public français en % du PIB (2002–2022)

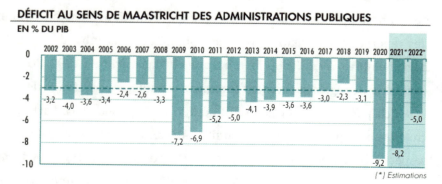

DÉFICIT AU SENS DE MAASTRICHT DES ADMINISTRATIONS PUBLIQUES
EN % DU PIB

(*) Estimations

À part le déficit conjoncturel, il existe un autre **déficit** dit **structurel** qui correspond à un solde négatif des finances publiques sans tenir compte de l'impact de la conjoncture économique. L'élimination des effets conjoncturels conduit à évaluer la situation structurelle des finances publiques. S'il y a déficit structurel, cela veut dire qu'il existe une tendance durable à ce que les recettes soient inférieures aux dépenses publiques. La France connaît un déficit permanent, quel que soit le gouvernement (droite ou gauche). Le déficit public apparaît ainsi comme une incitation publique à la croissance qui doit créer, en retour des recettes pour les années suivantes (politique Keynésienne).

Notes

Graphique 5-2-2 Les finances publiques françaises depuis 1959

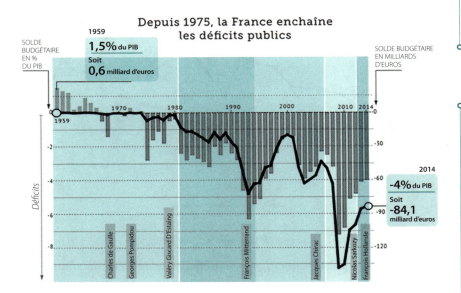

Dans une approche de la comparaison internationale, l'OCDE a examiné l'évolution des soldes structurels de la France et de l'Allemagne depuis 2000. Celui de la France s'est dégradé au début des années 2000 puis s'est seulement à peu près stabilisé de 2003 à 2008 alors que celui de l'Allemagne s'est constamment amélioré à partir de 2003 pour atteindre quasiment l'équilibre en 2009. Les plans de relance, et de soutien des banques en difficulté, mis en œuvre pendant la crise financière ont ensuite accru le déficit structurel en 2009–2010 en France et en Allemagne.

Le solde structurel des deux pays s'est amélioré pendant la décennie suivante mais l'écart entre eux ne s'est pas résorbé. En 2019, l'Allemagne avait un excédent structurel de 0,9 point de PIB alors que la France avait un déficit structurel de 2,5 points de PIB. La dégradation du solde structurel entre 2019 et 2021 a été plus forte en Allemagne où il est redevenu négatif.

Graphique 5-2-3 Les soldes structurels de la France et de l'Allemagne en % du PIB

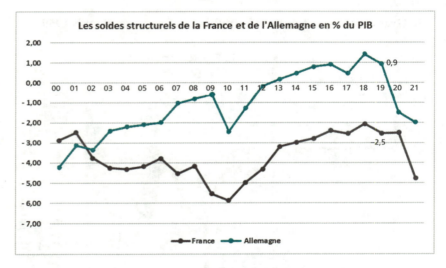

Source : OCDE, juin 2022 ; FIPECO

Le déficit public effectif, soit le déficit constaté, est la somme du déficit structurel, du déficit conjoncturel et des mesures ponctuelles. Selon les estimations de la loi de finances 2022, le déficit public de la France devrait s'élever à 5 % du PIB et se décomposer en :

- 4 % de déficit structurel,
- 0,8 % de déficit conjoncturel,
- 0,2 % de **mesures ponctuelles et temporaires**.

Texte 2 //

Discipline budgétaire européenne : traité de Maastricht

Le traité de Maastricht a fixé, dès 1992, des critères stricts de discipline budgétaire aux États signataires comme condition de leur entrée dans la zone Euro. Les déficits des administrations publiques doivent être en dessous du seuil de 3 % du PIB et la dette publique inférieure à 60 % du PIB.

La limite de 3 % a été confirmée comme une règle centrale de **coordination des politiques économiques** de l'Union dans le cadre du **Pacte de stabilité et de croissance** de 1997. L'objectif est d'éviter de voir tel ou tel pays utiliser son appartenance à la zone euro pour laisser filer ses déficits publics sans en payer le prix, pénalisant ainsi l'ensemble de la zone.

En second lieu, face à un choc économique, le levier principal pour sortir de la crise réside dans la capacité de chaque État à conduire une politique budgétaire active (puisqu'il n'y a pas de budget européen substantiel et que la main-d'œuvre est faiblement mobile entre les pays). Pour ce faire, le déficit doit être réduit ou annulé durant les périodes de croissance. La limite des 3 % ne peut en principe être transgressée qu'en cas de récession exceptionnellement forte.

Plus généralement, les règles de discipline budgétaire sont souvent justifiées par deux arguments.

- En cas de déficit excessif, les administrations publiques captent l'épargne au détriment du financement des entreprises privées (ce que l'on appelle « effet d'éviction »).
- Si les ménages considèrent que les déficits font les hausses d'impôts

futurs, ils réagissent en diminuant leur consommation pour constituer une épargne de précaution, ce qui pénalise la croissance.

Il reste que le Pacte de stabilité est difficilement applicable et insuffisant pour favoriser la croissance économique de la zone euro. Il n'a pas su, en particulier, prévenir la crise des dettes publiques en 2010–2012. Les politiques budgétaires nationales mises en œuvre face à la crise des subprimes de 2008 ont fait exploser les déficits largement au-delà de la règle des 3 %. De plus, de nombreux économistes, souvent d'inspiration keynésienne critiquent ces seuils de déficit et de dette car ils empêchent les États de mener des politiques budgétaires actives.

Notions économiques //

1. Déficit public

Le déficit public se produit lorsque les dépenses des administrations publiques (État, collectivités territoriales, organismes de Sécurité sociale) sont supérieures à leurs recettes.

2. Collectivité territoriale

Les collectivités territoriales sont des autorités publiques distinctes de l'État. Chaque collectivité (principalement commune, département, région) est dotée d'un exécutif et d'une assemblée délibérante élue au suffrage universel. Elle exerce librement ses prérogatives en complément de l'action de l'État.

3. Excédent public

L'excédent public se produit lorsque les administrations publiques dépensent moins qu'elles ne gagnent au cours d'une année.

4. Déficit conjoncturel

Le déficit conjoncturel fait son apparition pour tenir compte d'un niveau de croissance faible, ou de récession, relatif à une crise financière, économique, ou géopolitique, censée être transitoire, ou bien d'une augmentation brutale mais passagère du prix des matières premières ou de l'énergie, car dans ces périodes certaines dépenses publiques augmentent vite et les recettes diminuent.

5. Déficit structurel

Le déficit structurel est le solde négatif des finances publiques quand on ne tient pas compte de la conjoncture. La conjoncture décrit la situation économique d'un pays à un moment donné, par opposition avec la structure qui désigne les éléments fixes et permanents d'une économie. S'il y a déficit structurel, cela veut dire qu'il existe une tendance durable à ce que les recettes soient inférieures aux dépenses publiques.

6. Mesure ponctuelle et temporaire

Les mesures ponctuelles et temporaires sont des dépenses exceptionnelles qui pourraient être engagées pour faire face à une crise économique ou à une récession.

Leçon 2

7. Coordination des politiques économiques

La coordination des politiques économiques renvoie à un ensemble de pratiques et de règles de politiques monétaires, budgétaires et sociales permettant d'éviter des actions contradictoires. Les pays de l'Union européenne, en particulier ceux qui utilisent l'euro, coordonnent leurs politiques économiques et budgétaires tout au long de l'année, afin de garantir leur conformité avec les responsabilités et objectifs communs.

8. Pacte de stabilité et de croissance

Le Pacte de stabilité et de croissance (PSC) instaure un ensemble de critères que doivent respecter les États membres pour assainir leurs finances publiques et coordonner leurs politiques budgétaires en contrôlant les déficits excessifs et en réduisant les dettes publiques trop élevées.

Exercices

I. Compréhension des notions économiques.

1. Lorsque les administrations publiques captent l'épargne au détriment du financement privé, on parle _____.

   A. d'effet multiplicateur

   B. d'effet de relance

   C. d'effet d'éviction

   D. d'effet d'investissement

2. Quelles sont les trois administrations publiques françaises ? (Plusieurs réponses possibles)

   A. État

   B. Administrations nationales

   C. Collectivités territoriales

   D. Sécurité sociale

3. Comment l'État peut-il réduire son déficit ? (Plusieurs réponses possibles)

    A. En diminuant les impôts

    B. En augmentant les impôts

    C. En augmentant ses dépenses

    D. En diminuant ses dépenses

4. En 2017, le déficit public de la France s'élevait à 59 milliards d'euros. Cela signifie que _____.

    A. la France doit 59 milliards d'euros aux autres pays

    B. les dépenses des administrations publiques françaises ont dépassé de 59 milliards le total de leurs recettes

    C. les recettes de l'État ont dépassé de 59 milliards le total de ses dépenses

    D. la France a dépensé 59 milliards d'euros en 2017

5. Le solde budgétaire des administrations publiques se calcule ainsi :

    A. recettes publiques + dépenses publiques

    B. recettes publiques - dépenses publiques

    C. dépenses publiques - recettes publiques

    D. recettes de l'État- dépenses de l'État

6. Si les recettes publiques sont supérieures aux dépenses publiques, on dit que le solde budgétaire est _____.

    A. excédentaire   B. déficitaire   C. à l'équilibre   D. en déficit

7. Dans le cadre des accords de la zone euro, le déficit public des pays membres doit être inférieur à _____.

    A. 10 % du PIB   B. 3 % du PIB   C. 1 % du PIB   D. 50 % du PIB

8. En quelle année a été signé le traité de Maastricht ?

    A. En 1995   B. En 1999   C. En 1992   D. En 1986

9. La France respecte bien la discipline budgétaire de l'UE.

    A. Vrai   B. Faux

10. La France est en déficit structurel continu sous la gauche comme sous la droite.

    A. Vrai   B. Faux

Leçon 2

II. Compréhension du document.

Le Pacte de stabilité et de croissance est-il respecté ?

Au sein de la zone euro, la situation économique a rapidement conduit à une application souple du Pacte de stabilité et de croissance (PSC). Le Pacte a été réformé en 2005 et en 2011. En 2020, la clause dérogatoire générale a été pour la première fois activée afin de répondre aux conséquences économiques de la crise sanitaire liée à la Covid-19.

Quel a été le premier assouplissement du Pacte de stabilité et de croissance ?

En novembre 2003, les déficits publics de la France et de l'Allemagne se trouvaient durablement au-dessus de la barre des 3 % du PIB. La Commission européenne voulait soumettre les deux États à la procédure des déficits excessifs mais ses recommandations ne purent recueillir une majorité au Conseil de l'UE, qui opta pour une recommandation plus souple que celle prévue par la Commission. À l'application automatique des articles du Pacte de stabilité et de croissance se substituait donc une lecture plus politique des règles en vigueur.

Quelles modifications ont été apportées au PSC ?

La réforme introduite en 2005 pour tenir compte des faiblesses du Pacte a maintenu les objectifs de déficit inférieur à 3 % du PIB et de dette inférieure à 60 % du PIB mais a élargi les exemptions. Alors que seule une situation de récession sévère (diminution de 2 % du PIB ou plus) autorisait un État à s'affranchir momentanément des règles, le nouveau pacte lui permet de s'en exonérer dès lors qu'il est en récession. Par ailleurs, d'autres critères sont pris en compte pour engager la procédure de déficit excessif et les délais peuvent être rallongés pour retrouver un déficit sous la barre des 3 %.

La crise qui a débuté en 2008 et plongé nombre de pays de l'UE dans une forte récession (baisse du PIB de 5 % en Allemagne, de 6,9 % en Finlande, de 2,2 % en France ou de 5,8 % en Slovaquie) a mis entre parenthèse l'application du Pacte pendant quelques années, avec pour résultat des déficits largement supérieurs aux 3 % autorisés : 8,2 % pour la France, 6 % pour l'Allemagne et 6,9 % pour la moyenne de la zone euro.

En 2011, le PSC a fait l'objet d'une nouvelle réforme. Les mesures adoptées constituent une étape importante pour garantir la discipline budgétaire, mais n'ont cependant pas permis une application stricte des règles, la Commission appliquant de manière très souple les procédures pour déficit excessif. Ainsi, les sanctions qui devaient être adoptées en juillet 2016 contre l'Espagne et le Portugal ont finalement été reportées et la France est sortie de cette procédure en mai 2018 après neuf ans sans sanctions.

Le 23 mars 2020, face à la pandémie de Covid-19, les ministres européens des Finances ont décidé, sur proposition de la Commission, d'activer la clause dérogatoire générale prévue par le Pacte de stabilité et de croissance depuis la réforme de 2011. Le recours à cette clause offre une flexibilité budgétaire pour que soient prises toutes les mesures nécessaires afin de soutenir les systèmes de santé et de protection civile et de protéger les économies des États membres.

Question

Remplissez ce tableau qui montre la piste de réformes du PSC.

En 1997	
En 2003	
En 2005	
En 2008	
En 2011	
En 2020	

Leçon 3

La dette publique

La dette publique correspond à l'ensemble des engagements financiers émis par toutes les administrations publiques : l'administration centrale, les collectivités locales et la Sécurité sociale. Elle est l'accumulation de déficits passés et non encore remboursés. Une des difficultés majeures associées à la dette publique est sa soutenabilité, c'est-à-dire la capacité d'un État à rembourser ses emprunts et donc sa solvabilité.

Celle-ci est directement liée au montant des dettes accumulées (mesuré par la part de la dette publique dans la richesse nationale) ; à la croissance du pays et aux perspectives de croissance à long terme ; ainsi qu'à la politique suivie par le passé relative à la régularité des paiements des dettes antérieures. Cette situation est l'objet de notes régulièrement données par des agences comme Moody's à l'adresse des banques et acheteurs de titres publics. La France est à la fois un des pays les plus endettés du monde (proportionnellement à sa population) et est dans le top des pays les plus sûrs pour les détenteurs de sa dette publique.

Le premier texte distingue la gestion de la dette d'un pays de celle d'un ménage ou d'une entreprise : un État a une durée de vie *a priori* infinie et n'a pas vocation à dégager des profits ; ses dépenses et ses recettes ont une influence directe sur la performance de l'économie. La dette publique peut ainsi servir à soutenir l'économie dans les périodes de faiblesse de l'activité ou à financer temporairement des dépenses utiles pour l'avenir, par exemple pour financer la transition écologique. Par contre, une accumulation non maîtrisée de dettes comporte des risques et peut rendre la situation des finances publiques insoutenable. Ces effets néfastes se traduisent notamment par l'effet d'éviction, l'effet boule de neige et la dépendance à l'international au cas où une bonne partie des détenteurs de la dette publique sont non résidents.

Le deuxième texte permet de constater la dette publique française au fil du temps. La dette publique française s'établit à 2 834 milliards d'euros à la fin du troisième trimestre 2021, correspondant à 116 % du PIB. Ce niveau est très largement le fait des dépenses de l'État qui en représente 81 %. Du point de vue historique, la dette publique de la France représentait seulement 21 % du PIB en 1980. Ce pourcentage a fortement augmenté de 1980 à 1997, où elle a atteint 61 % du PIB, puis a été à peu près stabilisée jusqu'à 2007. Elle a ensuite de nouveau fortement augmenté avec la crise financière pour se stabiliser vers 98 % du PIB dans les années 2016 à 2019. Elle a fait un nouveau bond en 2021 jusqu'à 116 % du PIB. Cette hausse du ratio dette/PIB résultait à la fois de l'augmentation de la dette et de la baisse du PIB. Du point de vue de la comparaison internationale, la dette publique de la France de 2021 est supérieure aux moyennes de la zone euro et de l'Union européenne à 27. Elle est notamment beaucoup plus élevée que celle de l'Allemagne, mais nettement inférieure à celle de l'Italie.

Texte 1

La dette publique : définition et débats

Notes

Si les dépenses publiques sont supérieures aux recettes publiques au cours d'une année, il y a un déficit. Les administrations publiques (l'administration centrale, les collectivités locales et la Sécurité sociale) doivent alors emprunter pour financer ce déficit. La **dette publique** est ainsi la somme des emprunts contractés, année après année, par les administrations publiques et non encore remboursées.

Contrairement aux particuliers, les organismes publics, lorsqu'ils s'endettent, ne remboursent à chaque échéance que les **intérêts**, car ils émettent des **obligations**. S'il émet une **OAT** (obligations assimilables du Trésor) à 10 ans, l'État remboursera les intérêts (par exemple 0,5 % du montant de l'obligation émise) chaque année ou chaque semestre pendant 10 ans, mais remboursera le capital en une seule fois, à l'échéance. Pour cela il se réendettera. En période d'intérêts très faibles, il semble facile de s'endetter, puisque cela ne coûte rien et parfois même rapporte (intérêts négatifs). Mais à l'échéance il faudra se réendetter pour le même montant et si les taux d'intérêt montent fortement, cela pourra devenir difficile pour l'État et son budget de faire face à la charge de la dette (coût des emprunts).

Faut-il avoir peur de la dette publique ? La réponse est loin d'être convergente. Les partisans de la dette publique s'appuient sur les deux arguments suivants.

D'abord, la dette publique se justifie par l'effet multiplicateur, notion introduite par l'économiste John Maynard Keynes. Selon Keynes, toute augmentation de la demande globale entraîne une augmentation plus que proportionnelle du revenu. Ainsi, tout nouvel investissement, consommation ou dépense publique, va entraîner une hausse plus que proportionnelle de la richesse produite dans le pays. Par exemple, si l'État investit 10 milliards dans la rénovation énergétique des bâtiments. Cette dépense publique constitue autant de revenus pour les entreprises privées de rénovation qui vont les utiliser pour payer leurs salariés et leurs fournisseurs. Ceux-ci dépenseront à leur tour ces revenus supplémentaires (en biens de consommation par exemple), créant ainsi une nouvelle demande pour d'autres entreprises. Et ainsi de suite, par vagues successives.

Plus récemment, est soutenue l'idée de la « règle d'or des finances publiques » : le gouvernement doit financer par l'endettement les biens publics qui profitent aux générations futures. Puisque les générations futures profiteront des investissements publics actuels, elles doivent contribuer à les financer. Elles le feront lorsqu'elles paieront les impôts nécessaires pour rembourser la dette que l'on fait aujourd'hui pour financer les dépenses productives.

Les antagonistes de la dette publique avancent qu'une accumulation non maîtrisée de dettes exerce un certain nombre d'effets néfastes sur l'économie.

Le premier est l'**effet d'éviction** qui se traduit par une baisse de l'investissement et de la consommation privée, provoquée par la hausse des dépenses publiques. Le mécanisme s'explique par deux aspects. D'une part, les actifs financiers émis par l'État sont plus crédibles que ceux émis par des entreprises privées. Les investisseurs sont donc incités à abandonner les titres privés pour acheter les titres publics. De l'autre, une hausse des besoins de financement de l'État augmente la demande sur le marché, ce qui pousserait mécaniquement à la hausse des taux d'intérêt. Les entreprises privées, « évincées », risquent de devoir payer des taux d'intérêt plus élevés pour obtenir les capitaux nécessaires à leurs investissements productifs.

Le deuxième est l'**effet boule de neige**. Il s'agit de la situation où le taux d'intérêt de la dette est supérieur au taux de croissance du PIB, la dette s'accroît mécaniquement, même en l'absence de **déficit primaire**. En effet, la dette représente le cumul des déficits passés. C'est un stock. Plus ce stock est important, plus il risque d'inquiéter les créanciers soucieux de la **solvabilité** de l'État. Le danger est que les prêteurs demandent une « **prime de risque** », c'est-à-dire un taux d'intérêt plus élevé, pour compenser un éventuel **défaut** du pays sur sa dette. Si, dans le même temps, la croissance économique est insuffisante, la charge d'intérêts aggrave le déficit, ce qui nécessite un nouvel endettement et peut entraîner un dérapage incontrôlé de la dette.

Le troisième est la dépendance à l'international. L'État n'emprunte pas uniquement à des résidents, c'est-à-dire à des agents économiques sur son territoire. Il va souvent sur les marchés financiers internationaux pour emprunter de l'argent. Selon les chiffres publiés par l'**Agence France Trésor (AFT)**, parmi les

Notes

détenteurs de la dette publique, on trouve 48,8 % de non-résidents (septembre 2021) tous titres de créances négociables confondus émis par l'État, une proportion en hausse sensible depuis la fin du XXe siècle (en 1993, seul un tiers de la dette publique française était détenu par des non-résidents), mais en baisse par rapport à 2009 (67 %).

Graphique 5-3-1 Détention de la dette de l'État français

SEPTEMBRE 2021

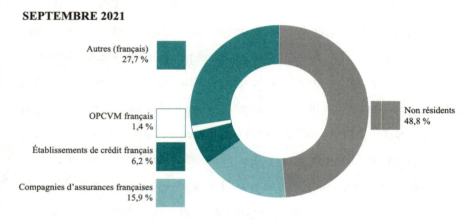

Autres (français) 27,7 %

OPCVM français 1,4 %

Établissements de crédit français 6,2 %

Compagnies d'assurances françaises 15,9 %

Non résidents 48,8 %

Source : Agence France Trésor

Les critères européens exigent que la dette publique des pays membres ne dépasse pas la norme de 60 % du PIB. Pourtant, il est difficile de définir un seuil d'insolvabilité ou de non-soutenabilité des finances publiques. Il s'agirait du niveau d'endettement où l'État est « en faillite », c'est-à-dire ne pourrait plus rembourser ses emprunts. Le Japon (dette publique de 238 % du PIB en 2017), les États-Unis (105 %) ou encore l'Allemagne (64 %) sont des pays jugés solvables en dépit de leur taux d'endettement. Mais, en 2010, la Grèce, avec une dette publique de 146 % du PIB, a vu son coût de financement (taux d'intérêt exigé par les investisseurs) sur les marchés augmenter à des niveaux tels qu'il lui est devenu impossible de se financer. Cette diversité de situations montre que la soutenabilité de la dette dépend d'un ensemble de facteurs et d'abord de la situation économique d'un pays.

Graphique 5-3-2 La dette publique aux États-Unis, en Europe et au Japon en 2017

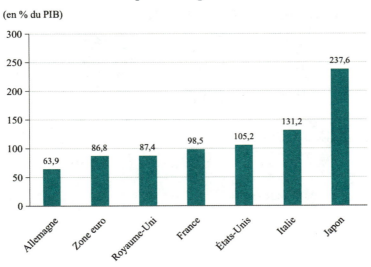

(en % du PIB)

Source : Eurostat, FMI, Pour les pays de l'UE, dette au sens de Maastricht

Texte 2

La dette publique française

La dette publique française s'établit à 2 834 milliards d'euros à la fin du troisième trimestre 2021. Comme le montre le graphique ci-dessous, 79 % de la dette publique provient de l'État. Si l'on ajoute les autres organismes d'administration centrale, le total de l'État représente 81 %. Les organismes de Sécurité sociale et les administrations publiques locales (collectivités territoriales) représentent respectivement 11 % et 8 % de la dette publique. L'État seul accumule 2 232 milliards d'euros de dette à cette date. Pour rembourser la part de sa dette arrivant à échéance, l'État français emprunte de l'argent sur les marchés financiers notamment par le biais d'obligations du Trésor pour financer son déficit.

Leçon 3

Graphique 5-3-3 Répartition de la dette par administrations publiques

AU TROISIÈME TRIMESTRE 2021

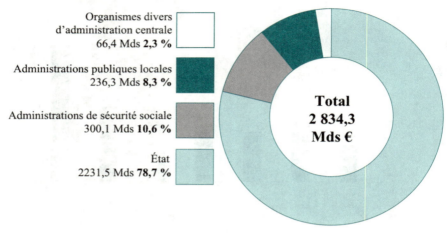

Organismes divers
d'administration centrale
66,4 Mds **2,3 %**

Administrations publiques locales
236,3 Mds **8,3 %**

Administrations de sécurité sociale
300,1 Mds **10,6 %**

État
2231,5 Mds **78,7 %**

Total
2 834,3
Mds €

Source : Insee

Pour mesurer la dette publique, on la rapporte au produit intérieur brut (PIB). Ainsi, on peut comparer la dette publique à la taille de l'économie. Depuis quinze ans, la dette publique française s'est largement accrue. Elle était de 60 % du PIB au début des années 2000, a dépassé le seuil des 100 % du PIB en 2017 et atteint désormais 116 % du PIB en 2021.

Graphique 5-3-4 Dette au sens du Maastricht des administrations publiques

DETTE AU SENS DE MAASTRICHT DES ADMINISTRATIONS PUBLIQUES
EN % DU PIB

116.3 %

Source : Insee

La crise de la Covid-19 a entraîné un fort accroissement de l'endettement public en France. Cette dégradation des finances publiques s'explique par deux facteurs.

L'État a, tout d'abord, augmenté ses dépenses afin de soutenir l'économie et de faire face aux conséquences de la crise. Les dépenses publiques ont ainsi progressé de 74 milliards d'euros en 2020.

Dans le même temps, certaines ressources de l'État, qui sont proportionnelles à l'activité économique comme les recettes de TVA par exemple, ont diminué du fait de la récession que traverse la France. Les recettes publiques ont ainsi baissé de 63 milliards d'euros en 2020.

Au cours de la même année, la dette des administrations de Sécurité sociale a fortement augmenté, passant de 193 à 268 milliards d'euros, soit une hausse de plus de 38 %. Cette hausse s'explique principalement par les mesures de chômage partiel, ainsi que par les reports et annulations de cotisations sociales destinés à soutenir les entreprises.

Ajoutons, enfin, que la forte hausse de la part de dette publique rapportée au PIB s'explique également par la diminution du PIB en 2020 du fait de la récession. En effet, en raison du recul de l'activité économique en France, la dette représente un poids plus important lorsqu'on la rapporte au montant des richesses créées.

Du point de vue de la comparaison internationale, la dette publique de la France de 2021 (116 % du PIB) est supérieure aux moyennes de la zone euro (96 % du PIB) et de l'Union européenne à 27 (88 %). Elle est notamment beaucoup plus élevée que celle de l'Allemagne (69 %), mais nettement inférieure à celles de l'Italie (151 %). Sept pays avaient une dette au-dessous du seuil de 60 % du PIB, notamment les Pays-Bas (52 % du PIB).

Leçon 3

Graphique 5-3-5 Les dettes publiques au sens du traité de Maastricht (en % du PIB)

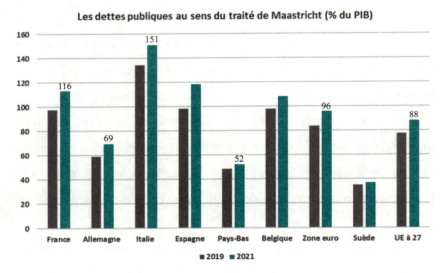

Sources : Eurostat ; FIPECO

Notions économiques //

1. Dette publique

La dette publique est, dans le domaine des finances publiques, l'ensemble des engagements financiers pris sous formes d'emprunts par les administrations publiques.

2. Intérêt

L'intérêt est la rémunération d'un capital emprunté. Il est déterminé par un taux fixé à l'origine du prêt, et versé par le débiteur à son créancier.

3. Obligation

Les obligations sont des titres utilisés par les entreprises ou les États pour emprunter de l'argent sur les marchés financiers. En achetant des obligations, les créanciers reçoivent un intérêt en rémunération de ce prêt – on l'appelle le « coupon » –, et au terme prévu, le débiteur remboursera le montant emprunté.

4. OAT (obligations assimilables du Trésor)

Les OAT sont des valeurs assimilables du Trésor à moyen et long terme, émises par l'État français.

5. Effet d'éviction

L'effet d'éviction correspond à un phénomène économique dans lequel une hausse des dépenses publiques entraîne une baisse des consommations et des investissements privés. Cette situation est causée par le fait que pour se financer, l'État fait la concurrence aux sociétés ou aux particuliers. Cela fait augmenter les taux d'intérêt sur le marché grâce à l'accroissement de la demande. Cela paralyserait les sociétés privées qui ont moins de possibilités d'emprunter.

6. Effet boule de neige

L'effet boule de neige se produit généralement lorsque le coût de financement est supérieur au taux de croissance du PIB. En d'autres termes, le pays est incapable de rembourser sa dette faute de revenus. Ce scénario pourrait conduire à une crise de la dette.

7. Déficit primaire

Un déficit primaire correspond à un solde négatif du budget des administrations publiques non compris les intérêts versés sur la dette et les revenus d'actifs financiers reçus.

8. Solvabilité

La solvabilité est la capacité d'une personne physique ou morale à payer ses dettes sur le court, moyen et long terme.

9. Prime de risque

La prime de risque désigne un supplément de rendement exigé par un investisseur afin de compenser un niveau de risque supérieur à la moyenne.

10. Défaut de paiement

Le défaut de paiement désigne le fait qu'une personne physique, une entreprise ou un pays ne soit pas en mesure d'honorer une partie ou la totalité de ses engagements envers un créancier.

11. Agence France Trésor

L'Agence France Trésor (AFT) est un service à compétence nationale français chargé de gérer la dette et la trésorerie de l'État.

Exercices

I. Compréhension des notions économiques.

1. Si les déficits publics s'accumulent, année après année, alors en l'absence de réserves il y aura l'augmentation _____.

   A. de la dette publique   B. du déficit commercial

   C. de l'inflation   D. du PIB

2. La dette publique française est essentiellement attribuée _____ .

   A. à l'État

   B. aux administrations locales

   C. aux administrations de la Sécurité sociale

   D. aux organismes divers d'administration centrale

3. La dette publique représente _____ .

   A. le fait que sur un an les dépenses publiques ont été inférieures aux recettes publiques

   B. le fait que sur un an les dépenses publiques ont été supérieures aux recettes publiques

   C. le stock de tous les emprunts effectués par les pouvoirs publics pour financer les déficits publics successifs et non remboursés

   D. le fait que sur un an les dépenses publiques ont été égales aux recettes publiques

4. Selon le traité de Maastricht, la dette publique globale devrait être inférieure à _____ .

   A. 10 % du PIB   B. 3 % du PIB

   C. 60 % du PIB   D. 100 % du PIB

5. Comment un État finance-t-il son déficit public ?

   A. En faisant marcher la planche à billets

   B. En émettant des actions

   C. En émettant des obligations

   D. En faisant un appel aux dons des citoyens

6. En 2021, la dette publique de France représente environ _____ .

   A. 10 % du PIB   B. 116 % du PIB

   C. 60 % du PIB   D. 30 % du PIB

7. L'effet « boule de neige » est le processus cumulatif d'accroissement de la dette en raison de la charge trop lourde que représente le paiement des intérêts.

   A. Vrai   B. Faux

8. La dette publique est un flux.

    A. Vrai   B. Faux

9. L'effet d'éviction a lieu lorsqu'une hausse des dépenses publiques provoque une baisse de l'investissement et de la consommation privée.

    A. Vrai   B. Faux

10. L'État emprunte uniquement à des résidents.

    A. Vrai   B. Faux

II. Compréhension du document.

Comment les États s'endettent ?

Avec la financiarisation de l'économie, les États sont amenés à financer leurs déficits publics en émettant des titres de dettes sur les marchés financiers. Historiquement, les États ont très rarement fait défaut sur leur dette. Donc, placer son épargne en achetant un titre de dette souveraine représente un placement peu risqué, « en bon père de famille ». Le détenteur du titre de dette reçoit des intérêts rémunérateurs des États endettés et, à tout moment, il peut revendre ses titres de dette sur les marchés financiers du monde entier (moyennant des frais de transaction et l'acceptation du prix du marché).

Mais tous les États ne sont pas au même niveau du point de vue de l'endettement. Moins un État est solvable, plus le placement est risqué, plus le taux d'intérêt rémunérateur est élevé, l'intérêt jouant le rôle de prime de risque. Ainsi, les États, pour s'endetter de façon peu coûteuse, ont demandé à des agences de notation d'évaluer par une note leur solvabilité et donc la qualité de leurs titres de dette (AAA étant la meilleure note possible). Ainsi, les pays obtenant le fameux triple AAA peuvent s'endetter sur les marchés financiers en payant de faibles intérêts à leurs créanciers. Mais si la note se dégrade, le taux d'intérêt augmente… Or la note se dégrade notamment quand le ratio dette/PIB s'accroît trop rapidement, par exemple à cause d'une hausse soudaine des taux d'intérêt ! On est alors en face d'un dangereux mécanisme auto-réalisateur reposant sur les anticipations moutonnières des spéculateurs sur les marchés financiers qui peuvent ainsi, « attaquer » un pays via l'envolé des taux d'intérêt de sa dette.

Les pays européens bénéficient fréquemment de notations très favorables et ont, simultanément, un taux d'endettement élevé.

Questions

1. Où un État s'endette-t-il ?

2. Quelle est la relation entre la note souveraine et le taux d'intérêt ?

3. Expliquez le mécanisme « auto-réalisateur », s'il vous plaît.

Leçon 4

La lutte contre la dette publique élevée

La question de la dette a toujours tenu une large place dans la vie économique et financière des États, mais elle est devenue essentielle aujourd'hui. En effet, des règles ont été fixées, au moins au sein de l'Union européenne (UE), pour en limiter l'ampleur (le ratio dette/PIB inférieur à 60 %). En outre, tant pour son financement que pour l'évaluation de sa soutenabilité, de nouveaux acteurs ont émergé (comme les agences de notation), ce qui illustre l'interdépendance croissante de nos économies.

Le premier texte présente diverses mesures destinées à faire baisser une dette publique élevée, notamment par la croissance, par un excédent budgétaire primaire et la privatisation des actifs publics, etc. Chaque approche a ses avantages et ses inconvénients. Compter sur la croissance est un parcours « vertueux » pour réduire la dette, mais la croissance « marquante » est difficile à obtenir, surtout lorsque le pays est déjà pénalisé par une lourde dette. Comme une épée à double tranchant, la politique d'austérité (excédent budgétaire) est la méthode la plus fiable pour assurer le retour à de sains niveaux d'endettement public, mais ses coûts économiques, politiques et sociaux peuvent être exorbitants. La privatisation apporte des recettes supplémentaires à l'État, mais ces recettes n'ont lieu qu'une seule fois.

Le deuxième texte nous emmène à décrypter la faillite d'un État. Selon le FMI, à la suite de la crise de la Covid-19, la dette des pays européens, ainsi que celle des pays de l'OCDE prennent une ampleur quasi inégalée dans l'histoire. Alors, ce niveau d'endettement est-il préoccupant ? Cela peut-il conduire l'État à ne pas pouvoir faire face à ses engagements financiers ? L'État peut-il faire faillite ? Contrairement aux entreprises ou aux particuliers, l'État ne peut pas « mettre la clé sous la porte ». En revanche, il peut faire « défaut » et ne pas rembourser toute sa dette. En conséquence, il subira de grandes difficultés de financement dans l'avenir et, surtout, fera face à une augmentation des taux d'intérêts sur sa dette. En bref, la dette publique est un enjeu de souveraineté autant que financier.

Comment lutter contre une dette publique élevée ?

Le ratio dette sur PIB est un indicateur phare des discours sur la dette publique et plus généralement sur la bonne gestion des finances publiques. Comment s'attaquer au niveau d'endettement élevé ? Les gouvernements peuvent prendre diverses mesures pour faire baisser une dette publique trop élevée. Les approches les plus courantes comprennent une combinaison de ce qui suit : compter sur la croissance ; dégager un **excédent budgétaire primaire** ; privatiser des actifs publics.

Miser sur la croissance

La manière la plus simple de réduire le ratio dette/PIB est de favoriser la croissance de l'économie. Lorsque la croissance économique est rapide, le niveau d'endettement reste le même, de sorte que le fardeau de la dette par rapport à la taille de l'économie diminue. Nombreux sont ceux qui diraient que cela exige un taux de croissance marquant, difficile à obtenir. Mais l'important est que le taux de croissance dépasse le taux d'intérêt. Ainsi, toute croissance économique supérieure au taux d'intérêt en vigueur viendrait réduire le ratio dette/PIB.

S'assurer d'un excédent budgétaire primaire

Les gouvernements peuvent tenter de réduire la taille globale de leur dette en enregistrant un excédent budgétaire primaire. Pour y parvenir, ils adoptent la politique budgétaire de rigueur (politique d'austérité) qui a deux volets : l'augmentation des recettes et/ou la diminution de dépenses. Le premier volet consiste à augmenter les impôts et les taxes. Le deuxième consiste à réduire les dépenses publiques : gel ou baisse du salaire des fonctionnaires, réduction des investissements dans les infrastructures publiques, réduction des budgets des administrations, baisse des prestations sociales et de retraite...

Depuis une décennie, la France a eu recours à différentes formes d'austérité pour réduire son déficit public. Son effort structurel était d'abord concentré sur les hausses d'impôts en 2011–2013[1] et a privilégié les économies budgétaires en 2015–2017[2].

Graphique 5-4-1 L'adoption de l'austérité par la France (2011–2013 et 2015–2017)

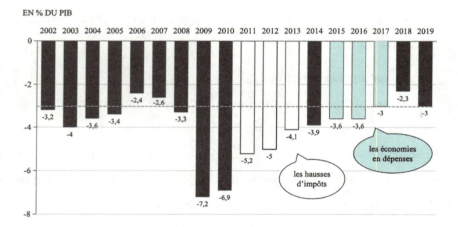

Source : Insee

---

1 Les hausses d'impôts ont représenté 16 milliards d'euros en 2011 (et même 22 milliards si l'on intègre le contrecoup de la réforme de la taxe professionnelle et l'arrêt de mesures de relance), 20 milliards en 2012 et elles devraient atteindre quelque 28 milliards en 2013. Soit un total de près de 65 milliards d'euros, l'équivalent de 3,2 points de PIB.

2 Conformément aux engagements, le rétablissement des finances publiques s'appuie sur la maîtrise des dépenses, tout en assurant le financement des priorités : sécurité, emploi, éducation et justice notamment.

Or en Grèce, en Irlande, au Portugal et en Espagne, les mesures d'austérité commencent par faire mal, quitte à être relativement efficaces par la suite. Dans un premier temps, le gel des salaires des fonctionnaires accompagné des mesures anti-déficits a causé des mouvements de protestations et a eu des conséquences sociales désastreuses : fuite des cerveaux grecs, augmentations du chômage, etc. Néanmoins, depuis 2012, des améliorations sont constatées en Grèce, à travers de meilleures performances économiques.

Privatiser des actifs publics

Les États détiennent un certain nombre de sociétés ou des entreprises publiques. Ils peuvent les céder, c'est-à-dire les vendre à des propriétaires privés sur le marché. En France, après plusieurs vagues de nationalisations (1937, 1946, 1981), les **privatisations** datent de l'année 1986, avec l'arrivée de Jacques Chirac au gouvernement. Le gouvernement français privatise alors des entreprises nationalisées, et notamment : Saint-Gobain, TF1, Paribas, Société Générale, etc. Ce graphique montre les estimations des recettes de l'État français issues des privatisations pendant trois décennies (1986–2019). Le total de recettes s'élève à environ 127 milliards d'euros. En bref, la privatisation constitue une ressource importante permettant à un État endetté de réduire ses dettes ou de moins emprunter.

Graphique 5-4-2 Trois décennies de privatisations en France

Estimations des recettes de l'État issues des privatisations, par gouvernement(s) depuis 1986

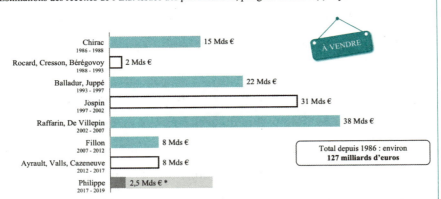

*Les cessions des titres Renault et Safran ont déjà rapporté environ 2,5 Mds € à l'État. Les opérations envisagées avec ADP, Engie et FDJ pourraient rapporter au moins 15 Mds € si elles aboutissent.
En date du 10 mai 2019.
Sources : *L'Express*, *Le Figaro*

Leçon 4

Il existe également d'autres méthodes pour faire face à la dette publique : défaillance, hausse de l'inflation, répression des taux d'intérêt, ou maintien du niveau élevé de la dette (politique de relance stratégique) en profitant d'un niveau d'endettement élevé pour financer des travaux infrastructurels. Ces stratégies ont été employées à diverses époques historiques et présentent toutes des avantages et inconvénients. Mais l'examen de ces différentes politiques est trop complexe à ce stade. N'oublions pas que la gestion de la dette diffère d'un pays à l'autre, avec différents degrés d'atteinte de résultats.

Texte 2[1]

Un État peut-il faire faillite ?

Des endettements abyssaux

Les chiffres font tourner la tête. Selon le FMI, à la suite de la Covid-19, la dette mondiale (privée et publique) s'est élevée à... 226 000 milliards de dollars, alors que le PIB mondial, lui, se situait autour de 85 000 milliards de dollars. Une dette équivalente à 256 % de la richesse produite annuellement dans le monde ! Et sur cette dette mondiale, celle contractée par les différents États du monde (dette publique) se monte à un peu plus de 90 000 milliards de dollars, soit environ 40 % de la dette mondiale. Si l'on se penche sur certains pays ou zones géographiques, le constat est saisissant : si, dans l'ensemble des pays de l'OCDE, la dette publique représente aux alentours de 80 % de leur PIB, en zone euro on monte à 98 %, aux États-Unis à

1 CHARTOIRE Renaud et JEANNIN Rémi, *Le grand cours économie : les grands sujets pour comprendre notre monde*, Paris, Hachette Pratique, 2023, p. 222.

165 %, en Grèce à 200 % et au Japon à près de 260 %. Pourtant, ces États ne sont pas en faillite. Ils continuent à produire des services pour leur population et à mettre en place des politiques publiques. C'est que, contrairement à un ménage, un État est toujours en mesure d'augmenter ses recettes, par exemple en augmentant ses taux d'imposition, et, surtout, que sa dette n'est parfois que la contrepartie d'investissements publics qui non seulement contribuent au bien-être de la population, mais aussi génèreront des recettes futures permettant, au moins en théorie, de faire face au remboursement de sa dette.

[...]

Vers la faillite, ou non ?

Alors, une faillite est-elle envisageable ? Tout d'abord, il nous faut éclaircir le sens juridique du terme. Une **faillite** peut prendre la forme d'une cessation de paiement, puis éventuellement d'une liquidation judiciaire. Un État peut être en cessation de paiement, s'il n'est pas en mesure de trouver les moyens de faire face aux remboursements et aux dépenses qu'il a engagées. En revanche, il ne peut pas se retrouver en liquidation judiciaire, car il n'est pas seulement une personne morale, mais il est l'incarnation même de la souveraineté. Il ne peut pas « mettre la clé sous la porte » et disparaître.

S'il est en situation de cessation de paiement, il peut passer temporairement sous la tutelle de ses créanciers, ce qui s'est passé avec certains États du tiers-monde dans les années 1980 et 1990 et avec la Grèce entre 2010 et 2018. Dans ces cas, l'État peut ne pas rembourser, toute ou partie de sa dette. Il fait alors « défaut », et... ses créanciers ne sont pas remboursés. Carmen Reinhart et Kenneth Rogoff, dans leur ouvrage *Cette fois, c'est différent* qui retrace huit siècles de crises financières, estiment même que dans l'histoire, cette solution a souvent été retenue par les gouvernements, sans que cela

273

Leçon 4

ne remette en question leur viabilité.

Le problème, c'est qu'en agissant ainsi, l'État se tire une balle dans le pied. L'image qu'il renvoie à ses créanciers est qu'on ne peut lui faire confiance. Il lui faut alors craindre avoir de grandes difficultés à financer ses déficits à venir et, surtout, subir une augmentation des taux d'intérêts sur sa dette. C'est ce qu'exprimait déjà Benjamin Franklin au XVIIIe siècle dans ce célèbre dicton : « Les créanciers ont meilleure mémoire que les débiteurs ».

En effet, les taux d'intérêt contiennent une prime de risque, qui signifie que plus un emprunt paraît risqué, moins les créanciers seront prêts à l'accorder, et donc plus l'emprunteur devra concéder des taux élevés pour attirer des prêteurs. Il en va de la crédibilité de l'État, en quelque sorte. Au plus fort de la crise de la dette grecque, début 2012, l'État grec a émis des titres d'emprunt à... 35 % de taux d'intérêt annuel. On entre alors dans un cercle vicieux qui ne peut conduire qu'à une crise encore aggravée.

L'exemple grec montre que la dette publique est un enjeu de souveraineté autant que financier. Être capable d'émettre une dette acceptée comme peu risquée par les créanciers donne des marges de manœuvre importantes aux États. Mais quand ce niveau atteint des niveaux excessifs ou que les taux d'intérêt sur la dette dépassent le niveau de croissance de l'économie, les problèmes de solvabilité remettent en question, à terme, la souveraineté de l'État.

Notions économiques //

1. Excédent budgétaire primaire

L'excédent budgétaire primaire est la solde positive entre les dépenses courantes (sans compter les intérêts de la dette publique) d'un État et ses recettes publiques.

2. Privatisation

La privatisation est l'opération consistant à transférer par la vente d'actifs, une activité, un établissement ou une entreprise du secteur public au secteur privé. La privatisation est dite partielle si seulement une partie du capital est vendue. L'opération inverse de la privatisation est la nationalisation.

3. Faillite de l'État

La faillite de l'État peut correspondre à deux réalités :

- soit une situation de faillite financière, dans laquelle un État n'est plus en mesure de régler les intérêts de sa dette ;
- soit un État défaillant, au sens où il ne parvient plus à assurer ses fonctions régaliennes.

Dans les deux cas, l'État est confronté à des difficultés intérieures dont la résolution appelle généralement l'intervention d'acteurs extérieurs. Il représente également un risque de déstabilisation au-delà des frontières nationales.

Leçon 4

I. Compréhension des notions économiques.

1. Quelle mesure fait partie de la politique budgétaire de rigueur ?

   A. Une augmentation des revenus de transfert de 5 %

   B. Une diminution des dépenses publiques pour la construction d'infrastructures

   C. Une diminution des impôts sur les sociétés

   D. Une augmentation des investissements en infrastructures publiques

2. Une politique budgétaire d'austérité a pour premier objectif _____.

   A. de stimuler la croissance économique

   B. de réduire le chômage

   C. d'augmenter la demande

   D. de réduire le déficit public

3. Quelles sont les solutions à une dette publique élevée ? (Plusieurs réponses possibles)

   A. Stimuler la croissance

   B. Réaliser un excédent budgétaire primaire

   C. Privatiser des actifs publics

   D. Réduire les impôts

4. Si le multiplicateur est supérieur à 1, _____.

   A. le PIB augmente plus que proportionnellement par rapport à la dépense publique initiale

   B. la dépense publique augmente plus que proportionnellement par rapport au PIB

   C. le PIB augmente autant que la dépense publique

   D. il n'y a pas de rapport entre la croissance du PIB et celle de la dépense publique

5. Les risques d'une politique budgétaire de rigueur sont _____. (Plusieurs réponses possibles)

   A. de freiner l'activité économique

   B. de faire augmenter le niveau général des prix

C. d'augmenter la dette publique

D. d'augmenter le taux de chômage

6. Pour mener une politique budgétaire de rigueur, l'État peut _____.

A. diminuer les impôts

B. augmenter les dépenses publiques

C. diminuer les dépenses publiques

D. diminuer les taux d'intérêt

7. De 2011 en 2013, quelle mesure a été mise en avant pour réduire le déficit public français (de 5,2 % à 4,1 % du PIB) ?

A. Augmenter les impôts

B. Baisser les dépenses

C. Réduire les investissements

D. Augmenter les cotisations sociales

8. Lequel de ces instruments n'est pas un instrument de la politique budgétaire ?

A. Les dépenses publiques

B. Les taxes

C. Les impôts

D. Le taux d'intérêt

9. Quand un pays de la zone euro dépasse le seuil d'endettement autorisé à cause de dépenses publiques importantes, il risque de provoquer l'inflation dans toute la zone euro.

A. Vrai

B. Faux

10. Historiquement, la France a connu à la fois la privatisation et la nationalisation.

A. Vrai

B. Faux

Leçon 4

II. Compréhension du document.

Comment nous allons rembourser la dette publique ?

Adapté de Philippe Aurain (Publié initialement en mars 2021 dans *Les Échos*)

Le ratio dette publique sur PIB de la France est au niveau de 111 % fin 2022, soit un montant de dette de l'ordre 3 000 Md€. Les modalités de son remboursement font aujourd'hui l'objet de débats.

Passons en revue les solutions possibles. La première est de diminuer le montant brut de la dette en dégageant un surplus budgétaire. Mais la France enregistre des déficits budgétaires sans interruption depuis 1975 et à horizon prévisible ne pourra pas renverser cette tendance.

Mais ce qui compte le plus n'est pas tant le montant brut de la dette que son poids en proportion de la richesse produite, le PIB. Pour faire baisser ce ratio, il y a plusieurs voies possibles.

Au numérateur, la dette croît avec le déficit primaire (avant intérêt), augmenté des intérêts annuels.

Au dénominateur, la richesse augmente avec la croissance de la production nationale, qui intègre la part de l'inflation.

Pour diminuer le numérateur, les États ont longtemps pu compter sur des taux d'intérêt très bas et parfois négatifs. Ce gain est de moins en moins évident avec le temps : il est en cours de retournement durable sur les marchés internationaux. Il en résulte un changement dans les conditions de gestion des déficits publics.

Toujours au niveau du numérateur, il est aussi possible de réduire le déficit primaire en baissant les dépenses ou en augmentant les impôts. La baisse des dépenses implique des choix difficiles alors que le coût de la protection sociale est appelé à augmenter avec le vieillissement de la population et que les enjeux économiques et sociétaux mondiaux impliquent de vastes chantiers de dépenses.

Par ailleurs, la France fait partie des pays où le taux d'imposition global est le plus élevé (plus de 45 % du PIB ; OCDE 2019). Les marges d'augmentation des recettes fiscales sont faibles, une hausse pouvant poser dans certains cas le problème du consentement à l'impôt.

Passons au dénominateur.

Peut-on augmenter la croissance potentielle ? Le cocktail de crises actuelles incite à l'effet contraire (destruction de capital physique et humain). Le plan de relance devrait toutefois permettre quelques gains.

L'inflation peut-elle aider ? En augmentant la croissance nominale, elle baisserait le ratio. Mais la hausse de l'inflation, si elle n'est pas transitoire, entraînera une hausse des taux directeurs et des taux de marchés. Il s'ensuit généralement une hausse des taux d'intérêt réels et donc une hausse du déficit. Pour que l'inflation soit une aide, il faudrait que les taux d'intérêt soient déconnectés de celle-ci et donc qu'il y ait une intervention permanente de la banque centrale. Or, cela mettrait les autorités monétaires en situation de dilemme, de choix impossible, entre baisse de la dette et lutte contre l'inflation.

Une autre proposition pourrait-être celle d'annuler la dette. Il faudrait plutôt évoquer les dettes : les créances publiques détenues par les particuliers en direct, ou via l'assurance-vie ne peuvent à l'évidence être prises en compte. Annuler celles détenues par les investisseurs financiers exposerait l'État à des recours et à l'exigence de primes de risque élevées pour emprunter dans le futur. Enfin dans le cas de la dette détenue par la banque centrale, rappelons que le financement des États par création monétaire est explicitement interdit en Zone Euro. L'annulation de la dette serait un casus belli avec nos partenaires, mettant potentiellement en péril l'existence même de l'euro.

Il en résulte que la dette française, comme celle de la quasi-totalité des pays, devra être remboursée ou refinancée dans des conditions de gestion budgétaire suffisamment robustes pour rassurer les préteurs.

Il n'y a donc pas de solution miracle, et un mix de politiques publiques est nécessaire : maîtrise des dépenses publiques (dépenses sociales et dépenses économiques, autant que modes de gestion des services publics), gestion de l'inflation, investissements ciblés augmentant la croissance potentielle, recours modéré à l'impôt. Il en résulte des adaptations continues de toute politique monétaire...

Questions

1. Quelles sont les solutions éventuelles pour réduire le ratio dette/PIB de France ?

2. Pour l'auteur, quels sont les inconvénients de chaque solution ?

3. Quelle est la conclusion de l'auteur à ce propos ?

Interview : la Chine renforcera sa politique budgétaire proactive (ministre des Finances)

La Chine facilitera l'expansion et améliorera l'efficacité de sa politique budgétaire proactive face aux multiples défis à venir, a déclaré un haut responsable.

Les fondamentaux peu solides de la reprise économique, la « triple pression » de la contraction de la demande, des chocs de l'approvisionnement et de l'affaiblissement des attentes, ainsi que d'un environnement extérieur turbulent, exigent des efforts afin d'intensifier les manœuvres pour les politiques macroéconomiques et d'optimiser l'éventail d'outils politiques, a déclaré le ministre des Finances, Liu Kun, lors d'une interview accordée à Xinhua.

Il a précisé que l'élargissement des politiques budgétaires comprenait des efforts pour coordonner les recettes budgétaires, le déficit et les subventions d'intérêts et accroître de manière appropriée les dépenses budgétaires.

Les données montrent que les dépenses éducatives de la Chine ont totalisé 33 000 milliards de yuans (environ 4 750 milliards de dollars) de 2012 à 2021. Au cours de cette même période, les dépenses générales publiques en santé et en logement se sont élevées respectivement à 13 600 milliards et 6 000 milliards de yuans.

« La question de l'équilibre budgétaire reste en suspens en 2023, mais nous ne reviendrons pas sur les dépenses consacrées au bien-être de la population », a indiqué M. Liu. Il a également noté la nécessité de budgétiser l'ampleur des obligations à vocation spéciale émises par les gouvernements locaux.

Des efforts seront également déployés pour canaliser les fonds budgétaires vers les gouvernements au niveau de base et orienter le soutien vers les régions moins développées et celles ayant des difficultés, a-t-il indiqué.

En ce qui concerne l'amélioration de l'efficacité des politiques budgétaires, M. Liu a souligné l'importance de perfectionner les politiques en matière de taxes et de frais et d'accroître leur précision pour aider les entreprises à surmonter les difficultés.

La Chine a procédé à un large éventail de réductions d'impôts et de taxes au fil des ans, ce qui a efficacement renforcé les attentes du marché, notamment en 2022, lorsque le pays a mis en œuvre des remboursements à grande échelle de crédits de taxe sur la valeur ajoutée, a expliqué M. Liu. Les réductions d'impôts et de frais, ainsi que les remboursements et les reports combinés, ont dépassé 4 000 milliards de yuans en 2022, ce qui a aidé les entreprises à maintenir leurs activités à flot, a ajouté M. Liu.

Il a également souligné les efforts visant à optimiser la structure des dépenses budgétaires et à renforcer la synergie entre les politiques monétaire, industrielle, technologique et sociale afin de favoriser une reprise économique globale.

En réponse à une question concernant les risques, M. Liu a indiqué que le ratio dette publique/PIB de la Chine était bien inférieur au niveau d'alerte de 60 % mondialement reconnu et à celui des principales économies de marché et émergentes. Les risques sont généralement gérables, a noté M. Liu.

I. Trouvez la bonne traduction des termes suivants dans le texte.

积极的财政政策 _____

需求收缩 _____

供给冲击 _____

预期转弱 _____

加大财政宏观调控力度 _____

优化政策工具组合 _____

财政收入 _____

赤字 _____

贴息 _____

财政支出 _____

财政可持续（财政平衡）_____

合理安排地方政府专项债券规模 _____

财力下沉 _____

向困难地区和欠发达地区倾斜 _____

财政政策提效 _____

完善税费优惠政策 _____

大规模增值税留抵退税 _____

优化财政支出的结构 _____

公共债务 _____

II. Répondez aux questions suivantes.

1. Selon le ministre des Finances, la reprise de l'économie chinoise est confrontée à une « triple pression ». Expliquez cette « triple pression ».

2. Comment peut-on améliorer l'efficacité des politiques budgétaires selon le ministre des Finances ?

Carte mentale

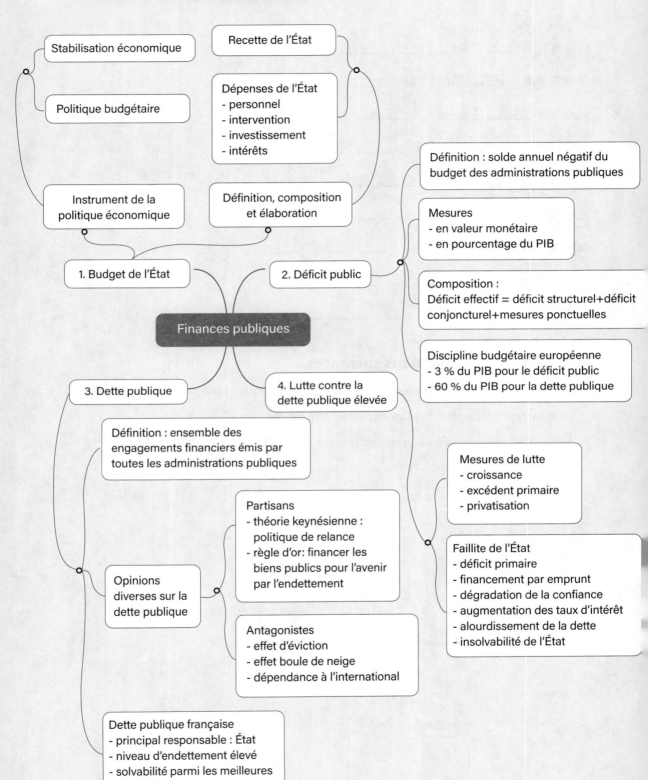

Stabilisation économique

Politique budgétaire

Recette de l'État

Dépenses de l'État
- personnel
- intervention
- investissement
- intérêts

Instrument de la politique économique

Définition, composition et élaboration

Définition : solde annuel négatif du budget des administrations publiques

Mesures
- en valeur monétaire
- en pourcentage du PIB

1. Budget de l'État

2. Déficit public

Composition :
Déficit effectif = déficit structurel+déficit conjoncturel+mesures ponctuelles

Finances publiques

Discipline budgétaire européenne
- 3 % du PIB pour le déficit public
- 60 % du PIB pour la dette publique

3. Dette publique

4. Lutte contre la dette publique élevée

Définition : ensemble des engagements financiers émis par toutes les administrations publiques

Mesures de lutte
- croissance
- excédent primaire
- privatisation

Partisans
- théorie keynésienne : politique de relance
- règle d'or: financer les biens publics pour l'avenir par l'endettement

Opinions diverses sur la dette publique

Faillite de l'État
- déficit primaire
- financement par emprunt
- dégradation de la confiance
- augmentation des taux d'intérêt
- alourdissement de la dette
- insolvabilité de l'État

Antagonistes
- effet d'éviction
- effet boule de neige
- dépendance à l'international

Dette publique française
- principal responsable : État
- niveau d'endettement élevé
- solvabilité parmi les meilleures du monde

Unité 6

Le commerce international

Si un pays étranger peut nous fournir une marchandise à meilleur marché

et que nous ne sommes pas en état de la produire nous-mêmes,

il vaut bien mieux que nous la lui achetions

avec quelque partie du produit de notre propre industrie,

employée dans le genre dans lequel nous avons quelque avantage.

——*Adam Smith*

Leçon 1

Les déterminants du commerce international

« Ouverture internationale », « globalisation », et surtout « mondialisation » sont des expressions que nous entendons souvent, tantôt avec une connotation favorable, tantôt en des termes très critiques. Pour autant, savez-vous précisément ce que recouvrent ces notions ? Pourquoi les pays échangent-ils entre eux ? Pourquoi un pays exporte-t-il plutôt des voitures que des vêtements ? Pourquoi un autre pays exporte-t-il plutôt des matières premières que des produits finis ? Comment expliquer cette spécialisation internationale ? Et celle-ci est favorable à ce pays ? Cette série de questions concerne les déterminants de l'échange international et les gains éventuels que l'on peut en retirer.

Le premier texte porte sur les théories du commerce international qui visent à identifier un ensemble de facteurs expliquant le commerce international intersectoriel et intra-sectoriel. Ces théories sont diverses d'autant plus que les relations commerciales sont complexes et dynamiques. L'économiste Elhanan Helpman nous rappelle qu'aucune théorie n'est en mesure d'expliquer pleinement la structure et les volumes des échanges internationaux observés. Il appartient à l'économiste de repérer d'abord la nature des biens et services échangés, leurs évolutions ainsi que celles des acteurs et des pays concernés par les différents flux pour mieux saisir la dynamique des échanges internationaux. Puis, dans un second temps, identifier les théories les plus appropriées... ou proposer une alternative.

Le deuxième texte porte sur la balance des paiements, un document de comptabilité nationale qui retrace l'ensemble des flux économiques entre un pays et le reste du monde au cours d'une année. La balance des paiements est composée de trois comptes qui se distinguent par la nature des ressources économiques fournies et reçues : ce sont le compte courant (biens et services, revenus primaires, revenus secondaires), le compte de capital et le compte financier. Ses différents postes sont scrutés par le gouvernement et la banque centrale pour piloter la politique économique.

Les théories du commerce international

Notes

Le **commerce international** désigne l'échange de biens et de services entre des pays différents. Si les échanges entre agents à l'intérieur d'un pays semblent aller de soi, les échanges de biens et de services entre deux pays leur sont-ils profitables ? La réponse se trouve dans les théories du commerce international.

Dans *Recherches sur la nature et les causes de la richesse des nations* (1776), Adam Smith (1723–1790) propose la théorie des **avantages absolus** selon laquelle un pays a intérêt à se spécialiser dans la production pour laquelle il est le plus efficace, c'est-à-dire le coût de production est le plus faible en comparaison avec les autres

---

1 MALBRANCQ Nicolas, BREVAL Pascal et LOUYS Delphine, *Réviser son bac avec le monde 2021 : Spécialité SES*, Paris, Rue des écoles, 2021, p. 16.

Notes

pays, et à échanger ensuite sa production. Mais il peut arriver que certains pays ne disposent d'aucun avantage absolu, c'est-à-dire qu'il existe des pays qui n'ont aucune production pour laquelle ils sont plus efficaces que les autres. Et dans ces cas-là, la théorie d'Adam Smith ne répond pas à la

question, sauf à considérer que ces pays ne devraient pas **se spécialiser**, en ne prenant en charge aucune production et en important tout du reste du monde.

David Ricardo (1772–1823) complète et prolonge les analyses de Smith avec sa théorie des **avantages comparatifs**. Selon lui, pour un pays, même si son coût est supérieur à celui des autres pour toute production, il a quand même intérêt à se spécialiser dans le secteur où son désavantage est le

moins important. Cela lui permet de faire des gains d'échange, d'élargir ses débouchés et de gagner en compétitivité. En conséquence, chaque pays a un intérêt à échanger avec les autres. Tous les pays participant au commerce international sont ainsi gagnants : il s'agit d'un jeu à somme positive.

Ricardo illustre sa théorie en prenant l'exemple de deux produits et deux pays : le drap et le vin, le Portugal et l'Angleterre. Le coût de production d'une unité de drap, exprimé en heures de travail, est égal à 90 pour le Portugal et à 100 pour l'Angleterre. Le coût de production

d'une unité de vin, exprimé en heures de travail, est égal à 80 pour

le Portugal et à 120 pour l'Angleterre. La productivité du Portugal

dans le vin est de 1/80 : il faut 80 heures pour produire 1 unité de

vin. Celle de l'Angleterre est de 1/120. Le Portugal est donc 1,5 fois

plus productif que l'Angleterre dans le vin : (1/80) / (1/120) =1,5,

mais seulement 1,1 fois plus dans le drap : (1/90) / (1/100) ≈1,1. Le

Portugal doit donc se spécialiser dans le vin, et l'Angleterre dans le

drap. Il en résulte alors une hausse de la production dans les deux et

dans le monde (de 4 à 4,325 unités).

Notes

Tableau 6-1-1 Le commerce international expliqué par les avantages comparatifs

	Portugal		Angleterre		
	Nombre d'heures de travail	Nombre d'unités produites	Nombre d'heures de travail	Nombre d'unités produites	Quantité produite par les 2 pays
Avant spécialisation des 2 pays (situation d'autarcie)					
Drap	90	1	100	1	2
Vin	80	1	120	1	2
Nombre d'unités de marchandises produites par les 2 pays					4
Après spécialisation des 2 pays (situation de commerce international)					
Drap	0	0	220	2,2	2,2
Vin	170	2,125	0	0	2,125
Nombre d'unités de marchandises produites par les 2 pays					4,325

Source : David Ricardo, *Des principes de l'économie politique et de l'impôt*, chapitre VII, 1817

Leçon 1

Ricardo n'explique pas d'où vient cet avantage comparatif. Pourquoi un pays est-il meilleur qu'un autre pour produire tel ou tel bien ? Trois auteurs ont répondu à cette question : Eli Heckscher (1879–1952), Bertil Ohlin (1899–1979) et Paul Anthony Samuelson (1915–2009). Selon eux, l'explication réside dans la **dotation factorielle** du pays, c'est-à-dire la quantité de facteurs de production (capital et travail) dont le pays dispose. Ainsi, pour être performant, un pays doit se spécialiser dans la production du bien qui nécessite l'utilisation du facteur de production dont il dispose en plus grande quantité relative sur son territoire. On appelle ce modèle du nom de ses trois auteurs HOS (Hecker - Ohlin - Samuelson).

Pourtant au début des années 1980, les échanges intra-branches se sont développés. Le « commerce de similitudes » (commerce intra-branches) a pris le pas sur le « commerce de différences » (commerce interbranches). Les échanges intra-branches représentent une part très importante dans les échanges au sein de l'Union européenne et des pays d'Amérique du Nord.

De la critique du modèle HOS est née la nouvelle théorie du commerce international, proposée à la fin des années 1970 par Paul Krugman, économiste américain, prix Nobel de l'économie en 2008. Krugman a recours notamment à des modèles fondés sur la différenciation des produits (goût du consommateur

pour la variété des produits d'une même branche) et l'existence de

rendements croissants (économies d'échelle).

L'introduction de la différenciation du produit permet d'expliquer le commerce intra-branche, c'est-à-dire l'existence simultanée d'importations et d'exportations d'un même bien. Grâce au commerce international, les consommateurs peuvent accéder aux biens étrangers dont les caractéristiques sont souvent différentes des biens produits localement. C'est le cas des fruits et légumes exotiques qu'on peut trouver sur les marchés français, mais c'est aussi le cas pour des biens qu'on pourrait croire plus standardisés comme les automobiles : pour les consommateurs, les voitures allemandes, françaises, japonaises ou italiennes n'ont pas les même caractéristiques (qualité, design, performances, etc.) et le commerce international permet un choix plus large de produits.

Selon Krugman, les rendements d'échelle croissants constituent une autre source de commerce international entre pays identiques qui échangent les mêmes biens. Si la production d'un bien fait l'objet d'économies d'échelle, il est intéressant pour un pays d'en augmenter le volume de production. Ces économies d'échelle s'expliquent notamment de deux manières. Tout d'abord, les investissements onéreux en capital sont plus largement utilisés, ce qui réduit le coût moyen unitaire : les coûts totaux restent fixes, mais sont dilués dans un plus grand volume de production. Ensuite, en produisant en grande série, on observe des **effets d'apprentissage**, et la productivité s'accroît en général. Par conséquent, chaque unité produite coûte ainsi de moins en moins cher. La baisse des prix liée aux économies d'échelle augmente le pouvoir d'achat des consommateurs, ce qui accroît à nouveau la taille des marchés. Cette demande accrue impose d'augmenter l'offre, c'est-à-dire la production, ce qui renforce encore les économies d'échelle et la baisse possible des prix de production.

Notes

On a donc un « cercle vertueux » qui s'enclenche entre le commerce international et la croissance économique.

Ces éléments théoriques sont très pertinents pour comprendre le commerce international contemporain. Mais ils ne résolvent pas, pour autant, toutes les questions qui apparaissent dans l'économie mondiale. C'est notamment le cas des coûts indirects ou globaux pour la société dans son ensemble comme les coûts des transports, de la pollution, etc. De nombreux travaux économiques se concentrent actuellement sur ces questions.

La balance des paiements

La **balance des paiements** est le document statistique qui recense l'ensemble des transactions économiques et financières d'un pays ou d'un groupe de pays (la zone euro par exemple) avec le reste du monde au cours d'une période donnée. Ces opérations entre les résidents et les non-résidents d'une économie sont classées dans différentes rubriques comptables en fonction de leur nature.

Le compte courant

Le **compte courant (balance courante)** retrace la somme des échanges internationaux de biens (balance commerciale) et de services (balance des services). Un solde négatif de ces deux balances signifie que la valeur des importations est supérieure à celle des exportations. La **balance commerciale** française déficitaire de 60 milliards d'euros en 2020 indique donc que la France a importé, cette année-là, 60 milliards d'euros de biens de plus qu'elle n'en a exporté. La balance commerciale de la France est régulièrement déficitaire, tandis que le solde des services est, quant à lui, structurellement positif.

Dans le compte courant, on trouve aussi les revenus des facteurs de production (revenus primaires) comme les salaires ou les revenus des investissements. Par exemple, les profits d'une entreprise étrangère implantée en France et rapatriés dans le pays d'origine apparaissent comme débit dans les revenus primaires. À l'inverse, le salaire d'un Français allant chaque jour travailler en Suisse ou au Luxembourg apparaîtrait au crédit des revenus primaires.

Enfin, les revenus secondaires (transferts courants) qui représentent l'aide internationale et les envois d'argent à l'étranger, figurent aussi dans le compte courant. Par exemple, l'envoi par un immigré d'argent à sa famille dans son pays d'origine pèse négativement sur le solde des revenus secondaires du pays d'accueil.

Le compte de capital

Le compte de capital retrace les achats ou ventes d'actifs non financiers, comme les brevets ou les droits d'auteur. Les montants concernés sont généralement faibles. La France en 2020 a vendu plus d'actifs non financiers auprès du reste du monde qu'elle a achetés (2 milliards d'euros). La somme des soldes du compte courant et de capital correspond à la capacité ou au besoin de financement de la nation dans les comptes nationaux.

Le compte financier

Le compte financier représente la somme des flux financiers entre un pays et le reste du monde : **investissements directs**, **investissements de portefeuille** (actions, obligations, etc.), ainsi que d'autres types d'investissements. Selon les normes comptables en vigueur, un solde positif du compte financier signifie que le pays est prêteur net au reste du monde. À l'inverse, un solde négatif traduit le

Leçon 1

Notes fait que le pays est emprunteur net de capitaux.

La balance des paiements est un outil important de diagnostic macroéconomique et elle permet d'identifier les principaux partenaires commerciaux et de comprendre, dans le cas d'un besoin de financement, comment il est financé par l'étranger.

Graphique 6-1-1 Quelques chiffres de la balance des paiements (2019)

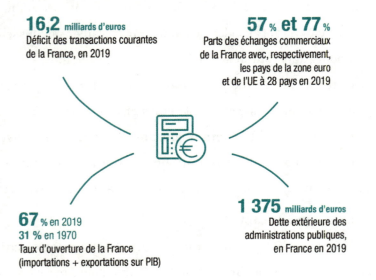

16,2 milliards d'euros
Déficit des transactions courantes
de la France, en 2019

57% **et 77**%
Parts des échanges commerciaux
de la France avec, respectivement,
les pays de la zone euro
et de l'UE à 28 pays en 2019

67% en 2019
31 % en 1970
Taux d'ouverture de la France
(importations + exportations sur PIB)

1 375 milliards d'euros
Dette extérieure des
administrations publiques,
en France en 2019

Notions économiques //

1. Commerce international

Au sens large, le commerce international est l'ensemble des flux de biens (produits agricoles, produits manufacturés, etc.) et des flux de services (transport, tourisme, services aux entreprises, etc.) qui circulent entre des espaces économiques différentes. C'est l'ensemble des importations et des exportations.

2. Avantage absolu

L'avantage absolu est la capacité d'une personne, d'une entreprise ou d'un pays à produire un bien, en utilisant moins de facteurs de production, donc à moindre coût que ses concurrents.

3. Spécialisation internationale

La spécialisation est la concentration de la production d'un pays dans des produits particuliers. Elle donne lieu à une division internationale du travail. La spécialisation internationale dépend de nombreux facteurs. Les économistes mettent en avant notamment le rôle des avantages comparatifs, de la dotation factorielle.

4. Avantage comparatif

Dans *Des Principes de l'économie politique et de l'impôt* (1817), David Ricardo affirme que même si un pays ne possède aucun avantage absolu, il doit se spécialiser dans la production du bien dans lequel il est, comparativement à d'autres pays, le moins mauvais : c'est la théorie des avantages comparatifs. Aujourd'hui, quand on parle des avantages comparatifs, on entend les avantages que tel ou tel pays peut mettre en avant et exploiter dans l'échange international (le coût de sa main-d'œuvre, la formation de ses ingénieurs, la facilité d'accès aux ressources en matières premières, etc.), justement dans la mesure où les autres pays ne les possèdent pas ou les possèdent à un moindre degré.

5. Dotation factorielle

C'est la quantité de facteurs de production dont un pays dispose sur son territoire ainsi que les conditions de leur utilisation. La quantité de facteurs de production détermine la spécialisation : un pays doit se spécialiser dans la production qui nécessite l'utilisation du facteur de production dont il est relativement le mieux doté.

6. Rendements croissants

Les rendements croissants apparaissent lorsque la production augmente plus vite que la taille des unités de production, donc que les coûts unitaires diminuent quand la production augmente.

7. Économie d'échelle

Une économie d'échelle correspond à la diminution des coûts unitaires de production due à l'augmentation des quantités produites, à la meilleure répartition des frais fixes et aux gains en organisation et savoir-faire.

8. Effet d'apprentissage

À force de répéter les mêmes opérations, chacun finit par acquérir une meilleure dextérité, un meilleur savoir-faire, une meilleure connaissance de l'enchaînement le plus efficace des différentes opérations. Tout cela contribue à augmenter la productivité de façon parfois considérable.

9. Balance des paiements

La balance des paiements est le document statistique qui recense l'ensemble des transactions économiques et financières d'un pays ou d'un groupe de pays (la zone euro par exemple) avec le reste du monde au cours d'une période donnée.

10. Compte courant (balance courante)

Le compte courant (la balance courante) est un document comptable qui retrace l'ensemble des flux financiers échangés par ce pays avec l'étranger. Elle est calculée en additionnant la balance des biens et des services, les échanges de revenus des facteurs de production et la balance des transferts courants (revenus secondaires), également appelés transferts privés et publics sans contrepartie. Aux côtés de la balance des opérations en capital, la balance courante constitue l'une des composantes essentielles de la balance des paiements d'un pays. Le solde de la balance des opérations courantes est un indicateur permettant de mesurer la compétitivité économique d'un pays.

11. Balance commerciale

La balance commerciale est la différence, en termes de valeur monétaire, entre les exportations et les importations de biens ou de biens et services (dépend du pays) dans une économie sur une période donnée. On parle aussi de solde commercial.

12. Investissement direct à l'étranger

Les investissements directs à l'étranger (IDE), également appelés investissements directs internationaux (IDI) par l'OCDE, sont les mouvements internationaux de capitaux réalisés en vue de créer, développer ou maintenir une filiale à l'étranger et/ou d'exercer le contrôle (ou une influence significative) sur la gestion d'une entreprise étrangère.

13. Investissement de portefeuille

Achat de titres émis par des agents non résidents, mais dans une optique de placement, pas pour prendre le contrôle de l'entreprise dont les titres sont achetés. Conventionnellement, selon le FMI, on considère qu'un achat d'action est un investissement de portefeuille tant que le total des actions détenues représente moins de 10 % du capital social de l'entreprise.

Leçon 1

Exercices

I. Compréhension des notions économiques.

1. Le modèle HOS explique la spécialisation _____.

   A. selon sa productivité du travail par rapport aux autres

   B. selon la dotation en facteurs de production

   C. selon sa puissance économique

   D. selon le niveau de salaire

2. Choisissez les exemples de spécialisation qui confirment HOS. (Plusieurs réponses possibles)

   A. La France et l'Allemagne s'échangent des voitures.

   B. La Chine exporte du textile en France et importe des avions de France.

   C. Les États-Unis importent des chaussures de Chine et exportent des services numériques en Chine.

   D. Les États-Unis et l'Union européenne s'échangent des avions.

3. « Le solde de la balance commerciale française n'a pas été positif. » Comment comprendre cette phrase ?

   A. La valeur des importations de la France est inférieure à celle de ses exportations.

   B. La valeur des importations de la France est supérieure à celle de ses exportations.

   C. La valeur des importations de la France est égale à celle de ses exportations.

   D. Aucune réponse.

4. Lorsqu'un brevet français est acheté par une entreprise coréenne, cette opération doit se comptabiliser au _____.

   A. compte de capital   B. compte courant

   C. compte financier   D. compte commercial

5. La spécialisation selon l'avantage comparatif suppose que le pays choisisse _____.

   A. la production dans laquelle il est le meilleur du monde

   B. la production qu'il préfère

   C. la production la plus consommée sur son marché intérieur

   D. la production dans laquelle il est relativement moins mauvais

6. Le modèle HOS ne permet pas d'expliquer _____.

   A. la spécialisation

   B. les échanges inter-branches

   C. les échanges intra-branches

   D. des avantages comparatifs

7. Selon Adam Smith, les pays se spécialisent dans les productions pour lesquelles

   _____.

   A. ils ont une meilleure productivité que les autres pays

   B. ils ont une moins bonne productivité que les autres pays

   C. ils ont l'avantage relatif le plus grand

   D. ils ont le désavantage relatif le plus petit

8. Quel est l'économiste qui a proposé une théorie montrant les avantages du libre-échange basée sur les avantages comparatifs ?

   A. J. M. Keynes   B. D. Ricardo

   C. A. Smith   D. F. List

9. Selon D. Ricardo et sa théorie des avantages comparatifs, tous les pays peuvent bénéficier des avantages du commerce international _____.

   A. s'ils proposent la meilleure qualité

   B. s'il proposent les prix les plus faibles

   C. même s'ils ne sont pas les plus efficaces

   D. même s'ils ont les prix les plus faibles

10. Le commerce intra-branche désigne _____.

    A. le commerce international de produits complémentaires

    B. le commerce international au sein d'une même zone géographique

    C. le commerce international de produits comparables

    D. le commerce international entre deux zones géographiques

II. Compréhension du document.

Quelques transformations du commerce mondial

Au niveau mondial, les échanges intra-branches avaient connu un essor considérable à partir du début des années 1980 pour atteindre leur apogée à la veille des années 2000. L'ouverture croissante des économies et l'approfondissement de la régionalisation en Europe comme en Amérique ont favorisé la convergence des structures industrielles. L'échange international basé sur un « commerce de différences » s'est transformé, surtout entre les pays à haut revenu, en un « commerce de similitudes ». Des schémas de spécialisation fine du travail ont vu le jour, alliant le principe des avantages comparatifs aux économies d'échelle de la nouvelle économie. Les échanges de produits intermédiaires et de biens d'équipement ont été au cœur de ce processus, en particulier dans les filières électronique, électrique, chimique, mécanique et des véhicules.

Avec l'émergence chinoise, cet échange de similitudes est entré dans une phase de déclin relatif au niveau mondial. Si les échanges au sein de la zone euro ont mieux résisté, la puissance de la spécialisation chinoise, basée sur des prix bas dans un large éventail de filières, a favorisé le retour en force des échanges traditionnels interbranches.

La tendance s'est inversée depuis 2012 avec une hausse notable des échanges intra-branche à l'intérieur des régions et surtout au sein de l'Union européenne. Ce regain d'échanges de similitudes pourrait être remis en cause par les incertitudes liées au Brexit et le déploiement des mesures protectionnistes aux États-Unis.

Questions

1. Trouvez dans ce texte un terme économique synonyme de « commerce de différences » et un autre synonyme de « commerce de similitudes ».

2. Pourquoi l'intégration commerciale de la Chine a-t-elle renforcé les échanges traditionnels interbranches ?

3. Quelles sont les transformations du commerce mondial selon ce texte ?

Le libre-échange

Le libre-échange est une doctrine économique recommandant la libre circulation de biens et de services entre pays. Selon laquelle, il convient de « laisser-faire » le marché, dans toute sa dimension internationale, avec le moins de contraintes, le moins de barrières possibles.

Le premier texte vise à présenter les avantages et inconvénients de cette doctrine. La théorie des avantages comparatifs démontre que la richesse augmente pour tous les pays s'ils se spécialisent et échangent. Elle fut renforcée par la théorie des dotations factorielles qui défend le même schéma : spécialisation et échange. Effectivement, le libre-échange permet des économies d'échelle et donc une production à moindre coût. De plus, il accroît la diversité des produits et donc le choix du consommateur, comme ce qu'indique la nouvelle théorie du commerce international. Par conséquent, le libre-échange est, en théorie, bénéfique tant pour les producteurs que pour les consommateurs. Pourtant, des inconvénients coexistent avec ces avantages. Afin de limiter les inconvénients tout en développant les avantages, l'Organisation mondiale du commerce a été créée. Son fonctionnement est basé sur quelques grands principes comme la non-discrimination, la concurrence loyale et les sanctions. Dans le contexte mondial, le libre-échange nécessite des règles précises, complexes, variées et difficiles à établir, autant qu'à mettre en œuvre.

Le deuxième texte se concentre sur l'internationalisation de la chaîne de valeur. Différente du commerce international traditionnel, la chaîne de valeur mondiale implique que les étapes de production, de la conception d'un produit à sa livraison au consommateur final, sont effectuées dans des pays différents. Si le phénomène n'est pas nouveau, son intensification depuis les années 1990 a contribué à l'essor du commerce international, à sa reconfiguration et à l'interdépendance croissante des économies nationales. Cette évolution transforme dans une grande mesure les relations commerciales internationales et elle est confrontée aux nouveaux défis lors de la crise sanitaire liée à la Covid-19. L'analyse de la fragmentation internationale de la production au sein de chaînes de valeur mondiales est essentielle pour comprendre la mondialisation.

Notes

Avantages et inconvénients du libre-échange

Le **libre-échange** est une **politique commerciale** qui promeut l'abaissement voire la suppression des barrières tarifaires (droits de douane, taxes, etc.) et non tarifaires (quotas, contingentements, contraintes administratives, normes techniques et sanitaires ou restrictions à l'accès au marché intérieur, etc.) appliquées aux importations de biens et de services afin de permettre la libre circulation des productions.

Le libre-échange a des avantages à la fois pour les producteurs et pour les consommateurs. Du point de vue des producteurs, le premier avantage consiste dans la baisse des coûts de production. En effet, l'ouverture croissante des pays aux échanges internationaux implique une augmentation de la taille du marché, ce qui va permettre de mieux répartir les coûts fixes et de réaliser des économies d'échelles (baisse des coûts unitaires de production avec l'augmentation de la taille du marché), c'est-à-dire de diminuer le coût moyen de production. Le deuxième avantage est la stimulation de l'innovation. Face à davantage de concurrents, les entreprises sont poussées à être plus performantes. Par ailleurs, la concurrence accrue entre les entreprises est généralement bénéfique pour les consommateurs : baisse des prix, plus grande variété des biens proposés. Par ailleurs, l'importation de biens fabriqués dans des pays « à bas salaires » permet de dégager du pouvoir d'achat pour d'autres consommations.

Le libre-échange a également des inconvénients. Le premier renvoie à la dépendance des économies nationales du fait de la spécialisation. Toute spécialisation n'est pas nécessairement avantageuse : si un pays produit un bien dont la valeur baisse sur les marchés internationaux, sa production en volume augmente, mais ses revenus chutent. Le deuxième provient du problème des **délocalisations**. Il s'agit du déplacement d'unité de production d'un pays vers un autre lié à la recherche d'un coût de production plus bas. Ce phénomène peut faire disparaître certains secteurs d'un pays, réduisant la croissance et créant du chômage. Le troisième inconvénient est le **dumping** qui s'explique par la recherche de la minimisation des contraintes légales en matière de fiscalité, de protection sociale ou de protection de l'environnement.

Donc, le libre-échange doit être régulé pour limiter ses inconvénients tout en développant ses avantages. C'est le rôle de l'**Organisation mondiale du commerce (OMC)**. Cette institution mondiale est née en 1995 en remplaçant le GATT (general agreement on tariffs and trade, ou en français Accord général sur les tarifs douaniers et le commerce). En 2024, l'OMC compte 166 membres et supervise ainsi la quasi-totalité des échanges commerciaux mondiaux.

Le fonctionnement de l'OMC est basé sur de grands principes comme la non-discrimination, la concurrence loyale et les sanctions. Ces principes sont souvent simples et presque évidents ; mais beaucoup plus complexes à mettre en œuvre.

Le principe de non-discrimination est assuré par deux clauses : la nation la plus favorisée et le traitement national. La clause de la nation la plus favorisée est fondée sur l'égalité de traitement entre États. Elle implique que les avantages accordés à un pays sont étendus à tous les autres pays. La clause du traitement national établit que les produits ou services importés sur le territoire d'un pays membre de l'OMC ne doivent pas subir un traitement moins favorable que celui réservé aux produits ou services nationaux.

Le principe de concurrence loyale vise à définir ce qui est loyal et ce qui ne l'est pas. Sont considérées comme déloyales les exportations à des prix inférieurs à ceux pratiqués sur leur marché d'origine pour obtenir une part de marché (dumping) et les **subventions** versées par les pouvoirs publics aux entreprises nationales. En plus des conditions déloyales, l'OMC définit aussi la manière dont les pouvoirs publics peuvent réagir, notamment en prélevant des droits d'entrée additionnels calculés de façon à compenser le dommage occasionné par des pratiques déloyales.

L'OMC a enfin un pouvoir de sanction. Chaque pays a la possibilité de porter devant l'OMC un différend commercial avec un autre pays. L'OMC dispose d'un Organe de règlement des différends (ORD) qui, en cas d'échec des négociations entre deux parties, nomme un groupe d'experts indépendants chargé d'examiner le cas. L'ORD doit étudier s'il y a un non-respect des règles de l'OMC comme le prétend le pays demandeur. S'il estime la requête justifiée, il peut autoriser le demandeur à prendre une sanction. La sanction porte normalement sur le même secteur que celui qui fait l'objet du différend, mais une sanction croisée peut être autorisée si elle est plus efficace.

En bref, l'OMC définit les principes des échanges mondiaux, encourage le développement du commerce international et règle les conflits commerciaux entre États membres.

Internationalisation de la chaîne de valeur

À partir des années 1990, le commerce international s'est rapidement développé avec l'expansion des **chaînes de valeur mondiales** (CVM). Aujourd'hui, environ 70 % des échanges internationaux reposent sur les CVM, et correspondent à des flux de services, de matières premières, de pièces détachées et de composants qui traversent les frontières. Ils sont intégrés en bout de chaîne dans des produits finaux, qui sont ensuite expédiés aux consommateurs du monde entier.

Une chaîne de valeur mondiale est donc la conception à l'échelle mondiale des étapes dans la production d'un produit final ou d'un service. Le phénomène de fragmentation peut être désigné par différents termes : découpage, dégroupage, délocalisation, **spécialisation verticale**, commerce des tâches, etc. Il s'agit toujours de souligner que la production de valeur ajoutée ne se réalise plus dans un seul endroit. Par exemple, un vélo peut être assemblé en Finlande avec des pièces détachées venant d'Italie, du Japon et de Malaisie et exporté vers la République arabe d'Égypte.

Les chaînes de valeur mondiales transforment le commerce mondial. Elles contribuent à l'accroissement de la productivité des **firmes multinationales** qui répartissent la conception des produits, la fabrication des pièces, l'assemblage des composants et la commercialisation des produits finis dans le monde entier. Ce « made in world » (« fabriqué dans le monde ») offre de nouveaux débouchés à certains pays en développement qui peuvent participer à la production de produits complexes par la production de pièces simples ou leurs assemblages, et donc de diversifier leurs exportations.

Or, depuis la crise financière de 2008, la croissance du commerce international et des CVM a ralenti. Et, l'épidémie du coronavirus a souligné une des fragilités de la décomposition complète des processus de production. L'épidémie a conduit à des ruptures d'approvisionnement et a incité certaines firmes multinationales à limiter la fragmentation de leur production, à raccourcir les chaînes de fabrication et à limiter leur dépendance envers un seul pays.

Leçon 2

1. Libre-échange

Le libre-échange correspond à une politique économique qui préconise de supprimer les restrictions douanières (tarifaire et non tarifaire) afin de laisser place à la libre circulation des biens et services entre les pays sans intervention des gouvernements comme la fixation de quotas et de droits de douane. Le libre-échange s'oppose donc de fait au protectionnisme.

2. Politique commerciale

Les politiques commerciales désignent toutes les interventions de l'État portant sur le commerce extérieur du pays, qu'il s'agisse de l'érection de barrières destinées à limiter les importations, de règles d'homogénéisation des conditions sanitaires de qualité, ou encore d'aides apportées aux exportateurs pour pénétrer sur les marchés étrangers.

3. Délocalisation

Une délocalisation est un transfert d'activité d'une entreprise d'un pays vers un autre pays sans changer la destination des biens produits. Ce transfert peut se faire de différentes façons : par la création d'une unité de production à l'étranger, par le développement d'unité de production déjà existante, par l'acquisition d'une unité de production déjà existante (ce sont les trois formes de délocalisation au sens strict du terme) mais aussi en faisant appel à un sous-traitant à l'étranger (délocalisation au sens large du terme).

4. Dumping

Le dumping désigne la pratique consistant, pour une entreprise ou pour un État, à vendre un produit déterminé moins cher à l'étranger que sur le marché intérieur. Diverses motivations entraînent cette pratique : conquérir un marché nouveau, éliminer un concurrent sur le marché, etc. Il existe aussi des formes indirectes de dumping : par exemple, l'attribution de primes à l'exportation ou le remboursement complet ou partiel des charges fiscales ou sociales aux exportateurs. Ces mesures sont considérées comme déloyales par l'OMC.

5. Organisation mondiale du commerce (OMC)

L'Organisation mondiale du commerce (OMC) est née en 1995 en remplaçant l'Accord général sur les tarifs douaniers et le commerce (GATT). Alors que le GATT régissait principalement le commerce des marchandises, l'OMC et ses accords visent aujourd'hui le commerce des services ainsi que les échanges d'inventions, de créations et de dessins et modèles (propriété intellectuelle).

6. Subvention à l'exportation

Les subventions à l'exportation sont des octrois versés par les pouvoirs publics d'un pays à une entreprise exportatrice, à une branche de production ou à des producteurs dans le but de leur donner un avantage concurrentiel sur les marchés internationaux. Les subventions à l'exportation augmentent la part de marché de l'exportateur sur le marché mondial au détriment des autres ; elles tendent à diminuer les prix sur les marchés mondiaux.

7. Chaîne de valeur mondiale

La chaîne de valeur mondiale désigne l'ensemble des activités productives réalisées par les entreprises en différents lieux géographiques au niveau mondial pour amener un produit ou un service du stade de la conception, au stade de la production et de la livraison au consommateur final. Ces activités englobent selon les cas la recherche-développement, la conception, la production, la commercialisation, la distribution, la vente au détail, et parfois même la gestion et le recyclage des déchets. L'intensification de la mondialisation des chaînes de valeur a entraîné un niveau sans précédent d'interdépendance entre les pays.

8. Spécialisation verticale

La spécialisation verticale consiste en la séparation stricte des responsabilités entre les activités de production, de conception et de contrôle (administration). Elle correspond à une organisation de nature hiérarchique : par exemple ouvriers / cadres / direction, filiales / maison-mère, franchisés / franchiseur. Elle est différente de la spécialisation horizontale qui renvoie au découpage des tâches d'un processus de fabrication en différentes activités selon l'ordre séquentiel de leur réalisation.

9. Firme multinationale

Une firme multinationale est une entreprise possédant au moins une unité de production à l'étranger ; elle répartit donc sa production dans plusieurs pays. À la tête d'une firme multinationale se trouve la société mère dont dépend les filiales implantées dans différents pays.

Ce type de structure commerciale a émergé à la fin du XIXe siècle et s'est généralisé au XXe siècle. Aujourd'hui, les firmes multinationales se forment et se développent par des rachats, des fusions et des alliances stratégiques. Elles sont des conglomérats qui cumulent des sommes importantes de capitaux et de ressources.

Exercices

I. Compréhension des notions économiques.

1. Lorsqu'une entreprise cherche à s'implanter dans des pays où les impôts sont plus faibles, elle fait _____.

   A. du dumping social

   B. du dumping fiscal

   C. du dumping environnemental

   D. du dumping économique

2. Donnez la définition du libre-échange.

   A. Liberté des échanges internationaux de biens, services et capitaux

   B. Contrôle des échanges internationaux de biens, services et capitaux

   C. Liberté des échanges internationaux de biens

   D. Régulation des échanges internationaux de biens, services et capitaux

3. Suite au développement du libre-échange, les consommateurs ont accès à une moins grande variété de produits.

    A. Vrai   B. Faux

4. Quels sont les avantages du libre-échange ? (Plusieurs réponses possibles)

    A. Baisser les coûts de production

    B. Stimuler l'innovation technologique

    C. Diversifier les produits

    D. Conduire à la délocalisation

5. Quels sont les inconvénients du libre-échange ? (Plusieurs réponses possibles)

    A. La dépendance des économies nationales

    B. La délocalisation

    C. Le dumping

    D. La diversité des choix pour les consommateurs

6. Le GATT a été remplacé en 1995 par_____.

    A. le FMI   B. l'ONU

    C. la Banque mondiale   D. l'OMC

7. Combien de pays siègent à l'OMC en 2024 ?

    A. 7   B. 90

    C. 166   D. 200

8. En quelle année la Chine est-elle devenue membre de l'OMC ?

    A. 1991   B. 2000

    C. 2001   D. 2008

9. Les économies participent aux chaînes de valeur mondiales en _____.

    A. important des intrants en amont du processus de production ou en exportant des intrants en aval du processus de production

    B. créant de la valeur ajoutée grâce à la vente sur les marchés étrangers

    C. créant une filiale de commercialisation à l'étranger

    D. vendant leurs produits sur le marché mondial

10. Quelle est la place des chaînes de valeur mondiales dans les échanges actuels selon le texte 2 ?

    A. La part des chaînes de valeur mondiales représente près d'un tiers des échanges mondiaux

    B. La part des chaînes de valeur mondiales représente environ 70 % des échanges mondiaux

    C. La part des chaînes de valeur mondiales représente moins de 10 % des échanges mondiaux

    D. La part des chaînes de valeur mondiales représente près de 90 % des échanges mondiaux.

II. Compréhension du document.

La chaîne de valeur mondiale du Nutella

Le Nutella est vendu dans 75 pays et environ 250 000 tonnes en sont produites chaque année. Le siège social de l'entreprise, Ferrero International SA, est situé en Italie. Neuf établissements produisent le Nutella, ils se situent en Europe, en Russie, en Amérique du Nord, en Amérique du Sud et en Australie. Leurs localisations correspondent aux principaux marchés de consommateurs. Il n'y en a pas en Asie où le produit est beaucoup moins populaire.

Quelques ingrédients peuvent être fournis localement (lait par exemple) mais les principaux proviennent de producteurs dominants : les noisettes de Turquie, l'huile de palme de Malaisie, le chocolat du Nigeria, le sucre du Brésil (mais aussi d'Europe) et l'essence de vanille de Chine (avec un industriel français).

Les lieux de production sont proches des marchés où il y a une forte demande de Nutella, ceci pour réduire le coût et le temps de transport. [...] Il n'y a pas d'usine en Asie parce que le produit y est moins populaire, mais une autre spécialité de Ferrero, le rocher, est plus populaire en Asie et donc fabriqué en Inde.

Questions

1. Où se trouvent les lieux de production de pâte à tartiner Nutella ? Expliquez ces localisations.

2. Où se trouvent les lieux de production des ingrédients ? Pourquoi ?

Le protectionnisme

Le protectionnisme est une politique commerciale qui vise à instaurer ou augmenter les barrières tarifaires et non tarifaires afin de limiter ou d'interdire certaines importations de biens ou de services dans un pays ou une zone commerciale.

Le premier texte divise le protectionnisme en deux types. Le « protectionnisme éducateur » est basé sur l'idée de l'économiste allemand Friedrich List (1789–1846) qui soulignait la nécessité de protéger les industries naissantes de la concurrence étrangère afin qu'elles puissent se développer. « La protection douanière est notre voie, le libre-échange est notre but », affirma-t-il. Une fois que ces secteurs ont grandi et sont capables d'affronter les producteurs internationaux, les protections doivent être supprimées ou réduites pour que le pays bénéficie des gains de productivité liés au commerce international. L'autre type est nommé le « protectionnisme défensif », qui consiste à protéger les industries vieillissantes, c'est-à-dire les secteurs qui sont concurrencés par des pays où la main-d'œuvre est moins coûteuse. C'est un moyen de maintenir l'activité et l'emploi, notamment pour les pays développés.

Le deuxième texte porte sur les pratiques protectionnistes. Il existe deux types de mesures : les barrières tarifaires et les barrières non tarifaires. Les barrières tarifaires consistent à appliquer aux produits étrangers pénétrant sur le marché national d'importants droits de douanes, dans le but d'augmenter artificiellement leur prix et de les rendre ainsi moins attractifs. Elles comprennent aussi les subventions octroyées aux entreprises nationales, qui leur permettent de diminuer leur prix de vente et donc d'être plus compétitives face à la concurrence étrangère. Les barrières non tarifaires renvoient aux mesures de limitation des quantités de produits pouvant pénétrer sur le marché d'un pays, on parle alors de quotas (contingentement). Elles peuvent aussi prendre la forme de mesures administratives, comme l'instauration des régimes de délivrance des licences ou des normes techniques et sanitaires, etc.

En bref, la théorie économique souligne, le plus souvent, que le libre-échange est un optimum à atteindre et le protectionnisme une exception à contenir.

Leçon 3

Les types de protectionnisme

Aujourd'hui, si la plupart des États sont d'accord, au moins officiellement, pour reconnaître le bien-fondé du libre-échange, certains font observer que si le libre-échange génère bien des gains, ceux-ci ne sont pas forcément partagés de façon égalitaire. Dans ce contexte, l'État peut avoir intérêt à défendre certaines activités, d'où vient le **protectionnisme**. Le protectionnisme peut être défini comme un ensemble de mesures mises en œuvre par un État qui vise à protéger les producteurs nationaux de la concurrence des producteurs du reste du monde. Il existe deux types de protectionnisme : le protectionnisme éducateur et le protectionnisme défensif.

Le protectionnisme éducateur provient de l'idée de la nécessité de protéger les industries naissantes d'un pays de la concurrence internationale. Il reprend la théorie de Friedrich List, qui date du XIXe siècle. Selon cet économiste allemand, le libre-échange généralisé pour les pays non encore industrialisés empêche l'émergence d'industries nationales. Il faut alors pratiquer un protectionnisme dit « éducateur ». Son raisonnement est le suivant : comme toutes les spécialisations ne se valent pas, et qu'il vaut mieux par exemple fabriquer des produits manufacturés modernes qu'exporter des produits primaires, un pays spécialisé dans les produits primaires doit fermer ses frontières aux produits industrialisés pour permettre la naissance et le développement des jeunes industries (ou « industries dans l'enfance », comme disait List). En effet, si l'État n'établissait pas un protectionnisme, les produits étrangers modernes arriveraient en masse dans le pays, à un prix bas, du fait de l'expérience et des économies d'échelle réalisées par les entreprises étrangères.

Résultat : les entreprises du pays ne pourraient pas rivaliser et devenir **Notes**
compétitives car, au début du processus de production (lorsqu'un
nouveau bien est produit), les coûts globaux, donc les coûts unitaires,
sont toujours élevés. Finalement, les entreprises modernes ne se
développeraient jamais dans le pays. Pour List, le libre-échange est
donc une machine de guerre aux mains des pays les plus avancés, à
son époque surtout le Royaume-Uni, berceau de la première révolution
industrielle. Les pays moins en avance à l'époque (l'Allemagne, dans
ce cas) n'ont donc intérêt à mettre en œuvre le libre-échange que
dans les branches où ils n'ont pas d'industries naissantes à protéger.
Mais List a souligné que le protectionnisme devait n'être que partiel
(certaines branches seulement) et temporaire, car il favorise des prix
élevés au contraire du libre-échange qui accroît la concurrence et fait
donc pression à la baisse sur les prix.

En revanche, les pays développés ont souvent une autre raison
qui consiste dans la protection des industries vieillissantes, c'est-
à-dire les secteurs qui sont concurrencés par des pays où la main-
d'œuvre est moins coûteuse. On parle alors du « protectionnisme
défensif ». Par exemple, face à la concurrence industrielle d'entreprises
étrangères, les entreprises françaises ont des difficultés depuis
une quinzaine d'années à produire et à vendre en France comme à
l'étranger que ce soit dans le textile, l'énergie, l'informatique, etc. Ces
difficultés entraînent une disparition de certaines entreprises ou des
délocalisations qui pèsent sur l'emploi industriel. Face à ces évolutions,
un protectionnisme défensif peut être mis en œuvre de manière plus
ou moins dissimulée. Par exemple, le secteur textile, pendant très
longtemps, fut en dehors des règles du libre-échange du GATT. Mais
évidemment, des procédures cachées, liées par exemple à l'exigence
de normes spécifiques au pays ou à la zone, pour officiellement
protéger le consommateur, ou de procédures administratives lourdes

Notes

pour pouvoir vendre dans le pays. On voit l'avantage de ces mesures pour les travailleurs qui peuvent garder leur emploi au moins durant un certain temps.

En résumé, les États ne contestent pas l'intérêt du libre-échange dans son principe. S'ils sont, simultanément et partiellement, protectionnistes, c'est parce qu'ils constatent que le libre-échange peut être dangereux, temporairement et pour certaines activités.

Texte 2

Les pratiques protectionnistes

Les pratiques protectionnistes utilisent aujourd'hui des outils très variés : les barrières tarifaires et les barrières non tarifaires.

Les **barrières tarifaires**, qui existent toujours, sont en déclin. On appelle ainsi les taxes douanières appliquées aux produits étrangers entrant dans l'espace national. Ces barrières ont très largement disparu puisque les accords du GATT (puis l'OMC) les ont pratiquement éliminées. On peut cependant considérer que les **subventions publiques** versées aux entreprises constituent des barrières tarifaires : une entreprise dans cette situation peut vendre moins cher, ce qui décourage les importations qui apparaissent plus chères que les produits nationaux. L'agriculture est un des secteurs les plus protégés sur ce plan-là, que ce soit dans l'Union européenne ou aux États-Unis. Les aides aux agriculteurs ont, dans la plupart des cas, remplacé les barrières tarifaires directes.

Les **barrières non tarifaires** sont des restrictions quantitatives (**quotas, contingentements**) : les autorités politiques fixent un volume annuel maximum d'importation pour un produit donné. Une

fois le volume atteint, on attend l'année suivante pour importer... Ces **Notes**
pratiques sont en principe interdites par le GATT autrefois comme
par l'OMC aujourd'hui. Par conséquent, elles ont perdu beaucoup
d'importance. Cependant, il ne faut pas oublier l'imposition de
normes diverses, techniques, sanitaires ou autres. Ces normes
ont souvent comme objectif officiel de protéger le consommateur,
mais elles peuvent aussi être un moyen détourné pour décourager
les importations. Concernant les formalités administratives
d'importation, on peut rappeler le fameux exemple suivant : en 1982,
le gouvernement français avait décrété que tous les magnétoscopes
importés devraient transiter par le bureau des douanes de Poitiers
pour les formalités douanières (la mesure visait le Japon) ; vu la taille
de ce bureau et le boom de la demande de magnétoscopes à l'époque,
on peut se douter du résultat : de gigantesques files d'attente et des
magnétoscopes mis sur le marché français au compte-gouttes ! C'était
bien sûr une mesure protectionniste.

Nous voyons donc que les pratiques protectionnistes sont loin
d'avoir disparu, malgré les avantages, supposés ou réels, du libre-
échange.

Leçon 3

1. Protectionnisme

Le protectionnisme est une doctrine économique selon laquelle les pays protègent leur économie nationale de la concurrence étrangère par des barrières tarifaires (droits de douane) et/ou non tarifaires (quotas, normes techniques ou sanitaires, etc.).

2. Barrière tarifaire

Les barrières tarifaires concernent les échanges de marchandises. Il s'agit essentiellement des droits de douane imposés à l'entrée des marchandises. Ils consistent à ajouter une taxe sur la valeur des produits importés, renchérissant ainsi leur prix sur le marché intérieur.

3. Subvention publique

Une subvention publique est une aide financière qui est allouée par une institution publique à une personne ou une organisation privée ou publique. La plupart des subventions sont combattues par les économistes libéraux et par l'OMC parce qu'elles portent atteinte au principe de libre concurrence et avantagent des entreprises par rapport aux concurrents.

4. Barrière non tarifaire

Les barrières non tarifaires sont des réglementations imposées par les gouvernements pour rendre difficile ou empêcher l'importation de certains produits sans augmenter les taxes. C'est une forme de protectionnisme qui n'utilise pas de tarifs, mais dans le but de privilégier les producteurs locaux.

5. Quota (contingentement)

Le quota fait partie des mesures protectionnistes non tarifaires. Il s'agit de n'autoriser qu'une quantité limitée d'un bien, soit en valeur ou en volume, à entrer dans un pays. Le quota peut être à l'importation comme à l'exportation. Dans ce dernier cas, on limite la quantité à sortir d'un pays pour un bien donné, par exemple la limitation des exportations de pétrole par l'OPEP pour agir sur les prix.

I. Compréhension des notions économiques.

1. Parmi ces arguments, lesquels sont des mesures protectionnistes ? (Plusieurs réponses possibles)

   A. Protéger les entreprises naissantes

   B. Favoriser les transferts de technologies

   C. Tirer parti des gains à l'échange

   D. Protéger les industries vieillissantes

2. Le protectionnisme est une doctrine favorisant _____. (Plusieurs réponses possibles)

   A. le libre-échange

   B. la mise en place de droits de douane

   C. la protection des industries naissantes

   D. la réduction des prix

3. Quels sont les risques du protectionnisme ? (Plusieurs réponses possibles)

   A. Hausse des coûts de production pour les producteurs

   B. Dumping fiscal et social

   C. Guerre commerciale

   D. Hausse des prix pour le consommateur

4. Le protectionnisme éducateur est pour protéger_____.

   A. les industries naissantes

   B. les industries vieillissantes

   C. les industries importantes

   D. les industries stratégiques

5. Le « protectionnisme défensif » est souvent adopté par _____.

   A. les pays en voie de développement

   B. les pays développés

   C. les pays les moins avancés

   D. les pays du Sud

6. Selon Friedrich List, le « protectionnisme éducateur » doit être _____.
(Plusieurs réponses possibles)

A. temporaire

B. partiel

C. perpétuel

D. global

7. Des normes sanitaires peuvent constituer un moyen protectionniste.

A. Vrai

B. Faux

8. Les droits de douane sont autorisés par les accords de l'OMC.

A. Vrai

B. Faux

9. La subvention à l'exportation est une mesure protectionniste.

A. Vrai

B. Faux

10. La politique agricole commune a subventionné l'exportation des produits agricoles européens.

A. Vrai

B. Faux

II. Compréhension des documents.

Document 1

L'UE règle un vieux différend avec les États-Unis sur le bœuf aux hormones

Par *Le Figaro* avec AFP   Publié le 14/06/2019

L'Union européenne s'est félicitée vendredi d'avoir réglé un ancien contentieux avec Washington autour du bœuf aux hormones, en réservant une partie de son quota d'importation au bœuf « de haute qualité » en provenance des États-Unis.

Cet accord de principe est pour l'UE un signe de bonne volonté envers le président américain Donald Trump, une façon de « réaffirmer son engagement à susciter une nouvelle phase dans les relations avec les États-Unis », souligne le commissaire européen à l'Agriculture Phil Hogan.

« Avec le succès de ces négociations, la Commission a tenu ses promesses sur un sujet très important avec un partenaire commercial majeur, avec qui nous sommes engagés dans des discussions commerciales plus larges », affirme Phil Hogan.

L'accord, négocié au nom des 28 par la Commission avec les États-Unis et les principaux fournisseurs étrangers de bœuf, prévoit que jusqu'à 35 000 tonnes du quota soient réservées aux États-Unis.

Une querelle qui remonte à 1988

La querelle sur le bœuf aux hormones remonte à 1988, quand l'Europe a interdit l'importation de viande bovine issue d'animaux auxquels ont été administrés des hormones de croissance.

En représailles, et en accord avec une décision de l'OMC, les États-Unis avaient imposé en 1999 des sanctions douanières sur certains produits du terroir, provoquant notamment de vives protestations en France et le « démontage » d'un restaurant McDonald's à Millau, dans le sud-ouest.

Aux termes d'un compromis en 2009 (amendé en 2014), les États-Unis avaient finalement levé leurs sanctions et l'UE ouvert un quota d'importation de bœuf étranger « de haute qualité », incluant le bœuf américain, tout en maintenant son veto sur le bœuf aux hormones.

Questions

1. Quelle est l'origine de ce différend entre l'UE et les États-Unis en matière de la viande bovine ?

2. Quelle est la réaction des États-Unis vis-à-vis de l'interdiction du bœuf aux hormones par l'UE ?

3. Comment ce vieux différend a-t-il été réglé en 2019 ?

Document 2

Un exemple de subvention à l'exportation : la politique agricole commune

La politique agricole commune (PAC) européenne a cherché, initialement, à garantir des prix suffisants aux agriculteurs européens pour atteindre l'autosuffisance alimentaire de la communauté. La CEE achetait les produits agricoles chaque fois que les prix descendaient en dessous d'un certain seuil d'intervention. Afin d'empêcher que cette mesure provoque une hausse des importations, elle fut complétée par des droits de douane qui compensaient la différence entre les prix mondiaux et les prix CEE.

À partir de 1970, les prix d'intervention furent si élevés que l'Europe produisait beaucoup plus qu'elle ne consommait, alors qu'en situation de libre-échange, elle aurait été importatrice nette de produits agricoles. La CEE se tourna alors vers une politique de subvention à l'exportation destinée à écouler sur les marchés étrangers ses excédents de production. Cette subvention compense la différence entre les prix mondiaux et les prix européens.

Cependant, la hausse des exportations européennes qui en résulta tendait à déprimer le prix mondial, accroissant davantage la subvention nécessaire. Une analyse coût-bénéfice montre clairement que les coûts de cette politique pour les consommateurs et les États européens excédaient les gains qu'en tiraient les agriculteurs. L'acte final du cycle de l'Uruguay Round n'a pas remis en cause la PAC : la préférence communautaire subsiste ; l'ouverture aux produits agricoles étrangers reste limitée ; enfin, la réduction des exportations subventionnées sera beaucoup plus progressive que ne prévoyait le préaccord de Blair House de novembre 1992. Notons pour finir que l'agriculture a toujours constitué et constitue encore une source de conflits internationaux et de « guerre » commerciale dans la mesure où tous les pays industriels (Japon, États-Unis, Europe) soutiennent fortement leur agriculture.

Question

Quelles sont les mesures protectionnistes mentionnées par ce texte ?

Document 3

Exception culturelle, un moyen de protéger la culture française ?

L'industrie cinématographique française s'exporte bien, mais il n'en demeure pas moins que les films américains représentent plus de 50 % du box-office français. Les films français attirent, quant à eux, près d'un tiers des spectateurs, en partie grâce à un fort soutien public au cinéma national. En effet, très débattue lors des négociations sur le traité Transatlantique, l'exception culturelle française a largement contribué au maintien d'une industrie culturelle florissante en France.

Si la définition de l'expression demeure floue, comment l'exception culturelle se traduit-elle dans les faits ?

Un certain nombre d'outils, notamment sous forme de quotas, sont mis en place par les institutions européennes et françaises (directive « Télévision sans frontières » et décrets « Tasca ») pour protéger les biens culturels des règles commerciales du libre-échange, dans une démarche visant à éviter d'en faire une marchandise comme les autres. Aujourd'hui, cette ambition de protéger la culture française se matérialise dans trois domaines principaux : la production cinématographie et audiovisuelle, la musique et le livre.

Audiovisuel et cinéma : des quotas de diffusion et de production

Dans le domaine du cinéma et de l'audiovisuel, le système de quotas est matérialisé par les décrets Tasca (du nom de la ministre de la Culture à l'époque) de 1990, ces derniers mettant en place des seuils de diffusion et de production.

Les chaînes de télévision doivent ainsi réserver, dans le total du temps annuellement consacré à la diffusion d'œuvres audiovisuelles, au moins 60 % à la diffusion d'œuvres européennes et au moins 40 % à la diffusion d'œuvres d'expression originale française (y compris dans les heures dites de « grande écoute », de 18h à 23h).

En parallèle, sur les sites de vidéo à la demande, les œuvres proposées dans les catalogues doivent, pour 60 % d'entre elles, être d'origine européenne et pour 40 %

être d'expression originale française. En outre, une part significative des œuvres présentées sur la page d'accueil du site doivent être françaises ou européennes.

Parallèlement à ces quotas de diffusion, des quotas de production imposent aux chaînes de télévision d'investir 3,2 % de leur chiffre d'affaires annuel à la production d'œuvres cinématographiques ou audiovisuelles françaises et européennes dont 2,5 % doivent être alloués à des œuvres en français, exception faite de Canal+, dont le pourcentage s'élève à 9 %, en vertu du statut particulier de la chaîne payante.

De plus, des taxes sont affectées au financement du Centre national de la cinématographie et de l'image animée (CNC), sous la forme d'un pourcentage prélevé sur les billets de cinéma vendus. Le CNC redistribue ces sommes pour apporter des aides à l'écriture, à la production, à la diffusion ou à l'exportation d'œuvres d'expression française.

À la radio

Les radios françaises doivent proposer, parmi les morceaux de musique qu'elles diffusent, au moins 40 % de chansons françaises, dont la moitié de nouveaux talents (chanteurs n'ayant pas obtenus 2 albums distincts certifiés disque d'or).

Prix unique des livres

Dans le domaine littéraire, cette politique d'exception culturelle se traduit par la mise en place d'un prix unique des livres vendus en France. Ainsi, la loi « Lang » (Jack Lang, ministre de la Culture) du 10 août 1981 donne le droit aux éditeurs d'imposer le prix de vente de leurs ouvrages chez les détaillants.

Les objectifs de cette loi sont divers : tout d'abord elle est censée garantir une égalité de traitement entre territoires et points de reventes et préserver ainsi les librairies indépendantes, favoriser l'accès à la culture et protéger le livre des lois du marché dans le but de maintenir la diversité culturelle. Cette loi est complétée en 2011 par la loi sur le prix du livre numérique qui fixe, à l'instar de loi Lang, un même prix de vente pour tous les revendeurs de livres numériques.

L'exception culturelle française, à laquelle on préfère de plus en plus l'expression de « diversité culturelle », est mise au défi par les négociations de traités de libre-échange, notamment le Traité Transatlantique. La France n'en demeure pas moins très attachée à cette politique et ne semble pas encline à la remettre en cause, malgré les critiques sur son coût et son efficacité.

Questions

1. L'exception culturelle est surtout débattue par quel pays lors des négociations sur le traité Transatlantique ? Pourquoi ?

2. Dessinez un schéma basé sur ce texte pour montrer les mesures de l'exception culturelle, appliquées à la production cinématographique et audiovisuelle, à la musique et au livre.

Leçon 4

Le commerce extérieur de la France

Les échanges commerciaux entre nations sont anciens. Au sein du Royaume de France, les foires de Brie et de Champagne (Lagny-sur-Marne, Provins, Troyes ou Bar-sur-Aube), qui apparaissent au début du Moyen Âge, deviennent de grands rendez-vous des commerçants européens à partir du XIe siècle. En 2021, la France est classée au 6e rang dans les exportations mondiales.

Le premier texte s'appuie sur le Rapport annuel 2021 de la Direction générale des douanes et droits indirects. L'observation de la structure géographique du commerce extérieur de France nous permet d'identifier ses principaux clients et fournisseurs. Du point de vue sectoriel, l'aéronautique, la chimie, le secteur agroalimentaire et la pharmacie restent les principaux secteurs excédentaires alors que les secteurs déficitaires concernent notamment l'énergie, les produits informatiques, électroniques et optiques, ainsi que les biens d'équipement, l'automobile et le secteur de textile-habillement et cuir.

Le deuxième texte se focalise sur les échanges commerciaux entre la France et la Chine. La Chine est le 2e fournisseur de la France et en représente le plus important déficit bilatéral. Les études de la Direction générale des douanes et droits indirects nous emmènent à constater l'évolution du déficit bilatéral de la France avec la Chine depuis l'adhésion de la Chine à l'OMC en 2001. Il est à noter que les marchandises importées de Chine ont tendance à s'orienter vers des produits de plus en plus avancés technologiquement, bien que le premier poste d'importations originaires de Chine reste les produits du textile, de l'habillement, du cuir et des chaussures. De l'autre côté, les produits aéronautiques représentent le premier poste des ventes françaises à la Chine. En outre, les produits de luxe ont également contribué au dynamisme global des exportations françaises vers la Chine.

Le commerce extérieur français en 2021

En 2021, la France est le 6ᵉ exportateur mondial avec 135 900 entreprises exportatrices. Toutefois, comme l'indique la Direction générale des douanes et droits indirects, la perte de parts de marché de la France (quasiment ininterrompue depuis 2010) se poursuit en 2021 même si elle est moins élevée en 2021 qu'en 2020. En 2021, le **déficit commercial** de la France a atteint un niveau record. En effet, le déficit sur les échanges de biens s'établit à -84,7 milliards d'euros en rapport notamment avec l'augmentation de la facture énergétique. En revanche, la **balance des services** enregistre un excédent record (+36,2 milliards d'euros).

Les trois principaux clients de la France sont :
- l'Allemagne (pour 68,6 milliards d'euros) ;
- l'Italie (pour 39,1 milliards d'euros) ;
- la Belgique (pour 37,2 milliards d'euros).

L'Union européenne à 27 regroupe 54,3 % des exportations françaises, les exportations vers l'UE ayant augmenté de 17,9 % en 2021 par rapport à 2020.

Quant aux principaux fournisseurs de la France, il s'agit de :
- l'Allemagne (pour 81,4 milliards d'euros) ;
- la Chine (pour 63,8 milliards d'euros) ;
- et l'Italie (pour 46,3 milliards d'euros).

Hors UE, les importations depuis l'Asie, l'Afrique du Nord et l'Amérique du Sud ont dépassé leurs niveaux d'avant-crise, ce qui indique une reprise de la demande en biens de consommation et la montée des prix de l'énergie.

Leçon 4

Du point de vue sectoriel, l'aéronautique, la chimie, le secteur agroalimentaire et la pharmacie restent les principaux secteurs excédentaires. L'aéronautique dégage les excédents les plus importants de la balance française. En 2021, le secteur aéronautique et spatial a affiché un **excédent commercial** de 19,7 milliards d'euros, selon les chiffres des douanes. Avec le tourisme, c'est l'un des « deux gros postes d'excédents commerciaux en France », souligne l'économiste Isabelle Méjean.

Graphique 6-4-1 Les soldes sectoriels en 2021 (En Md €)

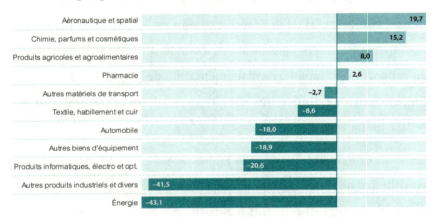

Graphique: Vie-publique / DILA · Source: France Diplomatie · Récupérer les données · Créé avec Datawrapper

Alors que le déficit du commerce extérieur de la France continue de se creuser, le secteur cosmétique français a connu, à l'international, un nouveau record en 2021. Non seulement le recul de 2020 a été largement rattrapé, mais le niveau de 2019 a été dépassé de 2,5 %, principalement grâce au maquillage, aux soins du visage et à la parfumerie. La Chine confirme sa place de premier pays destinataire des exportations de cosmétiques français. Après une année 2020 contrastée, le cosmétique français retrouve d'excellentes performances à l'export, confortant la France dans sa place de leader mondial. Ce dynamisme des exportations montre que les cosmétiques demeurent un fleuron du savoir-faire français, reconnu dans le monde entier.

En 2021, l'excédent commercial agroalimentaire français atteint près de 8,2 milliards d'euros, en hausse de 2 milliards d'euros par rapport à 2020. Ce rebond est la conséquence d'une hausse marquée des exportations de 7,8 milliards (soit +13 % en valeur), supérieure à celle des importations (+5,8 milliards, soit +10 %). Malgré la hausse générale de l'excédent, celui des produits agricoles bruts recule de 0,6 milliard d'euros. Le solde commercial des produits transformés est, quant à lui, en hausse de 2,6 milliards d'euros sur un an.

S'agissant des produits pharmaceutiques, ils poursuivent leur croissance à un rythme proche de celui de 2020, portés par les vaccins et les médicaments destinés à lutter contre la pandémie de Covid-19. Les exportations de produits pharmaceutiques se situent au même niveau qu'en 2020 où la France représentait 3,1 % de la production pharmaceutique mondiale. Les producteurs pharmaceutiques français sont fortement orientés vers l'exportation, et les ventes à l'étranger de médicaments de marque soutiennent principalement leurs marges. Dans ce segment, les investissements importants et continus en recherche et développement sont essentiels pour maintenir un **avantage concurrentiel** et générer des revenus futurs.

Quant aux secteurs déficitaires, la France est très dépendante de l'étranger pour son approvisionnement énergétique. Avec un déficit de 43,1 milliards d'euros en 2021, en progression de près de 20 milliards d'euros sur un an, le poste « Énergie » a largement contribué à lester la balance commerciale de l'Hexagone. La France importe aussi massivement des biens d'équipement et des produits manufacturés, avec un déficit de 20,6 milliards d'euros en 2021 pour les produits informatiques, électroniques et optiques.

Leçon 4

Les échanges commerciaux entre la France et la Chine

La Chine est devenue membre de l'OMC le 11 décembre 2001. Comment ont évolué les échanges commerciaux entre la France et la Chine ? Les exportations françaises ont-elles bénéficié de l'adhésion de la Chine à l'OMC ? Et comment ont évolué les importations venues de Chine par rapport aux années 2000 : leur nature s'est-elle modifiée ?

Le textile reste le premier poste d'importations originaires de Chine...

Avec 9,9 Md€ d'achats à la Chine en 2019, les produits du textile, de l'habillement, du cuir et des chaussures sont le premier poste d'importations originaires de Chine et représentent un cinquième du total des importations françaises. Compte tenu de leur poids dans les importations originaires de Chine et de leur dynamisme sur la période (+6,8 % de croissance annuelle moyenne entre 2000 et 2019), ils représentent le 1er contributeur à la hausse totale en valeur des importations originaires de Chine depuis 2000. Ils sont pour l'essentiel destinés à la grande distribution française et aux enseignes de vêtements d'entrée de gamme.

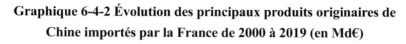

Graphique 6-4-2 Évolution des principaux produits originaires de Chine importés par la France de 2000 à 2019 (en Md€)

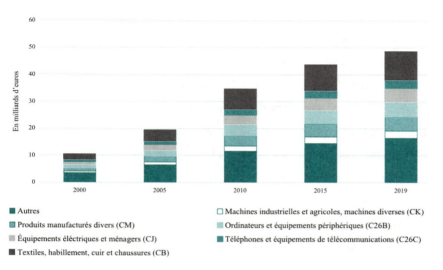

Source : DGDDI ; données CAF/FAB, hors matériel militaire

... mais la structure des marchandises importées de Chine a évolué vers des produits de plus en plus avancés technologiquement

Entre 2000 et 2019, la part des produits chinois importés de haute technologie ou de technologie moyennement élevée s'est nettement accrue (+13 points) au point de devenir majoritaire depuis 2003 et d'atteindre 59 % des importations de cette provenance en 2019. La hausse de la part en valeur des produits de haute technologie (+6 points) s'explique par l'augmentation des importations de téléphones et d'équipements de communication (+8 points). La part des produits de technologie moyennement élevée s'accroît également (+7 points), tirée par les machines et équipements d'usage général tels que les parties et accessoires d'imprimantes, de machines à copier et à télécopier, les mélangeurs et mitigeurs sanitaires, les perceuses électriques (+3 points) et les appareils ménagers (+2 points).

Leçon 4

Dans le même temps, portées par l'aéronautique, les exportations françaises de biens de haute technologie vers la Chine ont tendanciellement augmenté...

Entre 2000 et 2019, la part des biens de haute technologie ou de technologie moyennement élevée dans les exportations de la France vers la Chine s'est maintenue à un niveau important : il a fluctué entre deux-tiers et trois-quarts des exportations françaises vers la Chine. En 2019, les produits aéronautiques représentent le premier poste d'exportations françaises vers la Chine avec 8,6 Md€ de ventes, soit environ un tiers du total. Essentiellement composées d'avions et de moteurs d'avions, ces ventes enregistrent une forte progression depuis 2000 (+8,1 Md€) et constituent de loin le 1er contributeur à la hausse totale en valeur des exportations françaises vers la Chine. Au total, hors aéronautique, la part des produits de haute technologie diminuerait sur l'intervalle, tirée par la baisse des téléphones et équipements de communication (-7 points) et des composants et cartes électroniques (-5 points).

Graphique 6-4-3 Évolution des principaux produits français exportés vers la Chine de 2000 à 2019 (en Md€)

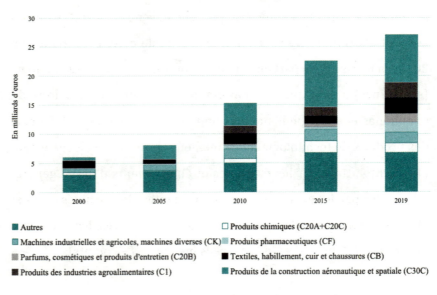

Source : DGDDI ; données CAF/FAB, hors matériel militaire

Outre l'aéronautique, les ventes de produits de luxe ont également contribué au dynamisme global des exportations françaises vers la Chine

Les ventes des produits de luxe dans l'alimentaire, l'habillement et les cosmétiques ont constitué depuis une vingtaine d'années un segment dynamique des exportations françaises vers la Chine. Ainsi, les ventes de produits agricoles et agroalimentaires ont augmenté en tendance depuis une vingtaine d'années : leur part dans les exportations françaises vers la Chine a progressé de +4 points entre 2000 et 2019. Composées en grande partie de vins de Bordeaux et de cognacs, les exportations de produits des industries agroalimentaires témoignent par leur prix élevé du positionnement haut de gamme d'une partie des exportations françaises.

De même, les ventes françaises à la Chine de textile-habillement-cuir-chaussures ainsi que de parfums et cosmétiques ont été particulièrement dynamiques sur les deux dernières décennies (+8,2 % et +15,4 % respectivement en moyenne annuelle sur la période). Les produits du textile, de l'habillement, du cuir et des chaussures ont significativement contribué à la croissance à la fois des importations et des exportations avec la Chine. Toutefois, les produits échangés ne sont pas de même nature selon le flux : les importations sont pour l'essentiel destinées à la grande distribution française et aux enseignes de vêtements d'entrée de gamme, tandis que les exportations françaises de ces produits sont réalisées par des marques de luxe.

Au total, en 2019 les produits agricoles et alimentaires, ceux du textile-habillement-cuir-chaussures ainsi que les parfums et cosmétiques représentent 29 % du total des exportations françaises en Chine. Ces produits, plutôt haut de gamme, ont vu leur part augmenter de 10 points par rapport à 2000.

Leçon 4

Notions économiques //

1. Déficit commercial

On parle de déficit commercial, lorsqu'au niveau du solde de la balance commerciale d'un pays, les importations sont supérieures aux exportations. Concrètement le pays achète plus à l'étranger de produits et de services, qu'il n'en vend.

2. Balance des services

La balance des services, appelée aussi la balance des invisibles, est la différence entre la somme des services exportés et la somme des services importés. Elle est dite « des invisibles » car elle traite de biens non physiques.

3. Excédent commercial

On parle d'excédent commercial lorsqu'au niveau du solde de la balance commerciale les exportations sont supérieures aux importations. Concrètement le pays vend plus à l'étranger de produit et services, qu'il en achète.

4. Avantage concurrentiel

L'avantage concurrentiel est la capacité d'une marque à fournir à ses clients des produits ou des services de meilleure qualité ou moins chers que les offres des concurrents. Il aide les entreprises à générer plus de ventes et à augmenter leurs marges bénéficiaires. Cette notion a été théorisée dans un ouvrage intitulé *L'avantage concurrentiel* paru en 1895 par Michael Porter.

Exercices //

I. Compréhension des notions économiques.

1. Quels sont les atouts de l'économie française sur le marché mondial ? (Plusieurs réponses possibles)

   A. Airbus   B. Parfum   C. Vin   D. Jouet

2. En 2021, la France est le _____ exportateur mondial.

   A. 2e B. 3e C. 5e D. 6^e

3. Quels sont les principaux secteurs excédentaires de la France ? (Plusieurs réponses possibles)

   A. L'aéronautique

   B. L'énergie

   C. Le secteur agroalimentaire

   D. La chimie

4. Quels sont les principaux secteurs déficitaires de la France ?

   A. Le textile, l'automobile et l'énergie

   B. L'agriculture, la pharmacie et l'aéronautique

   C. L'automobile, la chimie et le textile

   D. Le secteur agroalimentaire, la pharmacie et la chimie

5. Quel secteur est le plus performant dans l'exportation française ?

   A. L'aéronautique

   B. Les parfums et cosmétiques

   C. L'agriculture

   D. La voiture

6. Qui est le premier client des exportations françaises en 2021 ?

   A. L'Allemagne   B. La Chine

   C. Les États-Unis   D. L'Italie

7. Quel pays est le premier fournisseur de la France en 2021 ?

   A. La Chine   B. Les États-Unis

   C. L'Italie   D. L'Allemagne

8. Quels sont les produits que la Chine importe le plus de France ?

   A. Produits agroalimentaires

   B. Parfums

   C. Matériel aérospatial

   D. Machines industrielles

9. Quel pays est le premier pays destinataire des exportations de cosmétiques français ?

A. La Chine　　　　　　　　　　B. L'Allemagne

C. L'Italie　　　　　　　　　　　D. Les Pays-Bas

10. Pour la France, le premier poste d'importations originaires de Chine est _____.

A. le téléphones et équipements de communication

B. le textile

C. les produits agricoles et alimentaires

D. les produits pharmaceutiques

II. Compréhension du document.

Échanges bilatéraux entre la France et la Chine en 2021

Échanges de biens

Malgré des ventes aéronautiques qui peinent à retrouver leur niveau pré-covid, les exportations françaises vers la Chine ont enregistré de bonnes performances en 2021, en particulier grâce au dynamisme de l'agroalimentaire, la maroquinerie, la chimie et la pharmacie. Les importations en provenance de Chine ont également progressé dans tous les secteurs, en lien avec la reprise de la consommation des ménages en France. Le déficit commercial français vis-à-vis de la Chine a atteint 39,6 Md€ à comparer à 38,9 Md€ en 2020 et 32,3 Md€ en 2019.

Les exportations françaises vers la Chine ont fortement augmenté en 2021 : +37,3 % à 24,1 Md€ selon les douanes françaises

Ce bond s'explique par :

- un effet de base important : les exportations françaises vers la Chine avaient chuté de 16,3 % en 2020 ;

- une légère reprise des ventes aéronautiques, de loin le premier poste des exportations françaises en Chine (plus d'un tiers des exportations pré-covid) : en 2021, elles atteignent 4,5 Md€, à comparer à 2,7 Md€ en 2020, mais restent bien inférieures à leur niveau record de 2019 (7,4 Md€). L'an dernier, Airbus a livré 142 appareils à des clients chinois (contre 99 en 2020, +30 %), dont 130 appareils de la famille A320 (issus des usines de Tianjin, Hambourg et Toulouse) et 12 appareils A350. La Chine représente ainsi en 2021 près d'un quart des livraisons du groupe dans le monde (661 appareils) ;

• des exportations de produits de luxe qui ont doublé par rapport à 2019 : les ventes de spiritueux ont bondi en 2021 (+75 % à 750 M€), tout comme celles de vin (+34 % à 558 M€) ; la France retrouve ainsi sa place de premier fournisseur de vin, en partie du fait des sanctions commerciales à l'encontre des producteurs australiens. Dans un contexte où les touristes chinois voyagent peu en France, les exportations françaises des autres produits de luxe ont fortement augmenté : les ventes de maroquinerie ont ainsi atteint 2,3 Md€ (soit près de cinq fois le niveau de 2019). Ces meilleures performances à l'export ne compensent cependant pas les dépenses que réalisaient les touristes chinois sur le territoire français (3,4 Md€ au total en 2019).

À 1,5 %, la part de marché de la France en Chine est en légère baisse (1,6 % en 2019) ; elle reste loin derrière celle de l'Allemagne (4,5 %, en baisse également). Les entreprises françaises sont bien positionnées dans les secteurs du vin et des spiritueux (1er fournisseur), de l'aéronautique (2e derrière les États-Unis), des cosmétiques (2e derrière le Japon) et des produits pharmaceutiques (4e derrière l'Allemagne, les États-Unis et l'Irlande). Dans l'agroalimentaire, la France est le 8e fournisseur de la Chine tandis que les États-Unis ont augmenté leur part de marché (de 9 % en 2019 à 16,1 % en 2021).

Les importations françaises de biens chinois ont largement progressé en 2021 : +12,8 % à 63,7 Md€

Cette hausse s'explique en premier lieu par des achats de produits informatiques et électroniques (+16,4 % à 18,1 Md€), dont les ordinateurs (+18,2 % à 6,7 Md€) et les téléphones (+7,4 % à 6,4 Md€). Les importations de matériel électrique ont également été élevées (+27,6 % à 5,0 Md€) ainsi que celles de bateaux (865 M€).

Leçon 4

Les importations dans les autres principaux postes ont également enregistré une croissance élevée, en lien avec la reprise de la consommation des ménages en France : +38,8 % à 3,5 Md€ pour les articles de sport et les jouets ; +40,7 % à 2,2 Md€ pour les meubles ; +24,9 % à 3,1 Md€ pour les appareils ménagers. Dans tous ces secteurs, les achats en provenance de Chine sont bien plus élevés qu'avant la crise sanitaire.

Échanges de services

Dans les services, la France est excédentaire vis-à-vis de la Chine : en 2020, son excédent a atteint 3,3 Md€, en baisse par rapport à 2019 (5,0 Md€), principalement du fait de la chute des dépenses des touristes chinois sur le territoire français en 2020 (0,9 Md€ en 2020 ; 3,5 Md€ en 2019).

Questions

1. Quel est le solde du commerce extérieur respectivement des biens et des services de la France vis-à-vis de la Chine en 2021 ?

2. Comment expliquer la forte augmentation des exportations françaises vers la Chine ?

3. Comment expliquer la forte augmentation des importations françaises de biens chinois ?

4. Selon le texte, quels sont les positionnements des fournisseurs français dans les secteurs du vin et des spiritueux, de l'aéronautique, des cosmétiques et des produits pharmaceutiques et agroalimentaires ?

Le tout-bénéfice de l'adhésion de la Chine à l'OMC

[...]

La Chine est devenue le 143e membre de l'OMC le 11 décembre 2001, un événement qui a engendré de grands changements pour le pays et pour le monde.

[...]

Depuis son adhésion à l'OMC, le PIB de la Chine a été presque décuplé, passant de 1,34 billion de dollars (1,23 billion d'euros) en 2001 à 13,28 billions en 2018. Le pays est devenu la deuxième économie mondiale en termes de PIB nominal, n'étant devancé que par les États-Unis.

[...]

Selon le livre blanc « La Chine et l'Organisation mondiale du commerce » publié par le bureau de l'information du Conseil des affaires d'État le 28 juin 2018, le pays a poursuivi ses efforts visant à améliorer son système d'économie de marché socialiste, affiné l'alignement de ses politiques sur les règles commerciales multilatérales, honoré ses engagements sur l'ouverture des échanges de biens et de services, et renforcé la protection des droits de propriété intellectuelle.

« Des progrès remarquables ont été réalisés dans l'amélioration de la stabilité, de la transparence et de la prévisibilité de ses politiques d'ouverture », écrit le livre blanc. « La Chine a contribué de manière significative au fonctionnement efficace du système d'échanges multilatéraux ».

Après son adhésion à l'OMC, le pays a réexaminé et modifié 2 300 lois, règlementations et règles ministérielles au niveau du gouvernement central, ainsi que 190 000 mesures et règlementations au niveau infranational couvrant les échanges, l'investissement et les droits de propriété intellectuelle.

En 2010, la Chine avait tenu tous ses engagements en matière de réduction tarifaire, ayant ramené le taux moyen de 15,3 % en 2001 à 9,8 %. Elle a réduit le niveau tarifaire moyen sur les biens manufacturés de 14,8 % à 8,9 %, et le taux moyen sur les produits agricoles de 23,2 % à 15,2 % – soit un quart du taux mondial moyen, par ailleurs bien inférieur aux 56 % imposés par les pays en développement membres de l'OMC et aux 39 % appliqués par les pays membres développés.

Le pays a pris d'importantes mesures pour réduire les barrières non tarifaires. Parmi elles figurent l'élimination des quotas sur les importations, des licences d'importation, des exigences particulières en matière d'appel d'offres relatif aux importations, ainsi que d'autres mesures en 2005 concernant 424 biens tels que les automobiles, les appareils et les produits électroniques ou encore le caoutchouc naturel.

Le marché intérieur des services s'est également ouvert, à propos de quoi le livre blanc affirme : « En 2007, la Chine avait honoré tous ses engagements en matière de commerce dans les services ».

Le pays a par ailleurs abaissé le seuil des investissements étrangers dans les services. En 2010, l'investissement direct étranger (IDE) dans ce secteur dépassait pour la première fois ce qu'il était dans l'industrie manufacturière. En 2017, l'IDE dans le secteur des services représentait 73 % du total de l'investissement direct étranger en Chine.

Le livre blanc dresse la liste des mesures prises par le pays pour renforcer la protection des droits de propriété intellectuelle en adoptant des lois et des réglementations à cet effet mais aussi en améliorant leur application.

En mai 2018, la Chine avait signé 16 accords de libre-échange avec 24 pays et régions. Par ailleurs, elle négocie actuellement le Partenariat économique régional global, un accord de libre-échange entre les 10 membres de l'Association des nations du Sud-Est asiatique auxquels s'ajoutent l'Australie, la Chine, l'Inde, le Japon, la Nouvelle-Zélande et l'Afrique du Sud.

M. Lamy, l'ancien directeur général de l'OMC, estime que la Chine a tenu ses engagements envers l'organisation. Les fois où elle avait violé ces engagements, elle avait été déférée devant le mécanisme de règlement des différends de l'OMC, et quand elle avait perdu sa cause, elle s'était conformée au jugement rendu.

Le livre blanc indique qu'en avril 2018, la Chine avait porté 17 différends devant l'OMC, dont 8 avaient abouti. Le pays avait par ailleurs fait l'objet de 27 doléances à son encontre, dont 23 avaient abouti.

« La Chine s'est activement défendue dans les procès qui lui étaient faits, elle a respecté les décisions de l'OMC et procédé aux ajustements nécessaires... conformément aux règles de l'OMC », souligne le livre blanc. « Jusqu'à présent, aucune des plaintes n'a été suivie de mesures de rétorsion contre la Chine ».

[...]

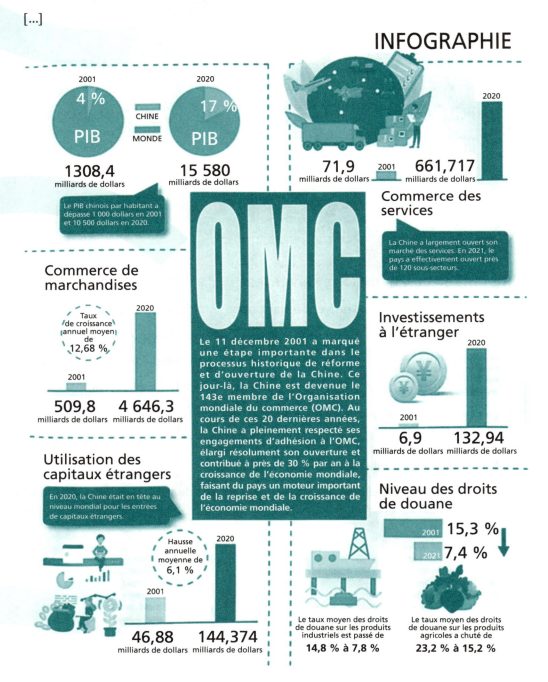

INFOGRAPHIE

2001
4 %
CHINE
MONDE
PIB
1308,4
milliards de dollars

2020
17 %
PIB
15 580
milliards de dollars

Le PIB chinois par habitant a dépassé 1 000 dollars en 2001 et 10 500 dollars en 2020.

2020
71,9
milliards de dollars
2001
661,717
milliards de dollars

Commerce des services

La Chine a largement ouvert son marché des services. En 2021, le pays a effectivement ouvert près de 120 sous-secteurs.

Commerce de marchandises

Taux de croissance annuel moyen de 12,68 %
2020
2001
509,8 milliards de dollars
4 646,3 milliards de dollars

OMC

Le 11 décembre 2001 a marqué une étape importante dans le processus historique de réforme et d'ouverture de la Chine. Ce jour-là, la Chine est devenue le 143e membre de l'Organisation mondiale du commerce (OMC). Au cours de ces 20 dernières années, la Chine a pleinement respecté ses engagements d'adhésion à l'OMC, élargi résolument son ouverture et contribué à près de 30 % par an à la croissance de l'économie mondiale, faisant du pays un moteur important de la reprise et de la croissance de l'économie mondiale.

Investissements à l'étranger

2020
2001
6,9 milliards de dollars
132,94 milliards de dollars

Utilisation des capitaux étrangers

En 2020, la Chine était en tête au niveau mondial pour les entrées de capitaux étrangers.

Hausse annuelle moyenne de 6,1 %
2020
2001
46,88 milliards de dollars
144,374 milliards de dollars

Niveau des droits de douane

2001 **15,3 %**
2021 **7,4 %**

Le taux moyen des droits de douane sur les produits industriels est passé de **14,8 % à 7,8 %**

Le taux moyen des droits de douane sur les produits agricoles a chuté de **23,2 % à 15,2 %**

I. Trouvez la bonne traduction des termes suivants dans le texte.

名义国内生产总值 _____

多边贸易规则 _____

知识产权保护 _____

降低关税 _____

削减非关税壁垒 _____

取消进口配额 _____

取消进口许可证 _____

对外直接投资 _____

自由贸易 _____

争端解决机制 _____

II. Répondez aux questions suivantes.

1. Selon le livre blanc « La Chine et l'Organisation mondiale du commerce » publié par le bureau de l'information du Conseil des affaires d'État le 28 juin 2018, le pays a poursuivi ses efforts visant à améliorer son système d'économie de marché socialiste, affiné l'alignement de ses politiques sur les règles commerciales multilatérales, honoré ses engagements sur l'ouverture des échanges de biens et de services, et renforcé la protection des droits de propriété intellectuelle. Donnez des exemples qui témoignent les efforts de la Chine.

2. Comment la Chine a-t-elle réagi devant le mécanisme de règlement des différends de l'OMC ?

Carte mentale

Adam Smith : théorie des avantages absolus

David Ricardo : théorie des avantages comparatifs

H.O.S : théorie des dotations factorielles

Paul Krugman : nouvelle théorie du commerce international

1. Déterminants du commerce international

Commerce international

2. Libre-écange

Avantages
- producteurs
- consommateurs

Inconvénients
- dépendance de l'économie nationale
- délocalisation
- dumping

OMC et ses principes
- non-discrimination
- concurrence loyale
- sanctions

Chaînes de valeur mondiales
- définition
- formes

3. Protectionnisme

Motivations
- protectionnisme éducateur
- protectionnisme défensif

Mesures
- barrières tarifaires
- barrières non tarifaires

4. Commerce extérieur de la France

Principaux clients et fournisseurs
- clients : l'Allemagne, l'Italie et la Belgique
- fournisseurs : l'Allemagne, la Chine et l'Italie

Secteurs excédentaires et déficitaires
- excédentaires : aéronautique, chimie, agroalimentaire et pharmacie
- déficitaires : énergie, produits informatiques, électroniques et optiques, biens d'équipement, automobile et textile-habillement-cuir

Commerce bilatéral sino-français
- exportations françaises vers la Chine : produits aéronautiques et de luxe
- importations originaires de la Chine : produits du textile-habillement-cuir-chaussures, mais de plus en plus avancés en technologie

Corrigés

Unité 1

Leçon 1

I. 1. B   2. B   3. C   4. A   5. C

6. A   7. B   8. AB   9. A   10. ABCD

II. 1. Oui, le PIB de France a diminué de 7,9 % en 2020. Sa récession est plus grave par rapport à la moyenne de la zone euro (6,6 %).

2. La récession économique de 2020 s'explique tant par la pandémie que par les restrictions sanitaires.

3. Les secteurs du commerce, du transport et de l'hébergement et restauration ont été particulièrement affectés.

4. La France subit le recul historique (-7,9 %) de l'économie dans son ensemble, plus grave que la moyenne de la zone euro. Aucune branche n'échappe à ce recul, mais celles du commerce, du transport et de l'hébergement et restauration ont été particulièrement affectées.

Du point de vue des entreprises, grâce au soutien public, leur épargne a moins diminué que la valeur ajoutée et leur investissement a diminué de 9 %, mais moins que le niveau prévu.

Du point de vue des ménages, le pouvoir d'achat a légèrement progressé (+0,4 %), grâce aux dispositifs de soutien. Ils consomment moins sous l'effet de l'épidémie et par conséquent, leur épargne a augmenté par rapport à son niveau de 2019.

Le dispositif d'activité partielle a atténué dans une grande mesure l'effet de la crise sur le marché du travail. Toutefois, l'emploi salarié a fortement baissé (-284 000) et le taux de chômage atteignait 8 % fin 2020.

L'aggravation du déficit public (9,2 % du PIB) est la conséquence directe de la récession causée par la pandémie de Covid-19. D'une part, la crise sanitaire a entraîné une forte baisse des recettes fiscales, en particulier au niveau de la

TVA. De l'autre, les dépenses publiques ont fortement augmenté pour pallier le recul de la dépense privée et atténuer l'impact de la crise sanitaire.

Leçon 2

I. 1. D   2. C   3. D   4. A   5. C

6. B   7. A   8. C   9. A   10. C

II. **Document 1**

1. 2×100+1×300=500 euros

2. 150+100=250 euros

3. 500-250=250 euros

4. 150+100+200=450 euros

5. 500-450=50 euros

Document 2

1. En 1990, 11,7 % de la valeur ajoutée ont été distribués à l'État à travers les impôts.

2. En 1990, 40,9 % de la valeur ajoutée servent à rémunérer le facteur travail. Cette proportion est de 42,6 % pour 2016.

Document 3

1. Les prix de l'année 2022 ont augmenté en moyenne de 2 % par rapport à l'année de base 2021.

2. Comme l'année 2021 est choisie comme l'année de base, son PIB réel égale son PIB nominal, soit 1 890 milliards d'euros.

Pour l'année 2022 :

(1 963/102) ×100 =1 924,5

Le PIB réel (ou PIB en volume) de 2022 s'élève à 1 924,5 milliards d'euros.

Le tableau complet est le suivant.

	2021	2022
PIB en milliards d'euros courants	1 890	1 963
Indice des prix base 100 en 2021	100	102
PIB en volume (milliards d'€ de 2021)	1 890	1 924,5

Leçon 3

I.

1. A	2. D	3. B	4. B	5. B
6. C	7. C	8. ABCD	9. A	10. ABD

II. Document 1

1. B   2. C   3. B

Document 2

1. Vrai   2. Vrai   3. Faux

Document 3

1. Entre 1951 et 1969, le PIB a augmenté, en moyenne, de 5 % par an.

2. La croissance annuelle moyenne du PIB français a été de 5 % entre 1951 et 1969 et elle s'explique par 3 facteurs. D'une part, l'évolution du facteur travail contribue pour 0,9 points de croissance tandis que l'évolution du facteur capital explique 1,6 points de croissance. Il existe donc un résidu inexpliqué (un autre facteur que les facteurs de production) qui représente 2,5 points de croissance.

   Le total des 3 facteurs (0,9+1,6+2,5) égalise donc la croissance observée.

3. Il s'agit des gains d'efficacité, c'est-à-dire de la productivité globale des facteurs.

4. Le résidu explique la moitié de la croissance économique (2,5/5).

Leçon 4

I.

1. A	2. D	3. B	4. C	5. B
6. A	7. B	8. B	9. B	10. B

II.

1. Le PIB ne donne que des éléments quantitatifs qui ne sont pas toujours pertinents pour analyser des niveaux de bien-être. Et le PIB ne permet pas de mesurer le niveau de satisfaction qui reste subjectif et diffère selon les pays, les cultures ou encore les régions.

2. Selon l'autuer, une correction possible des inégalités consisterait à ne pas prendre en compte les revenus des 1 % des individus les plus riches.

3. Nous pouvons modifier les comportements de consommation et développer l'esprit de responsabilité vis-à-vis des générations futures en donnant une valeur à la dégradation de l'environnement.

Prisme interculturel

I. développement de qualité

double circulation

chaîne de valeur mondiale

mise à niveau de l'industrie

liste négative des investissements étrangers

économie de marché socialiste

II. 1. La « double circulation » est un modèle de développement qui considère le marché intérieur comme pilier et qui laisse les marchés intérieur et étranger se stimuler mutuellement.

2. Dans les années 1970, la Chine a adopté un modèle de croissance axée sur l'exportation et ses faibles coûts. Mais ce modèle est confronté aujourd'hui aux défis importants, tels qu'une dépendance excessive à l'égard du commerce extérieur, des risques en matière de sécurité économique, des restrictions dans les technologies clés et une pression sur la mise à niveau de l'industrie.

3. Ce texte a donné plusieurs exemples : d'abord, la Chine a de nouveau raccourci la liste négative des investissements étrangers, réduisant ainsi le nombre de secteurs interdits aux investisseurs étrangers ; ensuite, la Chine a publié un plan directeur pour la construction d'un port de libre-échange d'influence mondiale dans la province du Hainan ; enfin, la Chine insiste sur deux lignes directrices qui maintiennent le rôle du marché dans l'économie, l'une sur l'allocation des ressources basée sur le marché, et l'autre sur l'amélioration de l'économie de marché socialiste.

Unité 2

Leçon 1

I.

1. B	2. A	3. B	4. D	5. B
6. C	7. A	8. B	9. B	10. ABCD

II.

Étude des cas	Facteurs démographiques	Facteurs juridiques	Facteurs sociaux	Facteurs économiques	Facteurs techniques
1	√				
2					√
3		√			
4			√		
5		√			
6		√			
7				√	

Leçon 2

I.

1. A	2. ACD	3. C	4. B	5. AB
6. A	7. C	8. C	9. D	10. D

II.

1. La population des actifs correspond à l'offre de travail et la population en emploi égale à la demande de travail. L'écart entre ces deux correspond à la population au chômage.

2. - Le taux d'activité est défini comme le ratio : [nombre d'actifs / population en âge de travailler].

   29 668 / 53 212×100 %=55,8 %

   - Le taux d'emploi est défini comme le ratio : [nombre d'actifs occupés / population en âge de travailler]

   26 880 / 53 212×100 %=50,5 %

- Le taux de chômage est défini comme le ratio [nombre de chômeurs / nombre d'actifs]

2 788 / 29 668×100 %=9,4 %

Leçon 3

I. 1. C   2. C   3. C   4. B   5. D

6. C   7. A   8. A   9. A   10. D

II. 1. Faux, il crée du chômage classique.

2. Vrai

3. Faux, c'est la flexibilité salariale qui réduit ce type de chômage.

4. Vrai

5. Faux, c'est un chômage involontaire.

6. Vrai

III. 1. En France, les moins qualifiés présentent un risque de chômage pouvant être six fois plus élevé que les cadres.

L'auteur l'attribue au système productif français : d'abord, la dynamique de l'emploi en France favorise les métiers très qualifiés d'une part et les métiers peu qualifiés de services difficilement remplaçables par les machines d'autre part ; ensuite, la demande de main-d'œuvre qualifiée augmente fortement, au détriment des personnes non qualifiées. Enfin, le seuil de qualification requis pour exercer une activité professionnelle est en hausse.

2. En 2019, le taux de chômage des jeunes de 15-24 ans, en France, était plus de deux fois supérieur à la moyenne nationale. L'auteur l'explique par leur faible qualification : les jeunes sortant de formation initiale sans diplôme sont les plus touchés.

3. Les rigidités institutionnelles peuvent être liées à un Code du travail trop complexe, à des règles ralentissant le flux d'embauches et de licenciements, à l'existence et surtout à l'augmentation du SMIC.

Leçon 4

I. 1. D   2. C   3. ABD   4. AB   5. ABC

     6. B   7. BCD   8. C   9. D   10. B

II. 1. Le taux de chômage des jeunes de moins de 25 ans dans l'Union européenne est de 14,8 % en mars 2024, nettement supérieur au taux (6 %) pour l'ensemble de la population active à la même date.

     2. La politique de « Garantie pour la jeunesse » demande aux pays de l'UE de garantir à tout jeune de moins de 25 ans, puis de moins de 30 ans à partir d'octobre 2020, une offre d'emploi, de formation continue, d'apprentissage ou de stage dans les quatre mois qui suivent la perte de son emploi ou la fin de ses études. La mise en place de la plateforme de « l'Alliance européenne pour l'apprentissage », mettant en relation des acteurs, gouvernementaux et professionnels notamment, du monde de l'apprentissage, permet une meilleure adaptation des qualifications des actifs aux besoins du marché du travail. Le programme Erasmus+ s'adresse notamment aux chômeurs et aux apprentis en leur offrant un stage en entreprise ou une formation dans un organisme de formation professionnelle.

Prisme interculturel

I. entités du marché

report des contributions à l'assurance sociale par les employeurs

remboursement des primes d'assurance chômage pour les entreprises qui ne réduisent pas ou effectuent une réduction minimale du personnel

Les intérêts du prêt seront subventionnés par les fonds budgétaires.

services d'emploi sur mesure

emploi flexible

pension fondamentale

assurance maladie

subventions d'assurance sociale

marché du travail occasionnel

II. 1. Par exemple, le report des contributions à l'assurance sociale par les employeurs, le remboursement des primes d'assurance chômage pour les entreprises qui ne réduisent pas ou effectuent une réduction minimale du personnel et les subventions à la création d'emplois.

2. Des politiques visant à élargir les canaux d'emploi pour les diplômés seront mises en œuvre de manière efficace. La reprise de recrutement en personne sera accélérée. Des politiques seront mises en place pour soutenir les industries de l'externalisation des services à recruter des diplômés. Des services d'emploi sur mesure seront offerts sans cesse aux diplômés qui cherchent un poste.

3. L'emploi flexible a pour avantages d'aider à renforcer la création d'emplois, ainsi qu'à libérer la vitalité du marché et la créativité de la société. Mais les droits et intérêts juridiques des personnes engagées à l'emploi flexible risquent de ne pas pouvoir être protégés à cause de l'irrégularité (ou la flexibilité) du contrat. Il est donc important d'augmenter la protection et les services auprès des employés de ce modèle.

Unité 3

Leçon 1

I. 1. C   2. A   3. B   4. A   5. B

6. D   7. C   8. A   9. A   10. D

II. Document 1

1. 102 est l'indice des prix des postes « alimentation et logement ». Cela veut dire que les prix de l'alimentation et du logement ont augmenté, en moyenne, de 2 % par rapport à l'année précédente.

   20 % signifie que la dépense en transport occupe 20 % de la dépense totale.

2. $102 \times 50\% + 110 \times 20\% + 105 \times 30\% = 104,5$

Document 2

1. 4 200 / 60 = 70

   Entre 1921 et novembre 1923, la valeur du mark exprimée en dollars a été divisée par 70.

2. D'abord, ce phénomène est dû à l'héritage des années de guerre, durant lesquelles l'effort militaire fut financé par l'émission monétaire et par l'endettement de l'État, moyens de financement qui continuèrent à être utilisés après la guerre. Ensuite, le poids des réparations de guerre (80 % des revenus de l'État) était trop lourd pour l'économie allemande. La politique de « faire marcher la planche à billets » fut mise en œuvre. Enfin, sous le pouvoir des socialistes, les possédants placèrent leurs fonds à l'étranger, ces transferts accentuèrent encore l'inflation.

Leçon 2

I.   1. C   2. D   3. C   4. D   5. B

      6. B   7. D   8. B   9. B   10. A

II.   1.   L'inflation par les coûts

      2.   L'inflation par la demande

      3.   L'hyper-inflation

      4.   L'inflation par l'offre

      5.   L'inflation importée

      6.   L'inflation monétaire

III. 1.   En mars 2024, le taux d'inflation est estimé à 2,4 %. Les secteurs de l'énergie, de l'alimentation et de l'industrie ont contribué au ralentissement de l'augmentation des prix. Par contre, le secteur de service n'y contribue pas, ceci en raison des hausses de salaires, encore jugées élevées.

      2.   Il pense que le ralentissement de l'inflation devrait pousser la Banque centrale européenne à baisser ses taux pour dynamiser l'économie, mais la seule contrainte consiste en niveau de salaire qui continue à augmenter et qui est jugé élevé.

3. C'est-à-dire dynamiser, relancer l'économie, donner plus de vitalité à l'économie.

Leçon 3

I. 1. A   2. A   3. A   4. A   5. B
6. D   7. B   8. A   9. AB   10. C

II. En avril 2022, alors que l'inflation d'ensemble s'est située à 4,9 % sur un an en France métropolitaine, les habitants des zones rurales ont été confrontés à un surcroît de +1,0 point, soit une inflation de 5,9 % sur un an. Par catégorie socio-professionnelle, les agriculteurs sont particulièrement concernés (+1,1 %), et, par âge, les personnes de plus de 75 ans (+0,8 %). Les plus modestes (le premier décile, soit le salaire au-dessous duquel se situent 10 % des salaires) font face à un surcroît de +0,4 %, tandis que les ménages composant les 10 % les plus aisés connaissent une inflation inférieure de 0,1 point à l'indice des prix à la consommation.

Leçon 4

I. 1. ACD   2. A   3. B   4. C   5. A
6. B   7. A   8. C   9. D   10. B

II. 1. Il s'agit de maintenir la stabilité des prix, en particulier pour lutter contre l'inflation.

2. Elle doit augmenter les taux d'intérêt.

3. Hausse du taux d'intérêt directeur → <u>Hausse</u> du coût de refinancement pour les banques de second rang →<u>Hausse</u> du taux d'intérêt sur les crédits accordés aux ménages et aux entreprises et <u>Baisse</u> du nombre de crédits accordés par les banques de second rang → <u>Baisse</u> de la consommation et de l'investissement → <u>Baisse</u> de l'activité économique → <u>Baisse</u> des prix.

4. Ils sont devenus faibles, même à un niveau inférieur au taux de croissance économique.

Prisme interculturel

I. assurer l'approvisionnement en produits de base

empêcher la transmission aux prix à la consommation

ajustement bidirectionnel de l'offre et de la demande

augmentation des droits de douane sur les exportations

exemption temporaire des droits de douane sur les importations

suppression de la réduction de la taxe à l'exportation de certains produits
    sidérurgiques

ajustements structurels

toutes formes de monopoles et d'accaparement

II. 1. Certaines marchandises ont connu une hausse prolongée des prix, ceux de certaines variétés ont battu de nouveaux records. Cela s'explique essentiellement par la hausse des prix mondiaux.

2. Une série de mesures a été décidée pour renforcer l'ajustement bidirectionnel de l'offre et de la demande, dont l'augmentation des droits de douane sur les exportations de certains produits sidérurgiques, l'exemption temporaire des droits de douane sur les importations de fonte brute et de ferraille, ainsi que la suppression de la réduction de la taxe à l'exportation de certains produits sidérurgiques afin d'augmenter l'offre sur le marché intérieur. Des efforts spécifiques seront déployés pour faire avancer les ajustements structurels et décourager les projets à forte consommation d'énergie.

Unité 4

Leçon 1

I.

1. ABCD	2. B	3. A	4. BC	5. A
6. D	7. D	8. B	9. ABCD	10. C

II. 1. En France, le salaire net est le salaire que perçoit effectivement le salarié avant prélèvement de l'impôt sur le revenu. Il s'obtient en retranchant du salaire brut les cotisations sociales salariales, la contribution sociale généralisée (CSG) et la contribution au remboursement de la dette sociale (CRDS). Le salaire net des Français est en moyenne 2 340 euros par mois.

2. Oui, il a augmenté de 102 euros par mois, soit 4,6 %.

Leçon 2

I. 1. ABCD   2. A   3. ABCD   4. B   5. AD

6. B   7. C   8. B   9. C   10. A

II. 1. Situations couvertes : maladie, accidents du travail, maternité (famille), vieillesse, chômage, logement et pauvreté-exclusion.

2. Ce sont des risques de l'existence partagés par tous qui occasionnent une baisse des revenus (par impossibilité temporaire ou définitive de travailler) ou une hausse des dépenses (nécessité de se soigner, charges de famille...).

3. Logique d'assurance : les prestations sont contributives ; il faut avoir préalablement cotisé pour les percevoir et leur montant, pour les salariés, est fonction des salaires antérieurs.

Logique d'assistance : pas de condition de cotisations préalables mais versées sous condition de ressources, ciblées sur les catégories à bas revenu, pour lutter contre la pauvreté.

4. Logique d'assurance : indemnités chômage, pension de retraite, indemnités congé de maternité.

Logique d'assistance : minimum vieillesse, RSA, allocation adulte handicapé.

5. La Sécurité sociale et les organismes complémentaires pour les risques maladie et vieillesse (mutuelles et régimes de retraite complémentaires); l'Unédic pour le risque chômage (en coopération avec Pôle emploi).

6. La principale source de financement de la protection sociale réside dans les cotisations sociales prélevées sur les salaires (patronales et salariales). D'autres modes de financement renvoient aux impôts et aux contributions publiques.

7. La CSG est un impôt qui est une contribution obligatoire sans contrepartie directe alors que les cotisations sociales ouvrent des droits à ceux qui les versent. L'assiette de la CSG est beaucoup plus large que celle des cotisations sociales : salaires mais aussi revenus sociaux comme les pensions, les indemnités chômage... et également les revenus du capital comme les intérêts et les dividendes des placements financiers. La CSG permet de financer les déficits de l'assurance maladie, des retraites et des prestations familiales.

Leçon 3

I. 1. A   2. B   3. B   4. A   5. B

6. ABCD   7. B   8. A   9. B   10. A

II. 1.

Fonction de consommation	Dépenses (en euros)	Coefficients budgétaires (en %)
Alimentation	505	38,0
Habitation	286	21,5
Habillement	148	11,1
Hygiène et soins	133	10,0
Transport et télécommunication	129	9,7
Enseignement, culture et loisirs	115	8,7
Autres dépenses	13	1,0
Total	1329	100,0

2. L'analyse du comportement de consommation des individus est réalisée à partir des coefficients budgétaires. Deux fonctions de consommation se dégagent dans la hiérarchie des dépenses, il s'agit en premier lieu de l'alimentation qui domine avec sa part de 38 % du budget familial et de l'habitation avec un coefficient budgétaire de 21,5 %. Ainsi à peu près 60 % du budget de ménages est consacré à ces deux postes de consommation. Le reste du budget se répartit entre les autres catégories de dépenses dans des

proportions assez proches. Il s'agit, dans l'ordre, du poste de l'habillement (11,1 % du budget), celui de l'hygiène et des soins médicaux et personnels (10 %), celui du transport et des communications (9,7 %) et celui de l'enseignement, culture et loisirs (8,7 %). Les dépenses de consommation pour assurer les besoins primaires (nourriture, habillement et logement) représentent, en moyenne, 71 % des dépenses par personne. Le reste, c'est-à-dire les 29 %, sont constituées par les dépenses d'hygiène et soins, de transport et télécommunication et d'enseignement, culture et loisirs.

Leçon 4

I. 1. C   2. B   3. B   4. A   5. A
6. A   7. C   8. C   9. A   10. B

II.

Épargne financière	Épargne non financière
- 200 euros dans une tirelire	- achat d'une résidence secondaire
- contrat d'assurance-vie	- achat d'un logement
- 1000 euros sur un plan épargne logement	- achat de la dernière tenue de scène de Michael Jackson
- 500 euros sur un livret jeune	- achat de tableaux
- 2 000 euros sur le livret A	- collection de timbres
- des actions	- achat d'un nouveau four pour un boulanger à son compte
- des obligations	

III. Période 1. La différence de taux d'épargne entre ces trois ménages s'explique par l'inégalité de leur revenu disponible. Plus celui-ci est élevé, plus l'épargne est importante. La rémunération de l'épargne vient s'ajouter au revenu disponible, ce qui accroît les différences de revenu disponible.

Période 2. Le taux d'épargne a augmenté pour chacun des trois ménages car leur revenu disponible a augmenté. Cette évolution confirme l'explication précédente.

Période 3. Lorsque les taux d'intérêt ont tendance à augmenter, les ménages les plus aisés (B et C) sont encouragés à épargner davantage. En revanche, le taux d'épargne du ménage le moins aisé A est constant, car il ne peut pas réduire davantage sa consommation, qui est déjà relativement faible.

Prisme interculturel

I. prospérité commune

élimination de la pauvreté (éradication de la pauvreté)

lutter contre la pauvreté de manière ciblée (éradication précise de la pauvreté)

réduction de la pauvreté

Groupe dirigeant du Conseil des affaires d'État pour l'aide aux démunis par le développement

seuil de pauvreté

groupes les plus sujets à la misère

système communautaire des « cinq garanties » (nourriture, habillement, chauffage, soins médicaux et obsèques)

système de responsabilité forfaitaire à base familiale

système de garantie du revenu minimum de subsistance pour la population rurale

assistance ciblée aux démunis

II. **1.** En Chine, c'est le Groupe dirigeant du Conseil des affaires d'État pour l'aide aux démunis par le développement, nommé en 1993, qui s'occupe de la lutte contre la pauvreté. Il a pour missions de fixer le seuil de pauvreté, de délimiter les zones défavorisées, d'identifier les districts pauvres, de créer des fonds spéciaux de lutte contre la pauvreté et de planifier des activités à grande échelle pour le développement en milieu rural. Il dispose des institutions connexes aux niveaux des gouvernements des provinces (ou régions autonomes et municipalités relevant de l'autorité centrale), des villes et des districts, celles-ci se concentrent sur l'aide aux démunis par le développement et élaborent des programmes locaux tout en se référant au plan national.

2. Depuis 2012, la Chine a établi un système de responsabilité où chacun s'engage à assumer ses fonctions et devoirs respectifs ; un système politique avec une interaction entre le pouvoir central et la base ainsi qu'une coordination unifiée ; un système d'investissement qui assure les fonds et consolide les ressources humaines ; un système d'assistance en ligne avec les conditions locales et adapté à ses bénéficiaires (villages, ménages ou individus) ; un système de mobilisation sociale favorisant une large participation ; un système de supervision multicanal ; ainsi qu'un système d'évaluation rigoureux.

3. 1) la définition d'un nouvel objectif de l'aide aux démunis : « d'ici 2020, faire sortir de la pauvreté tous les ruraux vivant sous le seuil de pauvreté actuel, faire disparaître tous les districts pauvres et éliminer la pauvreté globale régionale » ;

   2) la mise en œuvre de la stratégie d'assistance ciblée aux démunis et d'éradication précise de la pauvreté ;

   3) la mise sur pied d'un modèle de gestion de la pauvreté impliquant les secrétaires du comité du Parti à cinq niveaux (province, ville, district, canton et village) ;

   4) la mobilisation de toutes les forces sociales pour que toute la société participe à cette lutte selon des méthodes souples et diversifiées ;

   5) l'introduction de mécanismes innovants comme l'enregistrement des habitants et villages pauvres et l'envoi de premiers secrétaires et de groupes de travail dans les villages défavorisés ;

   6) l'association de l'assistance aux démunis avec le changement de mentalité et le renforcement de l'éducation afin de cultiver la force endogène des populations pauvres.

Unité 5

Leçon 1

I. 1. A   2. B   3. C   4. D   5. B

 6. C   7. B   8. A   9. A   10. A

II. Selon l'évaluation que la Cour des Comptes a pu réaliser, l'incidence de la crise sur le solde budgétaire en 2020 s'élèverait à 92,7 Md€. Cette incidence s'explique par deux aspects : la forte augmentation des dépenses publiques et la baisse significative des recettes. Ces deux dimensions sont étroitement liées à la pandémie de Covid-19 et à la récession économique qui en résulte.

Face à la crise, une des priorités est d'éviter que les entreprises fassent faillite, car remettre en place leurs moyens de production (capital, outils, travail et savoir-faire) serait long, coûteux avec des risques de faillite élevés ; une deuxième priorité est de soutenir le revenu et la consommation des ménages. Ces deux objectifs guident les mesures prises par les pouvoirs publics : financement du chômage partiel, reports des impôts et des charges, prêts garantis. Les dépenses supplémentaires liées à la crise sont évaluées à 49,7 Md€ dont les dépenses de la mission « Plan d'urgence face à la crise sanitaire », sont à hauteur de 41,8 Md€.

Quant aux recettes, la crise conduit à une baisse de 37,3 Md€, dont l'essentiel porte sur les recettes fiscales (32,3 Md€). D'abord, de nombreuses entreprises arrêtent ou ralentissent leur activité. Certaines font même faillite. Le rendement de l'impôt sur les sociétés connaît donc une baisse significative. Ensuite, l'impôt sur les revenus diminue, parce que les travailleurs, mis au chômage complet ou partiel, voient leurs ressources diminuer. Et puis, la TVA se rétrécit fortement, car le confinement empêche les ménages d'acheter de nombreux produits ou services. De plus, face à l'incertitude, les ménages peuvent être moins enclins à consommer. Enfin, la chute des marchés boursiers entraîne une baisse de la valeur des actions. Les impôts assis sur le capital se réduisent également.

Leçon 2

I.   1. C   2. ACD   3. BD   4. B   5. B

     6. A   7. B   8. C   9. B   10. A

II.

En 1997	Adoption du PSC au Conseil européen d'Amsterdam
En 2003	Le premier assouplissement du PSC vis-à-vis de la France et de l'Allemagne, car les recommandations de la Commission européenne n'ont pas pu recueillir une majorité au Conseil de l'UE.
En 2005	1. Maintien des deux plafonds de 3 % (déficit/PIB) et de 60 % (dette/PIB) 2. Un dépassement « exceptionnel et temporaire » des critères de Maastricht est alors toléré, afin de prendre en compte les réformes structurelles (portant sur les systèmes de santé et de retraite par exemple), les investissements dans la recherche et le développement, ou encore d'autres « facteurs pertinents » dans l'appréciation du respect de ces critères. Un État membre est également exonéré du respect de ces règles s'il entre en récession (et non plus seulement en récession sévère avec une diminution de 2 % ou plus du PIB). 3. Ajout d'autres critères pour engager la procédure de déficit excessif 4. Rallongement des délais pour retrouver un déficit sous la barre des 3 %
En 2008	Face à la crise, l'application du Pacte est mise entre parenthèse pendant quelques années. L'objectif était de relancer l'économie, mais le résultat a été des déficits largement supérieurs aux 3 % autorisés.
En 2011	Les mesures adoptées constituent une étape importante pour garantir la discipline budgétaire, mais n'ont cependant pas permis une application stricte des règles, la Commission applique de manière très souple les procédures pour déficit excessif.
En 2020	Les ministres européens des Finances décident, sur proposition de la Commission, d'activer la clause dérogatoire générale prévue par le Pacte de stabilité et de croissance depuis la réforme de 2011.

Leçon 3

I. 1. A 2. A 3. C 4. C 5. C
6. B 7. A 8. B 9. A 10. B

II. 1. Un État emprunte des fonds en allant sur les marchés financiers, où se rencontrent les vendeurs et les acheteurs de produits financiers, essentiellement sur le marché des obligations.

2. Le taux d'intérêt pour ces emprunts est déterminé par la note souveraine qui est l'évaluation par des experts de la finance de la capacité de l'État à rembourser les sommes qu'il emprunte. Ainsi, plus les experts jugent que l'État a la capacité financière de payer ses dettes (bonne note, par exemple AAA), plus le risque de lui prêter de l'argent est faible. Puisque le risque est faible, le taux d'intérêt demandé à cet État sera bas. À l'inverse, les emprunts jugés plus risqués par les experts auront un taux d'intérêt plus élevé.

3. Le mécanisme « auto-réalisateur » se produit lorsque les agents économiques adaptent leur comportement en fonction de l'anticipation qu'ils font d'un événement, souvent négatif, et de ce fait ils provoquent le phénomène redouté. Dans le cas de la dette publique, une hausse soudaine des taux d'intérêt conduit à l'augmentation de la dette. S'il n'y a pas suffisamment de croissance pour annuler cet effet, le ratio dette/PIB monte et la note souveraine se dégrade. Et cette dégradation entraîne à son tour une nouvelle hausse des taux d'intérêt, car les investisseurs ont moins de confiance sur la solvabilité de l'État et ils demandent une « prime de risque » en augmentant le taux d'intérêt. Cela ralourdit encore la dette... L'anticipation des investisseurs se réalise automatiquement.

Leçon 4

I. 1. B 2. D 3. ABC 4. A 5. AD
6. C 7. A 8. D 9. A 10. A

II. L'auteur a indiqué plusieurs solutions possibles et analysé les limites de chaque solution (ci-joint dans le tableau). En conclusion, il propose un mix de politiques publiques : maîtrise des dépenses publiques notamment sociales, légère inflation, investissements ciblés augmentant la croissance potentielle, recours modéré à l'impôt.

Solutions	Limites
Dégager un surplus budgétaire	Il est impossible pour la France qui enregistre du déficit depuis 1975 de renverser cette tendance, surtout pendant cette période de crise.
Maintenir les faibles taux d'intérêt	Ce gain est efficace à court terme mais s'atténuera à long, même à moyen terme.
Baisser les dépenses publiques	Politique qui doit être menée en continu. Mais cela risque de ne pas pouvoir satisfaire les besoins sociaux, surtout dans le contexte du vieillissement de la population.
Augmenter les impôts	Les marges d'augmentation des recettes fiscales sont faibles, le taux d'imposition français étant parmi les plus élevés du monde.
Relancer la croissance	Il est difficile de le réaliser pendant la période de crise, en dehors de domaines sectoriels précis.
Inflation	- Entraîner une hausse des taux directeurs et des taux de marchés - Causer une hausse des taux d'intérêt réels et donc une hausse du déficit - Mettre les autorités monétaires en situation de dilemme, entre baisse de la dette et lutte contre l'inflation
Annuler les dettes	La France, dont la notation est une des plus élevée du monde, tout en pratiquant le déficit structurellement dans sa politique économique, n'a aucun intérêt à subir les primes de risque élevées pour emprunter dans le futur.

Prisme interculturel

I. politique budgétaire proactive

contraction de la demande

chocs de l'approvisionnement

affaiblissement des attentes

intensifier les manœuvres pour les politiques macroéconomiques

optimiser l'éventail d'outils politiques

recettes budgétaires

déficit

subventions d'intérêts

dépenses budgétaires

équilibre budgétaire

budgétiser l'ampleur des obligations à vocation spéciale émises par les gouvernements locaux

canaliser les fonds budgétaires vers les gouvernements au niveau de base

orienter le soutien vers les régions moins développées et celles ayant des difficultés

amélioration de l'efficacité des politiques budgétaires

perfectionner les politiques en matière de taxes et de frais

remboursements à grande échelle de crédits de taxe sur la valeur ajoutée

optimiser la structure des dépenses budgétaires

dette publique

II. 1. Il s'agit de la contraction de la demande, des chocs de l'approvisionnement et de l'affaiblissement des attentes. Autrement dit, les demandes intérieure et extérieure baissent, l'approvisionnement ne peut être garanti, les agents économiques n'ont pas assez de confiance sur la reprise économique.

 2. 1) perfectionner les politiques en matière de taxes et de frais et d'accroître leur précision pour aider les entreprises à surmonter les difficultés

 2) optimiser la structure des dépenses budgétaires

3) renforcer la synergie entre les politiques monétaire, industrielle, technologique et sociale afin de favoriser une reprise économique globale

Unité 6

Leçon 1

I.
1. B	2. BC	3. B	4. A	5. D
6. C	7. A	8. B	9. C	10. C

II. 1. Le commerce de différences renvoie aux « échanges interbranches » et le commerce de similitudes renvoie aux « échanges intra-branches ».

2. Parce que la Chine est dotée d'une grande quantité de facteur de travail et possède donc un avantage comparatif basé sur des prix bas dans un large éventail de filières. Cet avantage comparatif a eu pour effet de renforcer les échanges traditionnels interbranches.

3. • Avant les années 1980, le commerce mondial était plutôt interbranche.

• Du début des années 1980 à la veille des années 2000, l'échange international basé sur un « commerce de différences » s'est transformé, surtout entre les pays à haut revenu, en un « commerce de similitudes ».

• Avec la participation de la Chine au commerce mondial, l'échange de similitudes est entré dans une phase de déclin relatif. Le commerce mondial a une tendance de retour vers les échanges traditionnels interbranches.

• Cette tendance s'est inversée depuis 2012 avec une hausse notable des échanges intra-branches à l'intérieur des régions et surtout au sein de l'Union européenne.

Leçon 2

I.
1. B	2. A	3. B	4. ABC	5. ABC
6. D	7. C	8. C	9. A	10. B

II. 1. Ils se situent en Europe, en Russie, en Amérique du Nord, en Amérique du Sud et en Australie. Ces lieux de production sont proches des marchés où il y a une forte demande de Nutella, ceci pour réduire le coût et le temps de transport.

2. Quelques ingrédients peuvent être fournis localement (lait par exemple) mais les principaux proviennent de producteurs dominants : les noisettes de Turquie, l'huile de palme de Malaisie, le chocolat du Nigeria, le sucre du Brésil (mais aussi d'Europe) et l'essence de vanille de Chine (avec un industriel français). Ces localisations ont pour objectif d'explorer les avantages concurrentiels de ces producteurs dominants qui peuvent fournir des ingrédients de meilleure qualité ou de moindre coût que ces concurrents.

Leçon 3

I. 1. AD   2. BC   3. ACD   4. A   5. B

6. AB   7. A   8. B   9. A   10. A

II. Document 1

1. Le bœuf aux hormones ne correspondant pas aux normes sanitaires de l'UE, l'Europe a interdit l'importation des États-Unis de viande bovine issue d'animaux auxquels ont été administrés des hormones de croissance.

2. En représailles, et en accord avec une décision de l'OMC, les États-Unis avaient imposé en 1999 des sanctions douanières sur certains produits du terroir.

3. Les États-Unis ont finalement levé leurs sanctions et l'UE ouvert un quota d'importation de bœuf « de haute qualité » (sans hormones de croissance) tout en maintenant son veto sur le bœuf aux hormones. Le quota réservé aux États-Unis peut monter jusqu'à 35 000 tonnes.

Document 2

D'abord, la CEE taxait les importations des produits agricoles par des droits de douanes qui compensaient la différence entre les prix mondiaux et les prix CEE. Ensuite, à partir de 1970, la CEE se tourna alors vers une politique de subvention à l'exportation destinée à écouler sur les marchés étrangers ses excédents de production. Cette subvention compense la différence entre les prix mondiaux et les prix européens.

Document 3

1. Par les États-Unis, parce qu'ils pensent que la France applique des mesures protectionnistes aux biens culturels, notamment dans le cinéma et que ces mesures auront des conséquences sur la part de marché des films américains en France.

2.

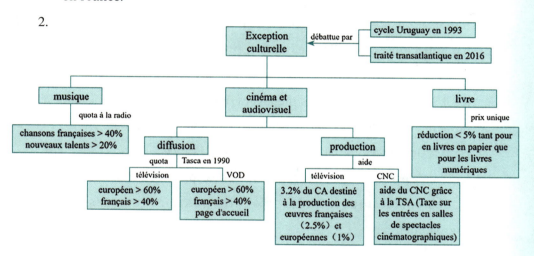

Leçon 4

I. 1. ABC   2. D   3. ACD   4. A   5. A

    6. A   7. D   8. C   9. A   10. B

II. 1. En 2021, la France enregistre un déficit commercial des biens vis-à-vis de la Chine qui atteint 39,6 Md€, en hausse par rapport à 2020 (38,9 Md€) et à 2019 (32,3 Md€). Cependant, elle est excédentaire en services et cet excédent s'élève à 3,3 Md€, en forte baisse par rapport à 2019 (5,0 Md€) à cause de la pandémie.

    2. D'abord, les exportations françaises vers la Chine avaient chuté de 16,3 % en 2020, ce qui constitue un effet de base important. Ensuite, bien que les ventes aéronautiques n'aient pas retrouvé le niveau pré-covid (7,4 Md€ en

2019), elles ont pris l'essor par rapport à 2020 (de 2,7 Md€ en 2020 à 4,5 Md€ en 2021). Enfin, les produits agroalimentaires (en particulier les ventes des spiritueux et du vin), la maroquinerie, la chimie et la pharmacie ont beaucoup contribué au dynamisme des exportations françaises vers la Chine. Il est à noter que les exportations de produits de luxe ont doublé par rapport à 2019.

3. Cette hausse s'explique en premier lieu par des achats de produits informatiques et électroniques (+16,4 % à 18,1 Md€). Et puis les importations de matériel électrique ont également été élevées (+27,6 % à 5,0 Md€) ainsi que celles de bateaux (865 M€). Enfin, les importations des articles de sport et des jouets (+40,7 % à 2,2 Md€), des meubles (+24,9 % à 3,1 Md€), et des appareils ménagers ont enregistré une croissance élevée et même dépassé le niveau d'avant la crise sanitaire, ceci est en lien avec la reprise de la consommation des ménages en France.

4. La France est le 1er fournisseur du vin et des spiritueux, 2e de l'aéronautique, 2e des cosmétiques, 4e des produits pharmaceutiques et 8e dans l'agroalimentaire.

Prisme interculturel

I. PIB nominal

règles commerciales multilatérales

protection des droits de propriété intellectuelle

réduction tarifaire

réduire les barrières non tarifaires

élimination des quotas sur les importations

élimination des licences d'importation

investissement direct étranger (IDE)

libre-échange

mécanisme de règlement des différends

II. 1. D'abord, après son adhésion à l'OMC, la Chine a réexaminé et modifié 2 300 lois, règlementations et règles ministérielles au niveau du gouvernement central, ainsi que 190 000 mesures et règlementations au niveau infranational couvrant les échanges, l'investissement et les droits de propriété intellectuelle. Ensuite, la Chine a tenu tous ses engagements en matière de réduction tarifaire et non tarifaire. Et puis, le marché intérieur des services s'est ouvert en 2007 selon ses engagements en matière de commerce dans les services. Par ailleurs, la Chine a abaissé le seuil des investissements étrangers dans les services. Enfin, la Chine a renforcé la protection des droits de propriété intellectuelle en adoptant des lois et des règlementations à cet effet mais aussi en améliorant leur application.

2. La Chine s'est activement défendue dans les procès qui lui étaient faits, elle a respecté les décisions de l'OMC et procédé aux ajustements nécessaires conformément aux règles de l'OMC.

Annexe

中法文术语对照表

A

Agence France Trésor 法国国库署（U5L3）

Agent économique 经济主体（U1L1）

Analyse néoclassique 新古典主义经济分析（U2L1）

Année de base 基年（U1L2）

Apprentissage 学徒制（U2L4）

Asymétrie d'information 信息不对称（U2L3）

Atomicité 原子性（U2L1）

Avantage absolu 绝对优势（U6L1）

Avantage comparatif 相对优势（U6L1）

Avantage concurrentiel 竞争优势（U6L4）

B

Balance commerciale 国际贸易平衡（U6L1）

Balance des paiements 国际收支平衡（U6L1）

Balance des services 国际服务平衡（U6L4）

Banque centrale 中央银行（U2L4）

Banque mondiale 世界银行（U1L1）

Barrière non tarifaire 非关税壁垒（U6L3）

Barrière tarifaire 关税壁垒（U6L3）

Bien de Giffen 吉芬商品（U4L3）

Bien de Veblen 韦伯伦商品（U4L3）

Bien-être 福利（U1L4）

Bilan financier 财务报表（U1L1）

Bouclier tarifaire 能源价格增长限制（U3L1）

Budget de l'État 国家预算（U5L1）

C

Capital humain 人力资本(U2L3)

Cartel des exportateurs de pétrole 石油输出国卡特尔(U3L2)

Chaîne de valeur mondiale 全球价值链(U6L2)

Charges sociales 社保费用(U2L3)

Chèque énergie 能源支票(U3L1)

Chiffre d'affaires 营业额(U1L2)

Chômage conjoncturel 周期性失业(U2L3)

Chômage frictionnel 摩擦性失业(U2L3)

Chômage partiel (activité partielle) 部分失业(部分就业)(U2L4)

Chômage structurel 结构性失业 (U2L3)

Coefficient budgétaire 消费结构系数(U4L3)

Collectivité territoriale 地方行政机关(U5L2)

Commerce international 国际贸易(U6L1)

Communauté économique européenne 欧洲经济共同体(U1L3)

Compétitivité prix 价格竞争力(U3L3)

Compte courant (balance courante) 经常账户(U6L1)

Compte personnel de formation 员工个人职业培训账户(U2L4)

Concurrence pure et parfaite 完全竞争市场(U2L1)

Consommation finale 终端消费(U4L3)

Consommation intermédiaire 中间消耗(U1L2)

Contrat à durée déterminée 固定期限合同(U2L1)

Contrat à durée indéterminée 无固定期限合同(U2L1)

Contribution sociale généralisée 法国普通社保税(U4L2)

Coordination des politiques économiques 经济政策协调机制(U5L2)

Cotisations sociales 社保缴费(U4L2)

Coût salarial 工资成本(U2L1)

Croissance économique 经济增长(U1L3)

Croissance endogène 内生经济增长(U1L3)

Croissance exogène 外生经济增长(U1L3)

D

Défaut de paiement 无清偿能力（U5L3）

Déficit budgétaire 财政赤字（U5L1）

Déficit commercial 贸易逆差（U6L4）

Déficit conjoncturel 周期性赤字（U5L2）

Déficit primaire 原始赤字（U5L3）

Déficit public 公共赤字（U5L2）

Déficit structurel 结构性赤字（U5L2）

Déflation 通货紧缩（U3L1）

Délocalisation 产业转移（U6L2）

Demande effective 有效需求（U2L3）

Demande globale 总需求（U2L3）

Dépenses de l'État 国家支出（U5L1）

Dépenses publiques 公共支出（U5L1）

Dépréciation de la monnaie 货币贬值（U3L2）

Dépression économique 经济萧条（U1L3）

Désinflation 反通货膨胀（U3L1）

Dette publique 公共债务（U5L3）

Développement durable 可持续性发展（U1L4）

Dotation factorielle 要素禀赋（U6L1）

Dumping 倾销（U6L2）

E

Économie d'échelle 规模经济（U6L1）

Effet autoréalisateur (prophétie autoréalisatrice) 自证预言效应（U3L2）

Effet boule de neige 雪球效应（U5L3）

Effet d'apprentissage 学习效应（U6L1）

Effet d'éviction 挤出效应（U5L3）

Effet de multiplicateur 乘数效应（U2L4）

Effet de substitution 替代效应（U3L3）

Élasticité-prix de la demande 需求价格弹性（U4L3）

Élasticité-revenu de la demande 需求收入弹性（U4L3）

Emploi à temps partiel 非全日制用工（U2L2）

Empreinte écologique 生态足迹（U1L4）

Endettement public 公共债务（U5L1）

Épargne liquide 活期储蓄（U4L4）

Espérance de vie à la naissance 出生时预期寿命（U1L4）

État-providence 福利国家（U4L2）

Excédent budgétaire primaire 原始预算盈余（U5L4）

Excédent commercial 贸易顺差（U6L4）

Excédent public 公共盈余（U5L2）

Externalité négative 负外部性（U1L4）

Externalité positive 正外部性（U1L4）

F

Facteur de production 生产要素（U1L3）

Faillite de l'État 国家破产（U5L4）

Firme multinationale 跨国企业（U6L2）

Flexicurité 灵活保障（U2L1）

Fluctuations économiques 经济波动（U1L3）

FMI 国际货币基金组织（U1L1）

G

Grande Dépression 大萧条（U1L1）

I

Impôt direct 直接税（U5L1）

Impôt indirect 间接税（U5L1）

Indexation de loyer 租金上涨指数（U3L1）

Indexation des salaires sur les prix 薪资价格指数（U3L1）

Indice de développement humain 人类发展指数（U1L4）

Indice des prix à la consommation 消费价格指数（U3L1）

Inflation 通货膨胀（U3L1）

Inflation en glissement annuel 年通货膨胀（U3L1）

Inflation mensuelle 月通货膨胀（U3L1）

Information imparfaite 不完全信息（U2L3）

Insee 法国统计及经济研究所（U2L2）

Insertion professionnelle 职业融入（U2L4）

Intérêt 利息（U5L3）

Intérim 临时服务用工（U2L1）

Inversion fiscale 税收倒置（U1L1）

Investissement de portefeuille 对外证券投资（U6L1）

Investissement direct à l'étranger 对外直接投资（U6L1）

L

Libre-échange 自由贸易（U6L2）

Livret A A类储蓄账户（U3L1）

Loi d'Engel 恩格尔法则（U4L3）

M

Marché externe 外部劳动力市场（U2L1）

Marché interne 内部劳动力市场（U2L1）

Marché primaire 初级劳动力市场（U2L1）

Marché secondaire 次级劳动力市场（U2L1）

Masse monétaire 货币总量（U3L2）

Ménage modeste 低收入家庭（U3L3）

Mesure ponctuelle et temporaire 临时性开支（U5L2）

N

Négociation collective 集体谈判（U2L1）

Niveau d'éducation 受教育水平(U1L4)

Niveau de vie 生活水平(U4L2)

O

OAT (obligations assimilables du Trésor) 法国可替代债券(U5L3)

Obligation 债券(U5L3)

OCDE 经济合作与发展组织(U1L1)

Opération d'open market 公开市场操作(U3L4)

Organisation mondiale du commerce (OMC) 世界贸易组织(U6L2)

P

Pacte de stabilité et de croissance 稳定与增长公约(U5L2)

Parité de pouvoir d'achat 购买力平价(U1L1)

Partenaires sociaux 社会伙伴关系(U2L1)

Pension alimentaire 抚养费(U3L1)

PIB marchand 经营性国内生产总值(U1L2)

PIB nominal 名义国内生产总值(U1L2)

PIB non marchand 非经营性国内生产总值(U1L2)

PIB réel 实际国内生产总值(U1L2)

PIB vert 绿色国内生产总值(U1L4)

Plein-emploi 充分就业(U2L3)

Pôle emploi 法国就业中心(U2L2)

Politique budgétaire 财政政策(U2L4)

Politique budgétaire restrictive 紧缩性财政政策(U3L4)

Politique commerciale 贸易政策(U6L2)

Politique de la « planche à billets » 印钞机政策(U3L2)

Politique des revenus 收入政策(U3L4)

Politique économique 经济政策(U3L4)

Politique monétaire 货币政策(U2L4)

Politique monétaire restrictive 紧缩性货币政策(U3L4)

Population active 可就业人口(U2L2)

Prélèvements fiscaux 税款征收(U5L1)

Prélèvements sociaux 社保特别税征收(U5L1)

Prestations sociales 社会保障性收入(U4L2)

Prime de risque 风险溢价(U5L3)

Prime inflation 通货膨胀补贴(U3L1)

Privatisation 私有化(U5L4)

Prix relatif 相对价格(U3L2)

Productivité 生产率(U3L2)

Productivité du travail 劳动生产率(U2L1)

Productivité marginale 边际生产率(U2L1)

Produit intérieur brut 国内生产总值(U1L1)

Produit intérieur brut par habitant 人均国内生产总值(U1L1)

Produit national brut 国民生产总值(U1L1)

Progrès technique 技术进步(U1L3)

Propension marginale à consommer 边际消费倾向(U2L4)

Propension marginale à épargner 边际储蓄倾向(U2L4)

Propension moyenne à consommer 平均消费倾向(U4L3)

Propension moyenne à épargner 平均储蓄倾向(U4L4)

Protection sociale 社会保障(U4L2)

Protectionnisme 贸易保护主义(U6L3)

Q

Quota (contingentement) 限额(U6L3)

R

Récession économique 经济衰退(U1L3)

Recettes de l'État 国家收入(U5L1)

Régime complémentaire 法国社保补充制度(U4L2)

Rémunération des facteurs de production 生产要素的报酬(U3L2)

Rendements croissants 报酬递增（U6L1）

Rentabilité 收益率（U3L3）

Répartition primaire 初次分配（U4L1）

Répartition secondaire (redistribution) 再分配（U4L1）

Reprise économique 经济复苏（U1L3）

Résidu de Solow 索洛剩余（U1L3）

Revenu de solidarité active 法国就业互助津贴（U4L2）

Revenu national brut 国民总收入（U1L1）

Revenu national brut par habitant 人均国民收入（U1L4）

Revenu d'activité (revenu du travail) 劳动性收入（U4L1）

Revenu de la propriété (revenu du capital) 资本性收入（U4L1）

Revenu de transfert 转移性收入（U4L2）

Revenu primaire 初次收入（U4L1）

Risques sociaux 社会风险（U4L2）

S

Salaire 工资（U4L1）

Salaire d'efficience 效率工资（U2L1）

Salaire d'équilibre 均衡工资（U2L3）

Salaire médian 中位数工资（U4L1）

Salaire moyen 平均工资（U4L1）

Salaire net 净工资（U4L1）

Salaire nominal 名义工资（U2L1）

Salaire réel 实际工资（U2L1）

Sécurité sociale 社会保障（U4L2）

Service public 公共服务（U5L1）

Seuil de pauvreté 贫困线（U4L2）

SMIC 跨行业最低工资（U2L1）

Solvabilité 偿付能力（U5L3）

Sous-emploi 部分失业（U2L2）

Soutenabilité faible 弱可持续性（U1L4）

Soutenabilité forte 强可持续性（U1L4）

Spécialisation internationale 国际专业化生产（U6L1）

Spécialisation verticale 垂直专业化生产（U6L2）

Spirale inflationniste 通货膨胀螺旋（U3L1）

Stagflation 通货滞胀（U3L1）

Structure de consommation 消费结构（U4L3）

Structure de la consommation des ménages 家庭消费结构（U3L1）

Substitution du capital au travail 资本替代劳动（U2L3）

Subvention publique 公共补贴（U6L3）

Subvention à l'exportation 出口补贴（U6L2）

T

Taille de l'entreprise 企业规模（U4L1）

Taux d'activité 可就业率（U2L2）

Taux d'emploi 就业率（U2L2）

Taux d'épargne 储蓄率（U4L4）

Taux d'intérêt directeur 央行指导性利率（U2L4）

Taux d'intérêt nominal 名义利率（U3L3）

Taux d'intérêt réel 实际利率（U3L3）

Taux de chômage 失业率（U2L2）

Taux de réserves obligatoires 储备金率（U2L4）

Thésaurisation 非投资型储蓄（U4L4）

Trappe à inactivité 不就业偏好（U2L3）

Trente Glorieuses 荣光三十年（U1L3）

U

Utilité et désutilité 效用和无效用（U2L1）

V

Valeur ajoutée brute 毛增加值（U1L2）